Volker Ladenthin

Die Reform der Pädagogik
Band 2

Impulse der Reformpädagogik

herausgegeben von

Prof. Dr. Harald Ludwig

(Westfälische Wilhelms-Universität Münster)

Band 36

LIT

Volker Ladenthin

Die Reform der Pädagogik

Praktische Ideen und Hintergründe
in systematischer Absicht

Band 2
Zur Pädagogik Maria Montessoris

LIT

Satz: Jonas Breer

Gedruckt auf alterungsbeständigem Werkdruckpapier entsprechend
ANSI Z3948   DIN ISO 9706

Bibliografische Information der Deutschen Nationalbibliothek
Die Deutsche Nationalbibliothek verzeichnet diese Publikation in der
Deutschen Nationalbibliografie; detaillierte bibliografische Daten sind
im Internet über http://dnb.dnb.de abrufbar.

ISBN 978-3-643-15406-4 (br.)
ISBN 978-3-643-35406-8 (PDF)

© L IT VERLAG Dr. W. Hopf Berlin 2023
Verlagskontakt:
Fresnostr. 2   D-48159 Münster
Tel. +49 (0) 2 51-62 03 20
E-Mail: lit@lit-verlag.de   https://www.lit-verlag.de

Auslieferung:
Deutschland: L IT Verlag, Fresnostr. 2, D-48159 Münster
Tel. +49 (0) 2 51-620 32 22, E-Mail: vertrieb@lit-verlag.de

Inhaltsverzeichnis

Vorwort   8

Einleitung in Band 2   11

1. Zur Anlage des zweiten Bandes   *11*

2. Einige technische Hinweise   *14*

Kapitel 1: Grundbegriffe: Montessori-Pädagogik im Überblick   17

1. Strukturmerkmale der Pädagogik nach Maria Montessori   *17*

2. Vertiefung und Diskussion   *47*

Kapitel 2: Bildsamkeit: Über die unbeantwortete Frage, warum der Mensch sich bilden will   66

Kapitel 3: Freiarbeit: Über das Lernen durch Arbeit in Freiheit   75

1. Was ist Freiarbeit?   *77*

2. Was man in der Freiarbeit lernen kann   *89*

3. Schluss   *98*

Kapitel 4: Gewalt: Über eine pädagogische Herausforderung   99

1. Die Diagnose   *99*

2. Pädagogische Möglichkeiten im Umgang mit Gewalt   *117*

3. Maßnahmen, gewissermaßen ohne Wirkungsabsicht   *134*

Kapitel 5: Politik: Über falsche Worte und die Staatsnähe Montessoris   136

1. Das Ganze und die Teile   *136*

2. Einige weiterführende Überlegungen   *149*

Kapitel 6: Geschichte: Über Montessoris Konzept des Umgangs mit Geschichte   **153**

1. Gewissheiten im Umgang mit Geschichte?   *153*

2. Geschichte und Gegenwart lassen sich nur auseinander erklären   *155*

3. Funktionen der Aneignung von Geschichte   *160*

Kapitel 7: Sprache: Über Montessoris Theorie pädagogisch angemessenen Sprechens   **163**

1. Zwei Bemerkungen Maria Montessoris zur Sprache   *164*

2. Historischer Kontext   *181*

3. Zusammenschau   *189*

Kapitel 8: Praxis: Über die Vorläufigkeit des pädagogischen Handelns   **195**

1. Eine Beobachtung und eine Frage   *195*

2. Vorüberlegungen   *195*

3. Einige Probleme   *197*

4. Anthropologische und epistemische Begründung   *205*

5. Grundsätzliche Aspekte   *208*

6. Schluss   *215*

Inhalt von Band 1: Zur Geschichte und Struktur der Reformpädagogik

Inhalt

Vorwort von Harald Ludwig

Einleitung

Kapitel 1: Was ist Pädagogik? Ein Verständigungsangebot

Kapitel 2: *Jean-Jacques Rousseau* oder Die Theorie des natürlichen Kindes und das Konzept der Negativen Erziehung

Kapitel 3: *Jean Itard* oder Die Praxis des natürlichen Kindes und das Konzept des indirekten Unterrichts

Kapitel 4: Intention, Struktur und Zukunft der Reformpädagogik

Kapitel 5: *Ellen Key* oder Die Trivialisierung der Reformpädagogik

Anhang: Hinweise auf frühere Fassungen einiger Kapitel

Vorwort

Ohne Zweifel gehört Maria Montessori (1870-1952) bereits zu den Klassikern der Pädagogik, obwohl im Jahr 2022 erst ihr 70. Todestag war. Im Bewusstsein einer pädagogisch interessierten Öffentlichkeit, aber auch in der Sicht der Erziehungswissenschaft hat sie ihren festen Platz als große Anregerin für die Erziehung in der frühen Kindheit und in der Grundschulzeit. Insbesondere ist sie bekannt durch die Entwicklung ihrer didaktischen Materialien zur Ermöglichung der Selbstständigkeit des Lernens in Kindergarten und Grundschule. Die Geschichtsschreibung der Pädagogik ordnet sie meist der reformpädagogischen Bewegung zu, die ihren Höhepunkt im ersten Drittel des 20. Jahrhunderts hatte, und würdigt sie überwiegend als Vertreterin einer betonten „Pädagogik vom Kinde aus" oder als eine Bahnbrecherin für den Arbeitsschulgedanken auch im vorschulischen Bereich.

Weniger bewusst ist, dass Montessori nicht nur eine neue Erziehungs-*methode* entworfen hat, sondern eine umfassende pädagogische Konzeption. Diese reicht vom vorgeburtlichen Werden des Menschen bis zum Erwachsenen-alter unter Berücksichtigung des lebenslangen Lernens. Sie umfasst eine differenzierte anthropologische sowie erziehungs- und bildungstheoretische Grundlegung. In der Pädagogik Maria Montessoris werden die sozialen Probleme der Menschheit im 20. Jahrhundert reflektiert, und es werden Folgerungen für eine weltweite Erneuerung der Erziehung und Bildung in allen Bereichen gezogen. Zu erinnern ist hier zum Beispiel an Montessoris Bemühungen um eine *Friedenserziehung*, für die sie nach dem 2. Weltkrieg von mehreren Ländern für den Nobelpreis vorgeschlagen wurde, oder an ihr Programm einer *Kosmischen Erziehung*, in dessen Rahmen sie u.a. Grundgedanken einer ökologischen Pädagogik entwickelt, deren Aktualität erst heute klarer erkannt wird.

Angesichts der Unsicherheit der Gegenwart und der Ungewissheiten der Zukunft kommt Montessori zu dem Schluss, „*dass der einzige sichere Führer der Erziehung darin besteht, die Personalität der Kinder zu fördern".*[1] Da man angesichts des raschen Wandels der Verhältnisse nicht vorhersehen kann, wie die Situationen beschaffen sein werden, welche in Zukunft von den Heranwachsenden zu bewältigen sind, besteht die einzige Möglichkeit, sie *„für alle unvorhergesehenen Eventualitäten vorzubereiten"*, darin, den jungen Menschen zu helfen, *starke, umfassend gebildete Persönlichkeiten* zu werden.

Montessori hat ihre Pädagogik für alle Kinder, für alle jungen Menschen dieser Welt gedacht, unabhängig von ihrer Religion oder Weltanschauung, ihrer Rasse oder Kultur, ihrem Geschlecht oder ihrer sozialen Stellung. Dass sie dafür tatsächlich geeignet ist, kommt in ihrer heutigen weltweiten Verbreitung zum Ausdruck. In über 120 Ländern der Welt gibt es in den unterschiedlichsten Kulturen und Gesellschaften tausende von Montessori-Einrichtungen und die Nachfrage steigt weiter an. Allerdings ist auch für die Pädagogik Montessoris, wie bei allen Konzepten der Pädagogikgeschichte, eine kritisch-konstruktive Interpretation erforderlich, welche die wissenschaftliche und gesellschaftliche Weiterentwicklung berücksichtigt.

Denn es gilt auch heute, was Montessori 1948 im Vorwort zur fünften Auflage ihres erstmals 1909 erschienenen Werkes „Die Entdeckung des Kindes" schreibt:

> *„Die Zeiten haben sich inzwischen geändert, die Wissenschaft hat große Fortschritte gemacht und mit ihr unsere Arbeit; doch unsere Grundsätze wurden dadurch nur bestätigt, und mit ihnen bestätigte sich unsere Überzeugung: Die Menschheit kann auf die Lösung ihrer Probleme, unter denen die dringlichsten Friede und Einheit sind, nur dann hoffen, wenn sie ihre Aufmerksamkeit und Energie auf die Entdeckung des Kindes sowie auf die Entwicklung der großen Potentialität der in ihrer Bildung begriffenen menschlichen Personalität konzentriert."*[2]

---

[1] Montessori, Maria: „Kosmische Erziehung", 8. Aufl., Freiburg: Herder 2007, S. 130; dort auch das nächste Zitat.
[2] Montessori, Maria: Die Entdeckung des Kindes, Gesammelte Werke, Bd.1, Freiburg 2010, 3. Aufl. 2015, S. 3f.

Volker Ladenthin, emeritierter Erziehungswissenschaftler an der Universität Bonn und Mitherausgeber der *Gesammelten Werke* Maria Montessoris, hat in seine historisch und systematisch weit ausgreifenden Forschungen eine kritisch-konstruktive Interpretation der Pädagogik Maria Montessoris einbezogen, um sie für unsere heutigen Probleme in Erziehung und Bildung fruchtbar zu machen und weiterzudenken.[3] Gerne nehme ich die Sammlung seiner neuen und neu bearbeiteten einschlägigen Studien als Band 34 in die von mir herausgegebene Reihe „Impulse der Reformpädagogik" auf und wünsche dem Werk eine weite Verbreitung.

Altenberge, im September 2022, *Harald Ludwig*

---

[3] Vgl. Redeker, Anke / Ladenthin, Volker (Hrsg.): Reformpädagogik weitergedacht, Würzburg 2016.

Einleitung in Band 2

1. Zur Anlage des zweiten Bandes

Im ersten Band hatte ich es unternommen, Entstehung, Intention und Struktur der Reformpädagogik darzustellen. Mit diesem Hintergrund wende ich mich nun im zweiten Band den Schriften Montessoris zu.

Maria Montessoris Pädagogik ist oft schon dargestellt worden, wohlwollend, verstehend, kritisch; ja, sie selbst hat ihre Pädagogik in einem Handbuchartikel zusammengefasst.[1] Jede dieser Darstellungen, auch die von Maria Montessori selbst, hat immer *eine* Perspektive, greift immer nur einen *Aspekt* heraus, versucht *ein* Verständnis, das aus *einem* Kontext kommt. Die Hermeneutik weiß, dass es objektives Verständnis nicht gibt, wohl aber ein *sich objektivierendes* Verstehen. Zu dieser Objektivierung im Verstehen gehört auch die Offenlegung des Erwartungshorizontes, des Erkenntnisinteresses (also der Fragestellung) und des Vorwissens oder Kontextes, aus dem heraus etwas verstanden und beurteilt wird. Dies geschieht im Text mehrfach – fragend im ersten und zusammenfassend im letzten Kapitel des ersten Bandes.

Wie beurteilt man Texte, die in einer anderen historischen Situation geschrieben wurden, in einer anderen Sprache (womit nicht nur das Italienische gemeint ist)? Bedarf es vor einem Urteil nicht des historischen Verständnisses und der Unterstellung, der frühere Text habe nicht nur anderes, sondern vielleicht auch mehr gewusst als sein heutiger Leser? Wäre nicht zuerst nach dem *Anderen* und dem *Mehr* zu suchen, um dann erst zu urteilen, ob der Text heutigen Erwartungen entspreche? Oder wären nicht sogar angesichts des älteren Textes die heutigen Erwartungen zu prüfen?

---

[1] Montessori, Maria: Grundlagen meiner Pädagogik. In: Eggersdorfer, Franz X. u.a. (Hgg.): Handbuch der Erziehungswissenschaft. Dritter Teil. Bd. I: Familien und Kleinkinderpädagogik. München 1934. S. 265-285.

Sind sie eigentlich berechtigt, die heutigen Erwartungen? Im Kapitel 5 diskutiere ich den historisch sinnvollen Umgang mit Montessoris Texten.

Die folgende Darstellung der Pädagogik Montessoris will Antworten geben auf die Fragen, was die Montessori-Pädagogik anstrebt und was sie bedeutsam für das pädagogische Handeln macht. Was ist ihr Fingerzeig? Dabei gehört es zum hermeneutischen Grundwissen, bei jeder Darstellung, Analyse und Interpretation zu berücksichtigen, dass Texte in einem Kontext stehen. Sie beziehen sich auf Texte *vor* ihnen, sie stehen *in* impliziten Beziehungen zu zeitgleichen Kontexten, zu zeitgenössischen Diskussionen, und werden immer *aus* der Rückschau gelesen. Es ist also sinnvoll, die Montessori-Pädagogik auch aus den Perspektiven ihrer Vorläufer zu beleuchten, aus jenen Konzepten, die Maria Montessori als Quellen, Anregungen, Anstiftungen oder Ermutigungen rezipiert hat. Es ist ebenso sinnvoll, die Pädagogik Montessoris mit zeitgleichen Konzepten in Bezug zu setzen, einmal, weil so (in der Abgrenzung) ihre Besonderheit zu erkennen ist, einmal, weil sich das heute Unverständliche vielleicht aus zeitgleichen Schriften als Zeitphänomen erklären lässt.

Der zweite Teil des Buches unternimmt es, zuerst Montessoris Pädagogik als System darzustellen (Kapitel 1) und dann einige ausgewählte Grundbegriffe genauer zu untersuchen: Zuallererst die Frage, warum es überhaupt einen Antrieb zur Bildung gibt. Warum wollen Kinder lernen? (Kapitel 2). Zu den grundlegenden Begriffen gehört die *Freiarbeit*, deren Entwicklung und gegenwärtige Akzeptanz auf die Montessori-Pädagogik zurückgeht, auch wenn sie im Regelschulalltag verkürzt angewandt wird. (Kapitel 3).

Die anderen beiden Begriffe, die genauer untersucht werden, sind von zeitloser und im ersten Fall zugleich trauriger Aktualität: Gewalt und Geschichte. Die gegenwärtige Politik - ich schreibe diese Zeilen während des russischen Angriffs auf die Ukraine - macht wieder einmal deutlich, dass jede neue Generation den Umgang mit der Gewalt lernen muss. Zu diesem Lernen hat Montessori Bedeutsames beigetragen. (Kapitel 4)

Zeitlos und menschlich zugleich ist auch der Umgang mit Geschichte: Nur der Mensch weiß, dass er nicht „an den kurzen Pfahl des Augenblicks" (Nietzsche) gebunden ist, sondern Geschichte hat, sie aufbewahren, rekonstruieren und als Erfahrung nutzen kann. Neben der Sprache ist das Geschichtsbewusstsein eine wesentliche menschliche Eigenart, und Montessori hat durch die Änderung des Blickwinkels die zeitlose Aktualität der Geschichtsbetrachtung sehr differenziert reflektiert. Ein Plädoyer auch für einen obligatorischen Geschichtsunterricht. Ich führe in dem Kapitel fort, was ich am Beispiel der Reformpädagogik Rudolf Steiners schon einmal entfaltet und dann systematisiert habe:[2] Ohne Geschichtsbewusstsein verlören wir uns in der Wiederholung von Irrtümern. Wir wären dazu verurteilt, alle Erfahrungen immer wieder zu machen. (Kapitel 6)

Wenn ich mich dann dem wenig untersuchten Verständnis von Sprache bei Montessori zuwende, so nicht nur, um die Schließung einer überraschenden Forschungslücke vorzubereiten; sondern weil die Sprache unhintergehbare Bedingung pädagogischen Handelns und Intervenierens ist. Ja, sie scheint mir das grundlegende Prinzip zu sein.[3] Erst Sprache schafft Bedeutung und nur in Sprache können wir Bedeutung formulieren. Ohne Sprache wäre die Welt bedeutungslos, weil wir ihr nichts zuschreiben könnten. (Kapitel 7)

Im Kapitel 2.8 stelle ich mich jener epochalen Frage der pädagogischen Methodik, ob Begriffe der Erfahrung oder die Erfahrung den Begriffen voraus- oder vorangehen – eine Fragestellung, die die gesamte Methodik des Faches in den Grundlagen betrifft.

Die Texte dieses zweiten Bandes sind in sich zu verstehen; sie erschließen sich aber erst vollständig mit den Überlegungen des ersten

---

[2] Ladenthin, Volker: Was ist die richtige Pädagogik? In: Ißler, Roland; Kaenders, Rainer; Stomporowski, Stephan (Hg.): Fachkulturen in der Lehrerbildung weiterdenken. Göttingen 2022. S. 373-394.
[3] Ladenthin, Volker: Sprache und die Bildung des Menschen (Teil 1 und 2). In: Montessori. Zeitschrift für Montessori-Pädagogik 58 (2020) H. 1. S. 12-25 und S. 135-155.

Bandes – u.a. auch deshalb, weil sich die Sonderstellung der Pädagogik Montessoris erst im Kontrast zu anderen Positionen erkennen lässt.

2. Einige technische Hinweise

So weit wie schon möglich zitiere ich Texte Montessoris nach der neuen Gesamtausgabe: Maria Montessori: Gesammelte Werke. Herausgegeben von Harald Ludwig, in Zusammenarbeit mit Christian Fischer, Michael Klein-Landeck und Volker Ladenthin in Verbindung mit der Association Montessori Internationale (AMI). Freiburg-Basel-Wien, erschienen im Herder Verlag. Ich gebe dabei den konkreten Text an (damit auch andere Editionen genutzt werden können), daran anschließend immer Band und Seite, nicht aber jedes Mal die vollständigen bibliographischen Angaben des jeweiligen Bandes, weil dies redundant wäre und die hier angeführten Angaben selbsterklärend sind.

Alle digitalen Quellen wurden zuletzt am 09.09.2022 aufgerufen und überprüft.

Hinweise auf eigene Texte deuten auf weitere Begründungen und Differenzierungen hin; es sind Texte, in denen ein Sachverhalt ausführlich und genauer dargestellt wird. Die Hinweise dienen nicht als Belege, sondern als Entlastung von Ausführungen, die ich nicht noch einmal entfalten wollte.

Der Text dieses Buches folgt orthographisch den letztgültigen Empfehlungen des Rechtschreibrats (von 2004 und 2006) zur Rechtschreibung (vgl. https://www.rechtschreibrat.com/ueber-den-rat/), ist daher geschlechts- und gendersensibel und maßt sich nicht an, darüber hinaus weitere Vorstellungen von allgemeiner Rechtschreibung aufzudrängen. Ich zitiere hierzu als Ausdruck des *Common Sense* (der erst eine Sprachgemeinschaft konstituiert) explizit und bewusst Sätze aus *Wikipedia*: „Das Genus bezeichnet jedoch nicht biologische oder andere Eigenschaften des mit dem Wort bezeichneten Lebewesens, Gegenstands oder Begriffs, sondern nur die Weise der Kongruenz anderer Wörter. Auch bezeichnen die meisten maskulinen und femininen Wörter etwas, das gar kein biologisches Geschlecht hat. In anderen Genussystemen braucht die Zuordnung der Genera zu den Substantiven überhaupt nichts mit biologischen Geschlechtern zu tun zu haben." (https://de.wikipedia.org/wiki/Genus) Wenn sich in diesem repräsentativen Corpus etwas ändert, wird man überlegen müssen, wie zu verfahren ist. Bis dahin gilt die gendersensible Regelung: Abstrakte Oberbegriffe wie z.b. „die Lehrerrolle", „die Kultusministerkonferenz", „die Schülerorientierung" oder, ganz aktuell, „das Bürgergeld" werden so verwendet, wie auch von den Autoren in den zitierten Texten, z.B. durchgehend mit dem generischen Maskulinum, Femininum und Neutrum artikuliert, die insgesamt nicht historisch, sozial oder biologisch ausdifferenziert sind: der Mensch/die Menschheit/das Menschsein oder: der Einzelne, die Person, das Subjekt. *Generische Formen meinen immer die Funktion, nie die Person.* Funktionen sind aber nicht geschlechtsspezifisch, sondern systematisch. Substantivierungen von Verben (lesen-Leser, lehren-Lehrer, erziehen-Erzieher) werden unkommentiert und wie bisher üblich angewendet. Der Kollektivsingular ist durchweg nicht sozial oder biologisch bestimmt: *Die* Klasse umfasst Jungen wie Mädchen, *der* Frauenverein hingegen nur Frauen, *das* Gymnasium umfasst keine Sachen sondern Menschen und zwar, wie *die* Gesamtschule oder *der* Kindergarten, Menschen beiderlei biologischen Geschlechts. Schließlich gibt es in der Wirklichkeit kein drittes oder neutrales Geschlecht: Das Mädchen, das Bübchen sind weiblich bzw. männlich. Das Neutrum ist als Bezeichnung eines Genus (lat.: *genus* für Stamm, Gattung, Klasse) allein auf die Grammatik begrenzt. Eine Analogie von natürlichem und grammatischem Geschlecht ist also nicht systemkonstitutiv. Sollten geschlechtsspezifische Differenzierungen oder solche zwischen Funktion (der Lehrer) und Person (der Lehrer/die Lehrerin) nötig sein, wird dies eigens vermerkt. Es wäre unhistorisch und eine Verfälschung, die Schreibweisen der Autoren früherer Jahrhunderte in eine neue Sprache zu übersetzen; es würde zu Missverständnissen führen, weil dann zwei Formen von Abstrakta nebeneinander ständen.

Einige Kapitel des Buches gehen auf Aufsätze oder Vorträge zurück; im Anhang sind die Nachweise zu finden. Die Texte wurden jedoch alle stark überarbeitet, erweitert und auf den aktuellen Stand der Diskussion gebracht.

Kapitel 1: Grundbegriffe: Montessori-Pädagogik im Überblick

Nachdem grundlegende Gedanken Rousseaus und Itards rekonstruiert und die Reformpädagogik historisch-systematisch erschlossen wurden, kann nun die Besonderheit der Montessori-Pädagogik im systematischen Zusammenhang dargestellt werden. Ich wähle dazu je sechs zentrale Aspekte aus, die das Konzept in seiner Struktur erkennen lassen:

1. Ziel und Weg: Selbstbestimmung
2. Polarisation der Aufmerksamkeit
3. Sensible Phasen
4. Materialien
5. Vorbereitete Umgebung
6. Lehrerrolle

Im Anschluss daran sollen folgende Fragen reflektiert werden.

1. Bauplan oder Freiheit?
2. Führung oder Selbstbestimmung?
3. Ordnen oder Ordnung?
4. Ethik der Gruppe oder des Kosmos?

1. Strukturmerkmale der Pädagogik nach Maria Montessori

1.1 Ziel und Weg: Selbstbestimmung

Das Ziel des Montessori-Erziehungs-Konzeptes ist die Selbstständigkeit des einzelnen Menschen in sittlich guter Beziehung zu anderen Menschen;

das Kind soll lernen, „selber zu handeln"[1]. Eine andere Formulierung lautet, dass das Kind lernen solle „Meister seiner selbst zu sein"[2].

An den Beschreibungen Jean Marc Gaspard Itards war zu erkennen, dass ein Kind nicht schon von Geburt an Meister seiner selbst ist, also frei. Es ist vielmehr abhängig, ist (um im Bild zu bleiben) Knecht der Natur, der Umwelt und seiner ihm nicht bewussten Anlagen, Motive oder gar Triebe. Das Kind muss also lernen, frei zu sein; es muss lernen, um *frei* zu werden, um Meister seiner selbst zu werden. Maria Montessori nennt diese Möglichkeit zur Selbstbestimmung *Freiheit*. Das Kind muss also Freiheit lernen - aber es kann diese Freiheit nur in Freiheit lernen:

> „*Was ist Freiheit des Kindes?* Die Freiheit ist dann erlangt, wenn das Kind sich seinen inneren Gesetzen nach, den Bedürfnissen seiner Entwicklung entsprechend, entfalten kann. Das Kind ist frei, wenn es von der erdrückenden Energie des Erwachsenen unabhängig geworden ist. Dieses Freiwerden ist weder eine Idee noch eine Utopie, sondern eine oft erfahrene Tatsache. Es ist eine Wirklichkeit, die wir dauernd erleben. Wir schließen damit nicht die Notwendigkeit der Kulturübermittlung noch die notwendige Disziplin und auch nicht die Notwendigkeit des

---

[1] Ich greife auf die handbuchartige Selbstdarstellung Montessoris zurück. Sie wurde zuerst veröffentlicht als: Montessori, Maria: Grundlagen meiner Pädagogik. In: Eggersdorfer, Franz X. u.a. (Hg.): Handbuch der Erziehungswissenschaft. Dritter Teil. Bd. I: Familien und Kleinkinderpädagogik. München 1934. S. 265-285. Dieser Artikel war das Zentrum des immer wieder aufgelegten Sammelbandes der „Grundgedanken des Montessori-Pädagogik" von Paul Oswald und Günter Schulz-Bensch aus dem Jahre 1967. In meine Erstausgabe hat mir am 3.12.1986 Günter Schulz-Benesch folgende Widmung geschrieben: „'Nicht auf den Zeigefinger starren, sondern in die Richtung gehen' (Montessori) – ‚Ama et fac quod vis.' (St. Aug.)" (Übers.: „Liebe und tu, was du willst.") – was in vielfältiger Weise mit der Intention des vorliegenden Buches korreliert. Ich zitiere den Text Montessoris aus einer derzeit leicht greifbaren, aktuellen Ausgabe, nämlich: Montessori, Maria: Grundlagen meiner Pädagogik [1934]. In: Oswald, Paul; Schulz-Benesch, Günter (Hg.): Grundgedanken der Montessori-Pädagogik. Quellentexte und Praxisberichte. Überarbeitet und aktualisiert von Harald Ludwig. Freiburg-Basel-Wien 2008 (21. Aufl. Neuausgabe). S. 15-35. Hier S. 32.

[2] Montessori: Grundlagen. S. 32.

Erziehers aus. Der Unterschied ist allein der, daß in dieser Freiheit die Kinder voll Freude arbeiten und sich die Kultur durch eigene Aktivität erwerben, dass die Disziplin aus dem Kind selbst entsteht."[3]

Es fallen einige zentrale Begriffe:

- innere Gesetze
- Bedürfnisse seiner Entwicklung
- eigene Aktivität
- aus dem Kind selbst

Der Mensch wird von Montessori nicht als liquide und daher beliebig formbare Masse gedacht, sondern als freies Wesen. Es hat von Beginn an eine eigene Persönlichkeit und ist zugleich mit Gesetzmäßigkeiten ausgestattet, die zu achten oder zielführend einzusetzen sind. Es wird von Montessori hier nicht unterschieden zwischen *freiem,* und *eigenem Willem* (Person).

Es stellt sich die Frage nach der *Methode*, mit der Montessori zu diesen Erkenntnissen gelangt ist:

„Ich habe nicht zuerst die Grundsätze aufgestellt und nach ihnen dann meine Erziehungsmethode eingerichtet. Gerade das Gegenteil war der Fall: Nur die unmittelbare Beobachtung der Kinder, *deren Freiheit beachtet wurde*, hat mir bestimmte Gesetze ihres inneren Lebens offenbart, von denen ich später entdeckte, dass sie allgemeine Gültigkeit haben. Die Kinder waren es, die aus eigenem Antrieb den Weg, der zur Kraft führt, gesucht und mit sicherem Instinkt gefunden haben."[4]

Der Anspruch also ist, die Entwicklung von Kindern (ja, sogar ihre Freiheit) zu betrachten, um aus dieser Entwicklung Maßgaben für

---

[3] Montessori: Grundlagen. S. 32.
[4] Montessori, Maria: Das Kind in der Familie. In: Montessori, Maria: Gesammelte Werke. Hg. v. Harald Ludwig, [...]. Bd. VII. Freiburg-Basel-Wien 2011. S. 3-117. Hier S. 65. Hervorheb. v. mir, V.L.

pädagogisches Handeln zu gewinnen. Dies setzt voraus, dass das Handeln eines Kindes immer schon *gelungenen* Handelns ist, oder aber, dass der Betrachter hinter dem sichtbaren Verhalten, den Tätigkeiten und dem Hantieren von Kindern das *eigentlich* intendierte Handeln zu entdecken vermag:

> „Es existieren also zwei psychische Persönlichkeiten im Kind: die natürliche und kreative, die normal und hochwertig ist, und die einer erzwungenen Anpassung, die minderwertig ist und die aggressive und falsch entwickelte Charakterzüge aufweist, die von einem Kampf herrühren, in dem ein Schwächerer von einem Stärkeren angegriffen wird."[5]

So erklärt sich mit Montessori, warum Itard in einem sich selbst überlassenen Kind nicht das natürliche Kind entdecken konnte. Das natürliche Kind ist immer ein Konstrukt, das nie identisch ist mit einer realen Person. So unterscheidet auch Montessoris Methode das *zufällige* und das *normalisierte* Kind. Erst am normalisierten Kind kann der Erwachsene die Regeln für den richtigen Umgang mit dem Kind als Antwort auf die kindlichen Bedürfnisse, Herausforderungen und Fragen erkennen:

> „Wenn ein Mensch nicht in einer geeigneten Umgebung lebt, dann kann er nicht alle seine Fähigkeiten normal entwickeln, und er kann nicht auf dem Grund seiner eigenen Seele forschen und lernen, sich selbst zu erkennen. Nun besteht eine der Hauptaufgaben der modernen Erziehung gerade darin, das soziale Empfinden des Kindes zu entwickeln, indem in ihm die Neigungen für ein soziales Zusammenleben mit seinesgleichen wach gerufen werden."[6]

Das (gesunde) Kind befindet sich in einer (natürlichen) Entwicklung, aus der sich wandelnde, altersspezifische Bedürfnisse entspringen, so dass die Erzieher gemäß diesen Entwicklungen und den ihnen entsprungenen Bedürfnissen reflektieren und handeln müssen. Die Entwicklung des Kindes ist dann natürlich, wenn das Kind in einer zu ihm passenden Umgebung

---

[5] Montessori: Das Kind in der Familie. Bd. VII. S. 111.
[6] Montessori: Das Kind in der Familie. Bd. VII. S. 67.

aufwächst – deren Gestaltung soll allerdings aus den natürlichen Bedürfnissen des Kindes abgeleitet werden. Dieser Zirkelschluss bedarf einer Unterbrechung, wenn er denn erkenntnisleitend sein soll. Dazu später.

Freiheit ist dabei nicht allein das Ziel pädagogischen Handelns, sondern auch eine Charakteristik des Weges, auf dem das Ziel erreicht werden soll. Zur Freiheit kann nicht durch Zwang erzogen werden. Dabei wird Freiheit nicht als Beliebigkeit verstanden, also als Lust und Laune, Willkür und Egozentrik, sondern als die Bemeisterung des Selbst. Freiheit heißt Selbst*bestimmung*; heißt, aus sich die Person zu machen, die sich selbst bestimmt (festlegt), diejenige, die man dann nach der Bestimmung sein *will*. (Vorgefundenes) Sein und (auf Zukunft gerichtetes) Wollen stehen in einem Spannungsverhältnis. Man ist nicht schon der, der man (eigentlich) ist. Man will der erst werden, der man (eigentlich) ist. Der sich suchende Mensch will sich aus allen Bevormundungen befreien, auch aus der Bevormundung durch die eigenen Gewohnheiten und Impulse. Freiheit heißt Selbständigkeit, erworben durch Selbsttätigkeit. Freiheit heißt, sich selbst Normen zu setzen – und daher zuvor zu lernen, sich selbst Normen setzen zu können. Freiheit heißt nicht einfach *Wollen*, sondern zu wissen, was man warum will. (Das Tier wird durch Instinkte und Launen gesteuert, der Mensch ist frei, sich durch Vernunft zu bestimmen.)

Der Erzieher horcht zwar auf das Kind, aber nur, um seine Aufgabe besser erfüllen zu können – die Aufgabe der „Führung" zur Selbstvervollkommnung: *Das „menschliche Leben, das sich in der Entwicklung befindet*, müssen wir respektieren, ja, *auf die Vervollkommnung hinführen!"*[7] (Der Satz ist auch im Original drucktechnisch hervorgehoben.)

Diese Freiheit hat einen psychologischen und einen philosophischen Aspekt. Gefragt ist zuerst, wie sich der Prozess der freien Entwicklung zur Freiheit naturhaft ereignet. Der Grundgedanke ist, dass es einen

---

[7] Montessori, Maria. Einleitung. Moderne Richtungen der Anthropologie und ihr Verhältnis zur Pädagogik. In: Maria Montessori: Gesammelte Werke. Hg. v. Harald Ludwig [u.a.]. Bd. II,2. Freiburg-Basel-Wien 2019. S. 1-585. Hier S. 141. Hervorheb. i. Orig.

Grundantrieb und eine Grundstruktur im Menschen gebe, dessen Endprodukt die personale Identität ist. Diese Grundkraft nennt Maria Montessori „Horme" und beschreibt sie folgendermaßen:

> „Dort, wo keine Merkmale von Regression auftreten, zeigt das Kind *Neigungen*, die klar und *energisch* auf die funktionelle Unabhängigkeit ausgerichtet sind. Dann ist die Entwicklung ein Anstoß zu immer größerer Unabhängigkeit. Es ist wie der Pfeil, der vom Bogen abgeschossen wird und sich gerade, sicher und voller Kraft vorwärtsbewegt. Die Eroberung der Unabhängigkeit beginnt mit dem ersten Anfang des Lebens; während sich das Lebewesen entwickelt, vervollkommnet es sich selbst und überwindet jedes Hindernis, das sich auf seinem Weg befindet. Im Individuum ist eine *vitale Kraft* tätig, die es zu seiner *Entfaltung* führt. Diese Kraft wurde von Percy Nunn als Horme bezeichnet."[8]

Es ist nicht der Wille (dessen Entstehung dann erklärt werden müsste), es ist auch kein Instinkt (der bei Tieren einen Inhalt hat). Man sieht hier vielmehr den Bezug zu Itard, der ebenfalls beim Menschen einen Grundantrieb zur Vervollkommnung vorausgesetzt hatte: Würden „Horme" rationale Willenskraft beschreiben, dann hätte man sie lehren müssen; damit sie gelernt würde, braucht man aber bereits die Willenskraft.

Lernen geschieht durch *Verlassen* eines bekannten Weltverhältnisses und das *Hineinbegeben* in ein neues Weltverhältnis. Dieses Weltverhältnis selbst kann zwar gelehrt werden, nicht aber der Übergang von einem zum anderen. Den muss das Kind selbst schaffen und leisten. Da diese Übergangsfähigkeit nicht gelernt werden kann (denn um gelernt zu werden, bedürfte sie sich ja selbst schon), muss man annehmen, dass hier eine angeborene Grundkraft vorliegt. Das Lernen ist nicht lehrbar; um es gelehrt zu bekommen, muss man schon lernen können. In Übereinstimmung mit

---

[8] Montessori, Maria: Das kreative Kind (Der absorbierende Geist). Hg. v. Paul Oswald und Günter Schulz-Benesch. Freiburg-Basel-Wien 1996 (11. Aufl.). S. 77. Hervorheb. v. mir, V.L.

Itard stellt sie an gleicher Stelle fest: „Die ‚Entwicklung' kann nicht gelehrt werden."⁹

Unterricht und Erziehung sind, so verstanden, keine Belehrung und Normierung, sondern die Stimulation bzw. Nichtbehinderung dieser Grundkraft. Der Erzieher hilft dem Kind, etwas Intendiertes selbst zu tun. Ganz wie Itard meint Montessori, ein Antriebsmoment hierzu gefunden zu haben. Diese Horme treiben aber nicht nur an, sondern steuern auf ein Ziel zu (nämlich die autonome, selbständige Person), so dass man an eine vom Menschen unabhängige Mechanik denken könnte. Dies aber würde den Gedanken der Willensfreiheit und der aus ihr resultierenden Selbsttätigkeit des Menschen widersprechen. Denn an anderer Stelle heißt es im gleichen Text:

> „Die Entwicklung ist aktiv, sie ist Aufbau der Personalität, der durch die *Mühe* und die eigene *Erfahrung* erreicht wird; sie ist die *große Arbeit*, die jedes Kind *vollbringen muß*, um sich selbst zu entwickeln."¹⁰

Gefragt ist also zweitens, nach welchen Grundsätzen sich der Prozess der freien Entwicklung zur Freiheit inhaltlich ereignet. Das Kind selbst hat in sich einen Antrieb, der es von einem bekannten Weltverhältnis aus ein neues und zwar freieres Weltverhältnis suchen lässt.

Bleibt zu fragen, was denn nun ein Weltverhältnis ist. Montessori nennt dies die „geistige Ordnung". Ein Weltverhältnis entsteht, wenn ein Kind die Welt ordnet. Der Ordnungsvorgang selbst ist ein natürlicher Vorgang; unklar bleibt, ob es sich um die *Ordnung der Dinge* selbst handelt, die das Kind verstehend übernimmt oder ob es Ordnungen sind, *die die Menschen machen*. In der folgenden Textstelle sagt sie, dass die Inhalte die Ordnungen der Dinge selbst sind:

> „Das Chaos [...] [der kindlichen] Seele braucht nichts Neues, sondern nur *Ordnung* in den bereits vorhandenen Dingen. Und das Kind beginnt, alle die Merkmale der Dinge zu

---

[9] Montessori: Das kreative Kind. S. 184.
[10] Montessori: Das kreative Kind. S. 184.

unterscheiden; es trennt Quantität von Qualität und Form von Farbe. Es unterscheidet die Dimensionen gemäß den jeweils vorherrschenden Merkmalen nach langen und kurzen, dicken und dünnen, großen und kleinen Gegenständen. Es teilt die Farben in Gruppen ein und nennt sie beim Namen [...]. Es differenziert die Farben nach ihrer Intensität und bezeichnet die beiden Extreme als hell und dunkel. Es unterscheidet Geschmack von Gerüchen, Glätte von Weichheit, Laute von Geräuschen."[11]

Nachvollziehen lässt sich ohne weiteres, dass jedes Denken und Sprechen ein Ordnen ist. Offen bleibt nur, ob der menschliche Geist eine vorgegebene Ordnung nachvollzieht - oder selbst eine Ordnung entwirft.

1.2 Polarisation der Aufmerksamkeit

Als Anfang von Montessoris Pädagogik wird oft eine berühmt gewordene Beobachtung angegeben: Ein Kind führt eine relativ uninteressante Tätigkeit immer und immer wieder aus. Es fällt dabei in eine hohe Konzentration, ja fast in einen *Trance-Zustand* oder *Flow*, wie man heute sagt. Und während im üblichen Schulunterricht bei Kindern jede Abwechslung willkommen scheint, lässt sich in dem gezeigten/erzählten Beispiel das Kind nicht einmal dann ablenken, wenn man es direkt zu stören versucht. Wenn dergleichen vielleicht schon oft beobachtet wurde, so kommt doch Montessori der Verdienst zu, die Bedeutung dieses Vorgangs erkannt zu haben. Sie nennt diesen Vorgang die „Polarisation der Aufmerksamkeit". In diesem Vorgang läge der „Schlüssel der Pädagogik":

„Die Bedeutsamkeit dieser Beobachtung wurde schon von anderen erkannt, besonders wurde sie aber von mir verwertet. Ich verstand, was in den Seelen vor sich geht, als ein Gesetz, das mir

---

[11] Montessori, Maria: Die Entdeckung des Kindes. In: Montessori, Maria: Gesammelte Werke. Hg. v. Harald Ludwig [u.a.]. Bd. I. Freiburg-Basel-Wien 2010. S. 1-384. Hier S. 205f. Vgl. die Anmerkung von Harald Ludwig, der Korrekturen dieser Auffassung heranzieht, da Montessori später auf die Gestaltpsychologie zurückgreift.

die vollständige Lösung des Erziehungsproblems möglich machte. Mir wurde klar, dass das Prinzip der Ordnung und die Entwicklung des Charakters sowie des Geistes- und Gefühlslebens von dieser geheimnisvollen und verborgenen Quelle ausgehen müssen. Und von nun an war es mein Streben, Übungsgegenstände zu suchen, die die Konzentration ermöglichten; und ferner studierte ich gewissenhaft, welche Umgebung die günstigsten äußeren Bedingungen für diese Konzentration bietet. So begann ich, meine Methode aufzubauen. Hier liegt offenbar der Schlüssel der ganzen Pädagogik, diese kostbaren Momente der Konzentration zu erkennen, um sie zum Lehren des Schreibens, Lesens, Rechnens, später dann der Grammatik, der Arithmetik, der Fremdsprachen usw. nutzen zu können."[12]

Worin besteht das Erziehungsproblem? Bei Itard war zu lernen, dass man jemanden eben nicht belehren kann, sondern dass das Lernen als Welterschließung immer nur selbsttätig erfolgen kann. Diese Selbsttätigkeit kann man wohl auslösen, man kann sie aber nicht *durch Belehrung* gestalten. Wenn Lernen selbsttätiges *Entdecken* ist, dann kann man das Belehren nicht als höchste Form der Pädagogik ansehen:

„Das Kind wird zum Entdecker der Welt und hat den Wunsch, immer tiefer einzudringen und seine Entdeckungen zu verwerten. Und was ist die Geschichte der Kultur anderes als die Geschichte der Entdeckungen"[13] ...

... des Entdeckens müsste man eigentlich sagen. In dem Phänomen der „Polarisation der Aufmerksamkeit" findet Montessori insofern den Schlüssel zur Pädagogik, als nun deutlich wird, dass der Antrieb zur Welterschließung immer schon vorhanden ist und von den Pädagogen „genutzt" werden kann: Diese Formulierung greift unmittelbar auf eine Formulierung Itards zurück. Lehren besteht darin, das vorhandene Bedürfnis der Welterkenntnis zu *nutzen*; die Aktivität des Kindes zu polarisieren. Sie auf etwas zu lenken, zu konzentrieren. Von dieser Entdeckung aus kann das

---

[12] Montessori: Das Kind in der Familie. Bd. VII. S. 50. Das Kapitel trägt den Titel: „Allgemeines über meine Methode".
[13] Montessori: Grundlagen. S. 25.

pädagogische Handeln entwickelt werden. Der Lehrer belehrt nicht, sondern er arrangiert etwas so, dass sich das Kind selbst belehren kann. Die Beobachtung der Polarisation der Aufmerksamkeit ist für Montessori die zu beobachtende Bestätigung dafür, dass Kinder von sich aus die Welt erschließen. Das grundlegende Paradox der Pädagogik, jemanden etwas zu lehren, was dieser nur selbst lernen kann, wird insofern gelöst, als dieses „etwas selbst tun können" nicht gelehrt werden muss. Man kann es aber für die Lehre nutzen.

Und hier liegt nun die entscheidende Weiterentwicklung Montessoris gegenüber Itard. Itard hatte zwar erkannt, dass man ein Weltverhältnis nicht lehren kann, aber er hatte es nicht geschafft, von der Tätigkeit Victors selber zu den Dingen zu kommen, die er lernen konnte. Montessori nun zeigt, dass das Kind von sich aus einen Weltzugangswillen hat, der sich immer schon auf Gegenstände der Welt richtet - und den man nur zu nutzen verstehen muss. Eine Kunst des Erziehers besteht folglich darin, die Polarisation der Aufmerksamkeit

1. zu ermöglichen (und nicht zu behindern)
2. auszulösen und
3. auf die richtigen Gegenstände zu richten.

Es gibt keine unterschiedlichen Arten des Lernens, sondern nur eine einzige Art: „Alle Psychologen sind sich darin einig, dass es nur eine ideale Form des Unterrichtens gibt: bei dem Schüler tiefstes Interesse und dadurch lebhafte und dauernde Aufmerksamkeit zu wecken."[14] Dies ist nicht moralisierend gemeint und auch nicht blauäugig. Es besagt vielmehr: Nur wenn die Kinder von sich aus einen Bezug zum Lehrstoff erarbeiten, lernen sie überhaupt. Alles andere mag man memorieren, aber man lernt es nicht. In der Polarisation der Aufmerksamkeit entsteht ein Kontakt zwischen Welt und Kind durch das Tätigwerden des Kindes. Polarisation der Aufmerksamkeit ist eine sinnlich-geistige Tätigkeit am Gegenstand. Der Gegenstand wird tätig erschlossen. Dabei werden andere Reize der

---

[14] Montessori: Das Kind in der Familie. Bd. VII. S. 50.

Umwelt ignoriert. Die Polarisation der Aufmerksamkeit ist ein (auch an sich selbst) zu beobachtender Prozess. Wir bekommen also einen Ausweg aus den Zirkelschluss, dass man das gesunde Kind nur in einer passenden Umgebung beobachten kann, das, was dem Kind passend ist, aber nur vom Handeln des gesunden Kindes ableiten kann: In der Polarisation der Aufmerksamkeit ereignet sich etwas am Kind, das nicht geschaffen, sondern nur nicht behindert werden muss. Es schafft sich eine eigene Umwelt. Die Umwelt ist also dann gut, wenn sie dem Kind die Verwirklichung eigenen Schaffens in dieser und mit dieser Umwelt ermöglicht. Aber wäre, so könnte man einwenden, nicht auch die konzentrierte Zerstörung der Umwelt eine Polarisation der Aufmerksamkeit – nur nicht eine wünschenswerte? Warum sollte diese Polarisation der Aufmerksamkeit immer (kulturell betrachtet) positiv wirken? Wird hier nicht ein Naturtrieb als *immer* kulturell gutartig vorausgesetzt? Auch hier bedarf es weiterer Antwort auf diese Frage.

Es lassen sich nun unterschiedliche Phasen bei dieser Polarisation abgrenzen, die der Erzieher kennen und mit denen er umgehen muss, weil er andernfalls die naturhafte und gesetzmäßige Entwicklung des Kindes empfindlich stört. Montessori benennt drei Phasen:

Phase 1: Die vorbereitende Phase. Hier zeigt das Kind eine Erwartungshaltung. Es sucht. Es richtet sein Interesse auf äußere Dinge, denen es sich widmen will. Das Kind ist unruhig, fast aufgeregt; es greift zu Gegenständen, legt sie wieder weg. Der Erzieher darf in diese Suchphase nicht eingreifen; seine Arbeit muss schon getan sein. Und hier findet sich die Lösung für die Frage nach dem Ziel der Polarisation der Aufmerksamkeit: Der Erzieher muss eine Umgebung vorbereitet haben, in der das Kind sein Interesse auf etwas Bedeutsames richten kann. Wenn man das Kind zu Aufgaben drängt, dann ist der Sinn dieser Phase (nämlich sich anregen zu lassen) gefährdet. Das Kind muss den Gegenstand seiner Aufmerksamkeit selbst finden. Diese vorbereitende Phase endet mit einer sichtbaren Ermüdung; es ist, als ob nun alles schon vorbei wäre. Aus dieser Ermüdung fällt das Kind nun in die zweite Phase, in der die Müdigkeit verschwindet:

Phase 2: Die Phase der Arbeit. In ihr widmet sich das Kind *tätig* werdend der Sache; nicht nur mit den Sinnen (anfassen, ordnen, bewegen), sondern geistig und schließlich mit der ganzen emotionalen und wertenden Person. Es geht in seiner Aufgabe auf. Es beginnt mit der Arbeit, z.B. mit der Lösung eines Problems und nun erfolgen - erstaunlicherweise - ohne Aufforderungen die beobachtbaren Wiederholungen immer derselben Tätigkeit. In diese Phase einzugreifen wäre eine Art psychischer Kindesmisshandlung - und doch verfährt das besorgte Bemühen von Erwachsenen um die Kinder oft so - bis sich Kinder am Ende gar nicht mehr konzentrieren können. Wir drängeln Kinder, treiben sie zur Eile an: „Zieh dir schnell die Jacke an, der Bus wartet nicht!", „Bleib nicht so lange vor dem Schaufenster stehen!", „Nun räum endlich dein Zimmer auf und spiel nicht immer mit allem so herum!" Lehrer beenden Schulstunden mitten in einer begonnenen Arbeit: „Den Rest macht ihr Zuhause" - so, als könnte man Konzentration wie einen Motor beliebig an und abstellen. Derartige Prozesse verlangen von den Kindern, einen begonnenen Vorgang der Konzentration zu durchbrechen, zu unterbrechen - und sie verlangen zudem, sich zu jeder Zeit ernsthaft (existenziell) auf jede *beliebige* Sache zu konzentrieren. Dagegen Montessori: In die Polarisation der Aufmerksamkeit darf nicht eingegriffen werden, weder durch den Stundenschluss, noch durch notwendige Unterrichtsphasen oder das Insistieren auf das Erreichen von Lernzielen. Der traditionelle Schulunterricht geht - von Montessori aus betrachtet – also von Fiktionen aus. Er mutet z.B. sechsjährigen Kindern zu, ihre Aufmerksamkeit auf das zu richten, was ein anderer vorschreibt. Das kann auch mal gelingen oder nötig sein: Man kann diese Erwartung aber nicht zur Grundlage von Schule machen. Und wenn man es macht, wird man mäßigen Erfolg haben.

Übrigens erschließt sich vom Gedanken der Polarisation der Aufmerksamkeit auch ein Problem des Fernsehens: Die Bilder wechseln so schnell, dass die Konzentrationsbewegung immer wieder gestört wird. Immer wieder wird das Kind aus einer beginnenden Konzentration auf *ein* Bild durch das Erscheinen des neuen Bildes herausgerissen. Das mit schnell wechselnden Bildern arbeitende Fernsehen *verlehrt* (ich erfinde einmal dieses Wort) also die Konzentrationsfähigkeit. Es dient der Zerstreuung. Das Kind *verlernt* durch den dauernden Wechsel des Lehrangebots das Lernen – die Konzentration.[15]

Die Phase der konzentrierten Arbeit schließt - trotz der großen Anstrengung - mit einer Entspannung. Das Kind wirkt wie erholt. Dies kündigt den Übergang zur dritten Phase an:

Phase 3: Ruhe am Schluss: Das Kind betrachtet wie selbstverliebt die Arbeit; es ist nicht mehr tätig, sondern nur noch betrachtend. Am Ende dieser Phase verlässt es das Arbeitsmaterial, ordnet es zurück in die Schränke usw. Eine Stimmigkeit ist hergestellt. Etwas Gültiges wurde geschaffen. Der Vorgang ist abgeschlossen.

Solch Polarisation von Aufmerksamkeit kann aber nicht gelingen, wenn die Erziehenden das Kind einfach sich selbst überlassen. Es müssen vielmehr bestimmte negative Umstände ausgeschaltet werden und bestimmte Bedingungen erfüllt sein. Vier solcher Bedingungen sind zu nennen:

Bedingung 1: Beachtung sensibler Phasen. Kinder sind nicht zu jeder Zeit für alles aufnahmefähig. Vielmehr scheint es Phasen zu geben, in denen das Kind für bestimmte Dinge aufnahmefähig ist und für andere nicht. Diese Phasen muss man kennen, um zu wissen, worauf sich die Aufmerksamkeit des Kindes vermutlich richten wird. Umgangssprachlich fasst man dies in die Formulierung, dass das Wissen altersgemäß dargeboten werden muss.

Bedingung 2: Prinzip der Passung des Materials. Kennt man die sensiblen Phasen, muss man Materialien bereit halten, an denen sich (von der Entwicklung des Kindes her) überhaupt die Aufmerksamkeit entzünden kann. Damit sind nicht nur Neugierde oder Interesse gemeint, sondern auch sinnliches und kognitives Affiziertsein und die entsprechenden

---

[15] Vgl. das Kapitel „Negative Hermeneutik" in: Ladenthin, Volker: Medien und Bildung. Grundzüge einer bildungstheoretischen Medienpädagogik. Baden-Baden 2022. S. 153-164.

Fähigkeiten (Dispositionen). Um Materialien passend zu machen, muss man drei Grundsätze beachten:

1. . Grundsatz: Komplexe Handlungen sind in einfache Teilschritte oder Elemente zu zerlegen.
2. Grundsatz: Eigenschaften (Größe, Farbe, Klang usw.) müssen isoliert werden; dies führt zu einer Isolation der Aufgabenstellungen.
3. Grundsatz: pädagogische Materialeigenschaften: Kombination von Zielen und Nebeneffekten. (Begrenzung; Ästhetik; Aktivität und Fehlerkontrolle)

Bedingung 3: Vorbereitete Umgebung und indirekte Lenkung. Selbsttätigkeit im pädagogischen Sinne kann nur in einer Umgebung ausgelöst werden, die für die Selbsttätigkeit vorbereitet ist. Im Kaufhaus ist Selbsttätigkeit für das Kind möglich - aber eben nicht pädagogisch ausgerichtet. In einem leeren Raum kann sich Selbsttätigkeit nicht entfalten, weil das Material der Arbeit fehlt. Die Umgebung des Kindes muss also so ausgerichtet sein, dass sich die Selbsttätigkeit und Aufmerksamkeit auf etwas richten kann.

Und hier liegt das Zentrum der Montessori-Pädagogik: Diese Umgebung ersetzt die Lehre einer Person. Der Lehrende belehrt nicht mehr, sondern ist nur noch indirekt tätig. Er ermöglicht das Lernen oder fordert auf.

Bedingung 4: Die Freiheit des Kindes. Die Freiheit des Kindes, das *Erwachen der spontanen Aktivität* des Kindes darf nicht beeinträchtigt werden, weil genau dann dasjenige zerstört wird, was der einzige Grund für das Lernen ist: Die Spontaneität des Erkennenwollens. Was aber geschieht, wenn das Kind nicht lernend mit der Umgebung umgeht, sondern diese zerstört?

Soweit zum Gedanken der Polarisation der Aufmerksamkeit. Die organisatorische Bedingung dafür, dass sie sich ereignen kann, ist eine

Unterrichtsform, die diesen Ansprüchen gerecht wird, nämlich die *Freiarbeit*.¹⁶ Zuvor aber noch zur Bedeutung der *sensiblen Phasen*.

1.3 Sensible Phasen

Sensible Phasen sind Perioden besonderer geistiger Empfänglichkeit. Sie dauern nur eine bestimmte Zeit, in der das zu ihnen Passende in besonderer, besonders tiefer, besonders leichter, besonders guter Weise gelernt werden kann. Diese besondere Empfänglichkeit entsteht zu einem Zeitpunkt - und sie erlischt wieder zu einem anderen Zeitpunkt. Zwar ist alles immer lernbar, aber eben nicht zu jeder Zeit gleich gut und leicht. In der Musikerziehung ist dies erfahrbar dadurch, dass Fingerfertigkeit nicht in jeder Altersphase erworben werden kann; aus dem Sprachunterricht ist bekannt, dass ein Native-Speaker von der Lautung dem überlegen ist, der eine Sprache erst im hohen Alter lernt.

> „Der absorbierende Geist baut nicht mit Hilfe von Willensanstrengungen, sondern unter der Führung *innerer Sensibilitäten*, die wir *sensitive Perioden* nennen, weil die Sensibilität nur eine bestimmte Zeit dauert, gerade lang genug, um die von der Natur bestimmten Eroberungen zu machen. Träten zum Beispiel dem Nebelfleck der Sprache im Kind Hemmungen bei seiner Entwicklung entgegen und würden die aufbauenden Sensibilitäten des Gehörs nicht funktionieren, könnte Taubstummheit die Folge sein, obwohl alle Organe des Gehörs und der Sprache vollkommen normal sind."¹⁷

---

[16] Klein-Landeck, Michael; Karau, Claus; Landeck, Ilka: Mit Freiarbeit zu neuer Lernkultur. Berlin 2016 (2., überarbeitete Neuauflage). Zuvor: Michael Klein-Landeck: Freie Arbeit bei Maria Montessori und Peter Petersen. Münster 1998. / Das Grundproblem benennt ein Aufsatztitel von Schulz-Benesch, Günter: Freiheit und Bindung: Montessori-Grundschule. In: Wittenbruch, Wilhelm (Hg.): Das pädagogische Profil der Grundschule, Heinsberg 1989 (2. Aufl.). S. 243-251.
[17] Montessori, Maria: Über die Bildung des Menschen [1949]. In: Grundgedanken der Montessori-Pädagogik. Aus Maria Montessoris Schrifttum und Wirkkreis. Hg.

Die pädagogische Bedeutung dieser Phasen ist unmittelbar einsichtig. Man darf sie weder verpassen, noch darf man Kinder zu früh mit bestimmten Aufgaben konfrontieren. Verspätung meint: Man darf bestimmte Lernphasen nicht verpassen; Verfrühung meint: Kinder mit Aufgaben zu konfrontieren, an denen sie nur ihr Scheitern erleben. Lässt sich der Begriff dessen, was wir umgangssprachlich als altersgemäß bezeichnen, exakt bestimmen? Gar in Phasen gliedern? Wie lauten solche Phasen? Montessori antwortet mehrfach[18]:

1. „Unser erster Erziehungsplan befasst sich deshalb mit dem Kleinkind, von seiner Geburt angefangen bis etwa zum 7. Lebensjahr; und da sich in dieser so bedeutsamen Periode viele Veränderungen vollziehen, haben wir folgende Unterteilungen vorgenommen:

    a) die ersten 2 Lebensjahre;

    b) von 3 bis 5 Jahren;

    c) das 6. und 7. Jahr.

2. In der Periode von 7 bis 12 Jahren, das heißt in derjenigen, die dem Jugendalter vorausgeht, und die übrigens ebenfalls unterteilt werden kann, haben wir einen anderen Erziehungsplan […].

3. Von 12 bis 18 Jahren: Dasselbe könnte man von dieser Periode des Jugendalters sagen."[19]

Und dann spricht Montessori ein Problem an: „In jeder Periode finden wir *ein* wachsendes Wesen wieder, das aber jedes Mal *anders* geartet ist."[20] Was nun?

---

v. Paul Oswald u. Günter Schulz-Benesch. Freiburg-Basel-Wien 1989 (9., erweiterte Aufl.). S. 63-67. Hier S. 63.

[18] Vgl. auch: Montessori, Maria: Die Ebenen der Erziehung [1939]. In: Montessori, Maria: Gesammelte Werke. Hg. v. Harald Ludwig, […]. Bd. XIV. Freiburg-Basel-Wien 2015. S. 246-253.

[19] Montessori, Maria: Von der Kindheit zur Jugend. In: Montessori, Maria: Gesammelte Werke. Hg. v. Harald Ludwig, […]. Bd. XIV. Freiburg-Basel-Wien 2015. S. 1-156. Hier S. 5-6.

[20] Montessori: Von der Kindheit zur Jugend. Bd. XIV. S. 6. Hervorheb v. mir, V.L.

Montessori hat dieses Modell später „revidiert"[21], worauf Hildegard Holtstiege[22] und Clara Tornar[23] hinweisen. Vergleichbare Phasentheorien sind zu finden bei Jean Piaget, Lawrence Kohlberg, Erik H. Erikson oder anderen pädagogischen Psychologen. Einen anderen Weg beschreitet Alfred Petzelt, der die Phasen als Aufgaben beschreibt, die sich aus den Lösungen zuvor gestellter Aufgaben ergeben, und dabei das soeben benannte Problem zu beantworten sucht: „*Invarianten* für allen Wechsel der Akte, für alle wechselnden Inhalte der Richtungsmannigfaltigkeit sind zu suchen."[24] Was bleibt gleich – und was ändert sich? Oder: Was ist die Einheit der Änderungen? Bei allen Phasenlehren gibt es die gleichen grundlegenden Probleme:

Wie ist der Übergang von einer zu anderen Phase zu denken/zu erklären? Geht man von einem Kontinuum aus, also der *kontinuierlichen* Zunahme von Fähigkeiten, Fertigkeiten, Denkvermögen, Urteilskraft, Empathie usw., ist jede Phasierung willkürlich, so wie es bei einem Thermometer willkürlich ist, ob man die Veränderung der Quecksilbersäule in Celsius oder Fahrenheit ordnet: Die Phasierung eines Kontinuums ist eine kulturelle Konvention und erklärt nur quantitative Zunahme, aber keine neuen Qualitäten. Wie aber kommt es dann zu Qualitätsveränderungen (etwa bei Kinderzeichnungen)? Geht man indessen von *Schüben* zuvor nicht diagnostizierbarer Eigenschaften oder Fähigkeiten usw. („Stufen") aus, muss erklärt werden, ob diese von außen hinzutreten (woher kommen sie dann?) oder wie sie aus dem Vorhandenen entwickelt werden konnten.

Im ersten Fall ist das Neue zu verstehen als eine komplexere Organisation des Bekannten – wobei erklärt werden muss, *was* genau

---

[21] Montessori: Das kreative Kind. S. 16ff.
[22] Holtstiege, Hildegard: Modell Montessori. Grundsätze und aktuelle Geltung der Montessori-Pädagogik. Freiburg-Basel-Wien 1995 (9. Aufl.). S. 90f.
[23] Hinweis bei Ludwig, Harald: Fußnote 10 und 139 In: Montessori, Maria: Gesammelte Werke. Hg. v. Harald Ludwig, […]. Bd. XIV. Freiburg-Basel-Wien 2015. S. 5 und 246, und zu Tornar, Clara: S. 26f.
[24] Petzelt, Alfred: Kindheit-Jugend-Reifezeit. Grundriß der Phasen psychischer Entwicklung. Freiburg/Br. 1958. S. 24.

komplexer wird und woher die Komplexität stammt, d.h. wodurch sie möglich wurde. Im zweiten Fall fragt sich, wie das Neue in ein Altes integriert werden kann, das von sich aus ja nicht in der Lage war, sich *strukturell* zu verändern.

Und das von Alfred Petzelt angesprochene Problem: Wie ist es um die kognitive oder emotionale Einheit oder um die Identität derjenigen Person bestellt, die die Phasen durchläuft? Verändern sich lediglich Attribute, während ein materialer/substantieller Kern (was ist das?) gleichbleibt? Oder verändert sich die Substanz, so dass die Phasen unterschiedliche Personalitäten voneinander unterscheiden, die dann allerdings keinen anderen Zusammenhang haben als den der Leiblichkeit? Montessori war mit diesen Problemen vertraut:

> „Da aber der Übergang zwischen den Entwicklungsstufen beim Kind nicht so klar begrenzt und ersichtlich ist wie beim Insekt, würde es angemessener sein, wenn man eher von ‚Wiedergeburten' spräche. In der Tat haben wir bei jeder neuen Stufe ein anderes Kind vor uns, dessen Merkmale sich von denen der vorangegangenen Stufen unterscheiden."[25]

Also ein Identitäts- und Persönlichkeitsbruch? Harald Ludwig kommentiert diese Stelle:

> „Für Montessori ist die Entwicklung des jungen Kindes kein kumulativ-quantitativer Prozess bloßen Wachstums, sondern ein von Kontinuität und qualitativem Wandel geprägter Vorgang. Daher kann sie unter Berufung auf moderne Psychologen ihrer Zeit davon sprechen, ‚dass in den verschiedenen Perioden des Lebens verschiedene Formen der Psyche und des Geistes existieren (Das kreative Kind 1972, S. 16). Zu beachten ist allerdings auch, dass jede Entwicklungsstufe auf der vorhergehenden aufbaut und deren angemessenes Durchlaufen voraussetzt. Die

---

[25] Montessori: Von der Kindheit zur Jugend. Bd. XIV. S. 5.

Ergebnisse jeder Entwicklungsphase werden in die Gestalt der nächsten integriert."[26]

Und Montessori gibt Anlass zu dieser Präzisierung: „Die Unterteilungen erscheinen vielleicht sehr künstlich. Denn in Wirklichkeit hat man dasselbe Wesen vor sich, das sich nach und nach entwickelt, bis es ein erwachsener Mensch ist."[27]

Die Frage bleibt also, wieso eine frühere Stufe eine neue hervorbringen kann, wenn das Neue nicht doch *irgendwie* bereits in der früheren Stufe enthalten war? Bis heute ist auch die experimentelle Psychologie sehr zurückhaltend mit Antworten auf diese Fragen, so dass von vorläufigen Annahmen, nicht aber von naturgesetzmäßig zu beschreibenden Zuständen auszugehen ist:

„Es ist noch weitgehend ungeklärt, welche Bedeutung *Reifungsvorgänge* im engeren Sinn haben, wenn man darunter die im Verlauf der (frühen) Ontogenese manifest werdenden artspezifischen Verhaltensänderungen versteht, die als Folge *erbdeterminierter neuroanatomischer* und *neurophysiologischer* Prozesse entstehen und sich nicht als Resultate vorausgegangener individueller Auseinandersetzungen mit situativen Reizkonstellationen (= Lernen) erklären lassen. Wahrscheinlich ist die traditionelle begriffliche Trennung zwischen Reifung und Lernen generell ein theoretischer Irrweg. Neuere Studien zur motorischen und sprachlichen Entwicklung im frühen Kindesalter sprechen eher für die Genese komplexer Verhaltens- und Handlungssysteme, bei der sich interne und externe Faktoren sowie Reifungs- und Lernvorgänge wechselseitig beeinflussen und determinieren."[28]

---

[26] Ludwig, Harald: Fußnote 9. In: Montessori, Maria: Gesammelte Werke. Hg. v. Harald Ludwig, […]. Bd. XIV. Freiburg-Basel-Wien 2015. S. 5.
[27] Montessori: Die Ebenen der Erziehung. Bd. XIV. S. 247.
[28] Weinert, Franz E.: Entwicklung, Lernen, Erziehung. In: Rost, Detlef H. (Hg.): Handwörterbuch Pädagogische Psychologie. Weinheim 2001. 2. überarb. und erw. Auflage). S. 121-131. Hier S. 124. So im Original.

Man könnte vorläufig feststellen, *dass Entwicklung gelernt wird*, allerdings Lernen nur möglich ist, wenn es dazu eine natürliche Entwicklung von *Dispositionen* gibt. Reifung hängt also ab von der erfahrenen Stimulanz, die allerdings bei bestimmten vorauszusetzenden und sich entwickelnden Dispositionen ansetzen muss.

Es könnte sein, dass der hermeneutische, also erfahrungsgewonnene, intuitive Umgang in einem konkreten Fall eher angemessenes Handeln ermöglicht als die starre Anwendung beschriebener Gesetzmäßigkeiten. Zu fragen ist nicht: „Was kann ein Kind in einem bestimmten Alter?" Vielmehr ist zu fragen: „Was kann und soll ich dem konkreten Kind zumuten, mit dem ich in diesem Moment umgehe?" Man könnte dann von einer heuristischen oder den Pädagogen sensibilisierenden Funktion von Stufenmodellen sprechen.

1.4 Materialien

Die Montessori-Pädagogik ist berühmt für ihre Materialien. Es gibt allerdings historische Vorläufer. In der deutschen Tradition sind Johann Bernhard Basedow zu nennen und besonders Friedrich Fröbel.

Basedows Idee war es die Lernbarkeit der Gegenstände dadurch zu erreichen, dass man sie aus dem Lebenszusammenhang herausnimmt und in einen sachsystematischen Zusammenhang stellt, z.B. unter den Instrumenten die Musikinstrumente hervorhebt, die Musikinstrumente nach dem Material (Holzbläser, Blechbläser), nach Spielart (Zupfinstrumente, Schlaginstrumente, Blasinstrumente) usw. zu ordnen. Johann Wolfgang Goethe schrieb zu diesem Verfahren der Materialanordnung:

> „Mit seinen Planen konnte ich mich nicht befreunden, ja mir nicht einmal seine Absichten deutlich machen. Daß er allen Unterricht lebendig und naturgemäß verlangte, konnte mir wohl gefallen; daß die alten Sprachen an der Gegenwart geübt werden sollten, schien mir lobenswürdig, und gern erkannte ich an, was in seinem Vorhaben zu Beförderung der Thätigkeit und einer frischeren Weltanschauung lag: allein mir mißfiel, daß die

Zeichnungen seines Elementarwerks noch mehr als die Gegenstände selbst zerstreuten, da in der wirklichen Welt doch immer nur das Mögliche beisammensteht, und sie deshalb, ungeachtet aller Mannigfaltigkeit und scheinbarer Verwirrung, immer noch in allen ihren Teilen etwas Geregeltes hat. Jenes ‚Elementarwerk' hingegen zersplittert sie ganz und gar, indem das, was in der Weltanschauung keineswegs zusammentrifft, um der Verwandtschaft der Begriffe willen neben einander steht; weßwegen es auch jener sinnlich-methodischen Vorzüge ermangelt, die wir ähnlichen Arbeiten des Amos Comenius zuerkennen müssen."[29]

Anders Friedrich Fröbel. Viele der noch heute in der frühkindlichen Erziehung üblichen Spiele und Tätigkeiten gehen auf ihn zurück, so etwa das berühmte *Prickeln*, eine Tätigkeit, die Geduld und Feinmotorik erfordert und daher fördert. Fröbel hat nun bestimmte Tätigkeiten beschrieben und auch Spielgeräte entworfen, die das vorbereiteten, was Montessori dann perfektioniert hat:[30]

„Trägt das Kind nicht Materialien zu seinem künftigen Lebensbaue, Lebensgebäude zusammen? Gleichartiges will da zusammengeordnet, Ungleichartiges geschieden sein, nicht das Rohe, nur das Entrohte soll der Mensch zusammenfügen. Soll das Gebäude tüchtig werden, so muss jedes Material nicht nur seinem Namen, sondern auch seinen Eigenschaften, seinem Gebrauche nach vollständig gekannt sein, *und dass dies das Kind will*, zeigt uns des Kindes kindliches, still emsiges Treiben; wir nennen es kindisch, weil wir es nicht verstehen, weil wir keine Augen

---

[29] Goethe, Johann Wolfgang: Aus meinem Leben. Dichtung und Wahrheit. Dritter Theil. In: Goethes Werke. Hg.im Auftrage der Großherzogin Sophie von Sachsen. I. Abt. Goethes Werke. Bd. XXVIII. Weimar 1890. S. 272 (= III, 14). Mit den Worten „lebendig", „That" (Tätigkeit), „zerstreuen" / „zersplittern" und „naturgemäß" fallen Schlüsselbegriffe der Reformpädagogik. Auch die zu kritisierende Gegenposition ist bereits klar erkennbar: Die Begriffssprache und die begrifflich regulierte Ordnung der Dinge.
[30] Fertig, Ludwig: Zeitgeist und Erziehungskunst. Eine Einführung in die Kulturgeschichte der Erziehung in Deutschland von 1600-1900. Darmstadt 1984. S. 151.

haben zum Sehen, keine Ohren zum Hören, und noch weniger Gefühl, um mit dem Kinde zu fühlen; [...] und doch ist dies die Sehnsucht, die das Kind zu uns treibt; wie können wir den Gegenständen des Kindeslebens Sprache geben, da sie uns stumm sind, und doch ist dies das innigste Verlangen, mit dem das Kind im festgeschlossenen Händchen uns seinen Fund bringt und in unsern Schoß legt; *es soll gleichsam so erwärmt ihm Kunde von sich selbst geben.* Lieb ist dem Kinde alles, was in seinen noch so kleinen Gesichtskreis tritt, was seine noch so enge Welt erweitert, das Kleinste ist ihm eine neue Entdeckung; aber tot soll es nicht in die kleine Welt kommen, tot soll es nicht in derselben bleiben; sonst verdunkelt es den kleinen Gesichtskreis, erdrückt die junge Welt. Darum möchte das Kind selbst wissen, warum es ihm lieb ist; alle seine Eigenschaften, das Innerste Wesen desselben möchte es kennen, um einst sich selbst in seiner Neigung zu verstehen. Drum wendet und kehrt das Kind den Gegenstand nach allen Seiten; darum zerzupft und zerschlägt es ihn; darum steckt es ihn in den Mund und zerbeißt ihn, sucht ihn wenigstens zu zerbeißen. Wir schelten und zanken das Kind als hässlich und unklug, und ist es nicht klüger als wir Scheltenden? - Das Kind will des Dinges Inneres erkennen, ein Trieb, den das Kind sich nicht selbst gegeben hat; der Trieb, der, recht erkannt und recht geleitet, Gott in allen seinen Werken zu erkennen sucht, drängt es dazu. Wem Gott dazu Verstand, Vernunft und Sprache schon gab, die älteren Umgebenden tun es nicht, können es nicht tun, wo kann und soll es nun anders Befriedigung seines Dranges suchen, als bei dem Dinge selbst. Freilich bleibt aber auch das zerstückte Ding noch stumm; aber zeigt es nicht in seiner Zerteilung zunächst entweder gleichartige oder ungleichartige Teile, dort der zerschlagene Stein, hier die zerzupfte Blume, und ist dies nicht schon eine Erweiterung der Kenntnisse?"[31]

---

[31] Fröbel, Friedrich Wilhelm August: Die Menschenerziehung, die Erziehungs-, Unterrichts- und Lehrkunst, angestrebt in der allgemeinen deutschen Erziehungsanstalt zu Keilhau; dargestellt von dem Stifter, Begründer und Vorsteher derselben. Bd. I: Bis zum begonnenen Knabenalter. Keilhau 1826. S. 87.

Die Aktivität geht vom Kinde aus, es versucht das Neue mit dem zu verstehen, was es bereits gelernt hat; das Ding ist ihm Sprache und damit Ausdruck seiner selbst. Umgekehrt tragen die Dinge Bedeutung in sich; sie können so gestaltet werden, dass sie Bedeutung tragen und provozieren. Die pädagogische Umsetzung der Einsicht ist naheliegend:

> „Alles dies tut das Kind, um aus der Mannigfaltigkeit der äußern Erscheinungen des Dinges sich das innere Wesen desselben kundzutun und dessen Verhältnis zu sich, um zu erkennen zunächst den Grund seiner Liebe, seiner Neigung, seiner Anziehung zu demselben."[32]

Statt vom Kinde auszugehen und aufzunehmen und zu verstehen, was es kann, was es aus seiner Natur heraus unternimmt, um es dann im vom ihm angestoßenen Dialog zu führen, werde – so Fröbel - traditionell die monologische Belehrung dagegengesetzt:

> „Aber erst, wenn es der Lehrer auf dem Katheder tut, wenn der Lehrer vom Katheder herab unsere Söhne dazu auffordert, dann hat es für uns Wert und Bedeutung; aber in dem Kindestun überschauen wir es (im Sinne von: beachten wir es nicht, V.L.). Darum bleibt auch nun des klarsten Lehrers klares Wort so häufig bei unsern Söhnen ohne Wirkung, weil sie jetzt vor dem Lehrerstuhle lernen sollen, was sie ihre Kindesjahre schon durch uns, durch unser erklärendes, belebendes Wort hätten lehren sollen, *sie fast durch sich selbst lehren wollten.*"[33]

Daraus folgt, und nun fällt bei Fröbel ein für Montessori später entscheidendes Wort:

> „Und wenig, wenig bedarf es *von der Umgebung* dem Kinde zu geben, was die Kindesjahre fordern, nur zu bezeichnen, zu benennen, demjenigen Worte zu geben braucht es, was das Kind tut, treibt, schauet und findet."[34]

---

[32] Fröbel: Menschenerziehung. S. 88.
[33] Fröbel: Menschenerziehung. S. 88.
[34] Fröbel: Menschenerziehung. S. 88.

Die „Umgebung" (hier noch als personale Lebenswelt verstanden) gibt dem Kinde nun das, was es selbständig sucht. Die Aktivität des Kindes wird von der Umgebung aufgenommen und geleitet. Dann realisiert sich im Material, auf eine reine Art, das Geistige, also das zu Lernende:

> „Die Darstellung des Geistigen im Menschen außer sich, an und durch Stoff muss nun damit beginnen, dass er das körperlich Räumliche vergeistige, *dass er dem körperlich Räumlichen Leben und geistige Beziehung und Bedeutung gebe* [...]: das körperlich Räumliche, an welches sich die Darstellung des Geistigen im Menschen entwickelnd und fortbildend knüpfen soll, *muss aber notwendig im Äußerlichen schon die Gesetze und Bedingungen innerer Entwicklung an sich tragen und gleichsam fordernd aussprechen*"[35].

Das ist die Grundidee Fröbels; sie wird auch, wie wir gleich sehen werden, eine spezifisch pädagogische Medientheorie bei Montessori auslösen. Das Geistige des Menschen, pädagogisch gesprochen also der Lehrplan, entäußert sich vollständig im zu bearbeitenden, gegenständlichen Material. So enthält, um ein einfaches Beispiel zu nennen, ein Farbkasten Grundfarben, die dann gemischt werden können. Die Idee der unterscheidbaren Farben materialisiert sich im nach Farben getrennten und geordneten Malkasten.

Ein weiterer Vorläufer für Montessori war Édouard Séguin. In seinen Empfehlungen finden wir ebenfalls einige Grundideen wieder, die Montessori später systematisiert hat. (Der folgende Abdruck folgt nicht dem originalen Druckbild, sondern gliedert den Text bereits in die einzelnen Aspekte):

> „Die Kinder müssen einen Vorrat von Spielzeug haben, der leicht-zerstört und wieder erneuert werden kann. Bevor wir es in ihren Händen lassen, können wir nicht umhin zu bemerken, daß darunter jedes für unsere Kinder des Studiums werte *Eigenschaften* und *Wirkungen* hat.

---

[35] Fröbel: Menschenerziehung. S. 379.

Kapitel 1: Grundbegriffe 41

Manches dieser Geräte ist dazu da, daß man sich an ihnen allein erfreue, andere dienen der Gemeinschaft, ein großer Unterschied, der vor allem ihre Verteilung leiten muß.

Dann sind die besonderen Eigenschaften eines jeden Zöglings zu beachten. Wir möchten nicht, daß ein Policinell seine automatischen Gesten vor einem Kinde mache, welches wir von gleichen Bewegungen heilen wollen.

Wir lassen nicht das Bellen eines Papiermachéhundes neben einem Kinde hören, dessen Stimme noch nicht in den menschlichen Tönen fest ist.[36]

Wir möchten so viel als möglich Spielsachen, die von einem einzelnen gebraucht werden, bei Kindern, die zur Einsamkeit neigen, vermeiden und versuchen, solchen, die im allgemeinen nur ein einzelnes Kind unterhalten, einen sozialen Charakter zu geben; je zahlreicher die Spielenden, desto lebhafter und sozialer ist das Spiel.

Wir können nie zu viele Kinder und nicht zu oft mit Spielsachen unterrichten. Man kann [die Kinder] [...] in der Schule manche für ihre Besserung ganz nutzlose Dinge lehren, man darf sie aber nicht miteinander spielen lassen, ohne [...] lernen [zu ermöglichen, V.L.] und ihre moralischen Eigenschaften zu vermehren. Spielen ist eine moralische Kraft [...]. Unsere Kinder müssen an Spiel und Belehrung Freude haben."[37]

---

[36] Dies ist übrigens ein Argument, das sich ergibt, wenn man die Sprache und Lautung von angeblich speziell für Kinder geeigneten TV-Sendungen analysiert: Das Sprechen von Comic-Figuren lässt die natürliche Lautung und Klang-Lippenkoordination ebenso wenig erkennen wie die übertrieben lustige Intonation und die grimassierende Mimik von Moderatoren. Kindern begegnet in diesen Medien *eine vollkommen künstliche Welt*, von der aber der Anschein erweckt wird, es sei die reale Welt, nur werde alles auf lustige Art so aufbereitet und zugerichtet, dass Kinder sie verstehen könnten.

[37] Séguin, Edward: Die Idiotie und ihre Behandlung nach physiologischer Methode. Hg. v. S. Krenberger. Wien 1912. S. 187-188.

Maria Montessori nimmt diese Anregungen auf und entwickelt Kriterien, unter denen aus den möglichen Arbeitsmaterialien jene ausgewählt werden, die für die Kinder Lernprozesse auslösen sollen.

Diese Kriterien für die Montessori-Materialien sind:

1. Alle Medien sollen aus schönen Materialien hergestellt sein; sie sollen funktional und haltbar sein.

2. Das Material soll je eine Aufgabe isolieren. Im Unterschied zum disparaten Spielzeug, dessen Gebrauch diffus ist, soll das Material genau bestimmte Fertigkeiten ansprechen und ausbilden.

3. Die Gegenstände sollen aktivitätsauslösend sein. Sie sollen Tätigkeiten aufnehmen und Anregungen zum Handeln geben: Also werden keine Landkarten benutzt, die man nur betrachten kann, sondern ein Länderpuzzle, ein Globus, auf dem man die Kontinente erfühlen, ertasten und oder selbst zusammensetzen kann. Man kann dies sehr leicht auf Arbeitsblätter übertragen: Sie dürfen eben nicht ein Ergebnis festhalten, sondern müssen den Schüler zum Herstellen eines Ergebnisses auffordern.

In der Schulpraxis dürfen Medien nicht etwas sein, was den Nutzer passiv werden lässt. Er soll nicht nur stauen oder bestaunen. Falsch wäre es, Medien wie Exponate zu verwenden. Der Lehrende darf sie nicht nur *zeigen*. Zeigt er Medien nur (und dazu gehören auch Lehrfilme), bleiben die Schüler passiv. Wie passiv sie sind, und wie aktiv sie gerne wären, kann man leicht feststellen: Wenn aus Arbeitsblättern Schwalben angefertigt oder wenn sie mit Randmalereien verschönert werden. Kinder wollen, wie Fröbel sagte, aktiv sein. Sie wollen sich entäußern. Oder: Das Gehirn will etwas zu tun haben. Die Aktivität der Schüler, die die ursprüngliche Lernvoraussetzung ist, eine Voraussetzung, ohne die es gar kein Lernen gäbe, wird in diesen beiden geschilderten Fällen nicht vom Medium, vom Material aufgesogen, absorbiert, sondern wendet sich gegen das Material. Die Aktivität wird nicht für das intendierte Lernen genutzt, sondern löst ein anderes Lernen aus. Das Lernen richtet sich gegen das Material - und verliert seine Intention. Es wird zwar gelernt, aber es wird das Nicht-Intendierte gelernt.

Kapitel 1: Grundbegriffe 43

4. Die Materialien sollen die Fehlerkontrolle selbst enthalten. Die Norm für die Feststellung eines Fehlers entspringt damit, für den Lernenden direkt erfahrbar, nicht aus den Ansprüchen eines Lehrenden, sondern aus der objektiven Beschaffenheit des Materials. Der Fehler ist erfahrbar als ein unangemessener Umgang mit einem Gegenstand, der einen Sachverhalt impliziert, nicht als Folge eines persönlichen Urteils. Die Welt des (geistig geschaffenen) Materialen (vgl. Fröbel) antwortet auf das kindliche Bemühen aus der Logik ihrer Beschaffenheit, nicht aber aus der sozialen Interaktion, aus dem Wohl- oder Misswollen einer anderen Person. Es gibt hierfür eindrucksvolle Beispiele - besonders in der Kindergarten- und Primarstufen-Pädagogik. (Zylinder zum Wägenlernen in gedrechselten Blöcken.)

Bereits unter diesen Gesichtspunkten müssten viele Medien, die üblicherweise in der Schule verwendet werden, als pädagogisch nicht optimal beurteilt werden. Oft dienen sie nur der Veranschaulichung von zuvor Gesagtem, was kontraintentional ist, denn veranschaulichen kann man nur, was man längst erkannt hat. Wenn man einem Lernenden etwas zum Veranschaulichen gibt, setzt man voraus, dass er das Veranschaulichte schon verstanden hat. Andererseits will man ihn ja mit dem Veranschaulichen erst zum Verstehen führen – das passt nicht zusammen. Der Einsatz von Medien zum Veranschaulichen - und die falsche Vorstellung, die dahinter steckt - erklärt ebenfalls, warum Schüler mit diesen Medien oft achtlos umgehen. Sie bedeuten nichts für sie, weil sie sie ja noch nicht verstanden haben. Ein Film, der ein gelerntes historisches Ereignis etwa veranschaulichen soll, ist entweder überflüssig (und deshalb langweilig), weil man das Ereignis ja schon verstanden hat, oder er ist langweilig, weil man die Bedeutung des Filmes nicht erkennt - denn man hat ja das Ereignis noch nicht verstanden, und kann deshalb die Bedeutung des Filmes nicht verstehen. Der Film muss als Aufforderung zum Lernen gerahmt, eingeführt und begleitet werden.

5. Materialien sollen erziehen. Medien sollen immer nur einmal, bzw. in begrenzter Stückzahl vorhanden sein. So erhalten sie

Bedeutsamkeit - und ihr Mangel fordert die Kinder auf, sich in sozialem Kontakt über die Nutzung zu verständigen.

1.5 Die vorbereitete Umgebung

Das Material ist ein Teil dessen, was Montessori die „Vorbereitete Umgebung" nennt. Das Lernen soll nicht mehr durch Belehren stattfinden, sondern so, dass sich das Kind die Dinge seiner Umwelt, seiner Umgebung selbsttätig aneignet. Damit aber diese Aneignung nicht zufällig oder ziellos von statten geht, muss der Lehrer sie vorbereiten. *Lehren wird also konzeptionell verändert zum vorbereiteten Auslösen des Lernens.* Dies ist der methodische Schlüssel der Montessori-Pädagogik. Sie zieht methodische Konsequenzen aus der Einsicht, dass man nur selbst lernen kann - und alle Belehrung zwar gut gemeint, aber vergeblich ist. Ihre Methode ist die Methode der indirekten Aufforderung. Instrument hierzu ist die vorbereitete Umgebung. Auch hier ein kurzer Rückblick: Rousseau hatte bemerkt, dass die Lebenswelt für die Bildungsprozesse von Kindern insofern ungeeignet ist, als sie entweder *diffus* oder *interessenbestimmt* ist: Beispiel wäre ein (Wochen-)Markt, dessen Aufgabe es ja nicht ist, über mögliche und gesunde Lebensmittel zu informieren, sondern Produkte für den Warenaustausch bereit zu halten. Der Markt hat daher ein zufälliges oder interessenbestimmtes Angebot (was heute besonders für die kaufpsychologisch hochgerüsteten Supermärkte gilt); wer dasjenige lernt, was sich ihm auf einem Markt anbietet, wird also beim Lernen (nicht beim Kaufen!) fremdbestimmt. Eine solche Lebenswelt fordert von den Konsumenten bereits Kenntnisse und Entscheidungsfähigkeit, die die nachwachsende Generation doch erst gelernt haben soll, bevor sie den Markt als Produzent oder Konsument nutzt. Im Leben, so lässt sich verallgemeinernd sagen, wird diffus oder fremdbestimmt gelernt. Dagegen setzt Rousseau die pädagogisch aufbereitete Umwelt, eine zuerst völlig leere Umgebung, die nach und nach mit dem ausgestattet wird, was lernende Menschen zum Lernen brauchen – sei es, dass sie es suchen, sei es, dass die Erzieher es ihnen präsentieren:

Kapitel 1: Grundbegriffe 45

„Wohin in aller Welt sollen wir aber dies Kind versetzen, […]? Sollen wir es auf den Mond, auf eine wüste Insel bringen? Sollen wir es von allen menschlichen Wesen entfernt halten? Wird es in der Welt nicht unausgesetzt den Augenblick und das Beispiel der Leidenschaften anderer vor Augen haben? Wird es niemals andere Kinder seines Alters sehen? […] Solange das Kind noch ohne Bewußtsein ist, hat man hinreichend Zeit, alles was in seine Nähe kommt, zuzubereiten, damit seine ersten Blicke nur auf solche Gegenstände fallen, deren Anblick ihm dienlich ist. […] [Dies sei möglich auf dem Lande. Denn:] Auf dem Land wird ein Erzieher in weit höherem Grad Herr der Gegenstände sein, welche er dem Kind vorzeigen will".[38]

Die richtige Umgebung ist für den Bildungsprozess diejenige, die die zu Bildenden systematisch fördert und fordert, also weder (durch Leere) unter- noch (durch ein zufälliges Angebot) überfordert. Die Umgebung ist nicht nur Ort für Bildung, sondern bereits ein Medium der Bildung.

Die richtige Umgebung ist für den Bildungsprozess diejenige, die die zu Bildenden systematisch fördert und fordert, also weder (durch Leere) unter- noch (durch ein zufälliges Angebot) überfordert. Die Umgebung ist nicht nur Ort für Bildung, sondern bereits ein Medium der Bildung.

Diese Umgebung muss, nun nach Montessori, so beschaffen sein, dass sie die Aktivität des Kindes (die Polarisation der Aufmerksamkeit) nicht nur ermöglicht, sondern herausfordert. Diese herausgeforderte Aufmerksamkeit soll in tätiger Auseinandersetzung mit der vorbereiteten Umgebung eine Ordnung der sinnlichen und kognitiven Fertigkeiten und Fähigkeiten leisten. So strukturiert sich die Persönlichkeit in Auseinandersetzung mit der Umgebung selbst.

Es gibt also Umgebungen, die eine solche Persönlichkeitsbildung behindern: Eine Höhle, ein leerer Raum usw. In einer solchen Welt kann das Kind nicht aktiv werden. Es kann nicht tätig werden. Aber auch

---

[38] Rousseau, Jean-Jacques Rousseau: Emil oder Über die Erziehung. Übers. v. Hermann Denhardt. Bd. I. Leipzig o. J. S. 134-137 (2. Buch).

zufällige Umgebungen - wie Elternwohnungen, Kaufhäuser usw. fördern das Kind nicht richtig. Zwar lösen sie Selbsttätigkeit aus, sind aber richtungslos. Montessori entwickelt nun Prinzipien für die vorbereitete Umgebung, Prinzipien, die eigentlich für jede kindgemäße Wohnung und für jedes Klassenzimmer gelten sollten. (Ihre pädagogische Bedeutung zeigt sich, wenn man sie mit einem Wochen- oder Supermarkt kontrastiert.) Diese Prinzipien sind.:

Prinzip 1: Kontinuität. Die vorbereitete Umgebung muss für das Kind ein Kontinuum bilden; das Kind darf sich nicht immer wieder neu zurechtfinden müssen, es sei denn, hierdurch würde zielgerichtetes Lernen ausgelöst. Die Dinge der Umgebung müssen einen Zusammenhang haben, der erhalten bleibt. Das Perlenmaterial reicht von der Zahl 1 bis zur Zahl eine Million; die alten Sachen verschwinden nicht plötzlich - so, wie heute Schulbücher einfach verschwinden, weil die Schüler sie am Jahresende wieder abgeben müssen.

Prinzip 2: Progressivität. Wenn die Kontinuität der Umgebung gewahrt bleiben soll, dann muss in ihr auch schon etwas sein, was das Kind erst später braucht. Die Umgebung darf dem Kind nicht nur entsprechen, sie muss das Kind auch herausfordern, dazu auffordern, sich weiterzuentwickeln. Die Teile müssen nicht nur zusammenpassen; sie dürfen nicht nur ein Kontinuum bilden - sie müssen zudem eine Steigerung ergeben.

Prinzip 3: Einfachheit und Ordnung. Die Umgebung muss stets übersichtlich bleiben. Alles muss geordnet sein, damit sich das Material suchen und finden lässt. Das Kind muss an alle Gegenstände selbst herankommen, es muss die Dinge finden. Also muss alles an immer dem gleichen Platz liegen.

Prinzip 4: Bewegung und Initiative. Die Umgebung muss so geschaffen sein, dass das Kind sich bewegen kann; es darf nicht passiv etwas erwarten, sondern es muss aktiv etwas suchen.

Prinzip 5: Proportionale Angepasstheit im Hinblick auf Maß und Gewicht. Die Möbel und Geräte müssen in Maß und Größe auf die Nutzer abgestimmt sein, ohne dass sie den Nutzer demütigen.

1.6 Die Rolle der Lehrenden

Eine solche Umgebung verändert Aufgaben und Funktionen der Lehrenden. Ihre Tätigkeit ist es nicht mehr, zu belehren, sondern die Bedingungen zum Lernen zu schaffen. *Diese Umgebung ersetzt die Lehre des Lehrenden.* Der Lehrer belehrt nicht, sondern ist indirekt lehrend tätig. Montessori hat sowohl die *vorbereitete Umgebung* als auch den *vorbereitenden Lehrer* als das „praktische Fundament ihrer Erziehung" benannt:

> „Dem Kind gehört der erste Platz und der Lehrer folgt ihm und unterstützt es. Er muss auf seine eigene Aktivität zugunsten des Kindes verzichten. Er muss passiv werden, damit das Kind aktiv werden kann. Er muss dem Kind die Freiheit geben, sich äußern zu können; denn es gibt kein größeres Hindernis für die Entfaltung der kindlichen Persönlichkeit als einen Erwachsenen, der mit seiner ganzen überlegenen Kraft gegen das Kind steht."[39]

2. Vertiefung und Diskussion

Ich möchte das Konzept an einigen Stellen vertiefend problematisieren, und zwar mit den Themen

1. Bauplan oder Freiheit?
2. Führung oder Selbstbestimmung?
3. Ordnen oder Ordnung?
4. Ethik der Gruppe oder des Kosmos?

---

[39] Montessori: Grundlagen. S. 30.

Kapitel 1: Grundbegriffe

2.1 Bauplan oder Freiheit?

In den 20er und 30er Jahren erschien in Deutschland ein großangelegtes, mehrbändiges *Handbuch der Erziehungswissenschaft*, herausgegeben unter der Federführung des *Deutschen Instituts für Wissenschaftliche Pädagogik*. In diesem umfassenden Werk sollten die gesicherten Erträge der Erziehungswissenschaft gesammelt und vorgestellt werden. In dem 1934 erschienenen Band I des dritten Teils mit dem Titel *Familien und Kleinkinderpädagogik* ist ein Aufsatz von Maria Montessori zu finden. Ganz offensichtlich räumte man ihr also bereits um 1930 Klassikerstatus ein, denn sie stellte ja - gewissermaßen als neutrale Wissenschaftlerin – keine fremden Theorien dar, sondern sie stellte sich und ihre Pädagogik dar. Ein ungewöhnliches Verfahren in einem Handbuch, und nur aus der Bedeutung und Anerkennung Montessoris zu verstehen. Die Übersetzung - auch das ungewöhnlich - erfolgte nicht von einem Übersetzer, sondern eine Fußnote gibt an, dass die Übersetzung „vom Verein Montessori-Pädagogik Deutschland e.V." in Berlin besorgt wurde. Montessori ist also kanonisiert, ist (sie ist bei Erscheinen des Aufsatzes über 60 Jahre alt) zum Klassiker geworden.

In diesem Aufsatz, der in einem von bedeutenden Montessori-Pädagogen herausgegebenen Klassiker immer wieder abgedruckt wurde, geht es zuerst um die Kritik an der falschen Pädagogik. Montessori kritisiert, dass diese Pädagogik auf eine Psychologie zurückgreife, die von einer normalen Wesensart des Kindes meint, sprechen zu können:

> „Die meisten dieser Studien gehen von einer als normal erkannten, bestimmten Wesensart des Kindes aus, und alle Voraussetzungen und alle Folgerungen bleiben Theorie."[40]

Montessori bemängelt, dass die Pädagogik immer dazu missbraucht wurde,

---

[40] Montessori: Grundlagen. S. 15.

Kapitel 1: Grundbegriffe 49

- die Kindheit nur als Durchgangsstadium zum Erwachsenenstadium anzusehen und nicht den Eigenwert der Kindheit zu beachten;
- kindliche Tätigkeiten am Begriff der Erwachsenenarbeit zu messen - und damit den Eigensinn und den eigenen Wert zu verfehlen;
- die Kinder an sittliche und sachliche Normen der Erwachsenen anzupassen.

Diese Pädagogik habe das Kind zum „Objekt der Erziehung" gemacht; sie aber wolle das Kind zum Subjekt der Erziehung machen. Bezeichnet das Wort *Individualität* die unverwechselbare Unteilbarkeit eines Menschen, so bezeichnet das Wort *Subjekt* die Selbsttätigkeit des Menschen. Subjektive Sichtweise ist eben nicht unbedingt eine individuelle Sichtweise, sondern meint, dass jemand durch *Selbsttätigkeit* zu seinem Standpunkt, zu einer bestimmten Sichtweise gelangt ist. Montessori sagt nun, dass das Kind nicht nur Individuum sei, sondern Subjekt, dass es sich also selbst bestimme:

> „Das Kind allein ist der Bildner seiner Persönlichkeit. Schöpferischer Wille drängt es zur Entwicklung. Noch ist im kleinsten Kind die Zeichnung des Charakters nicht sichtbar, aber in ihm ruht, wie in der Zelle, die ganze Persönlichkeit."[41]

So deutlich diese Beschreibung des Kindes an den Erzieher appelliert, Kindern nichts aufzudrängen, sie nicht anzupassen, sondern in ihrer Eigenart zu achten, so diskussionswürdig ist die Begründung, warum man sich so verhalten soll. Das liegt nicht daran, dass Montessori *keine* Begründung gibt; das liegt vielmehr daran, dass Montessori hier *zwei* Begründungen gibt: Sie gebraucht zwei Metaphern. Die eine stammt aus dem Bereich der Bildhauerkunst; die andere aus der Biologie. Sie sind aber nicht zu vereinen.

Bildung wurde lange Zeit ganz wörtlich verstanden: Der Lehrer formt aus einer unbestimmten Lebensmasse einen neuen Menschen. Er

---

[41] Montessori: Grundlagen. S. 17.

bildet einen Menschen aus dem vorgefundenen Material. Montessori nimmt dieses (falsche) Bild (des Pygmalion-Mythos[42]) auf, und sagt nun, dass das „Kind allein […] der Bildner seiner Persönlichkeit" sei. Das Kind bildet sich selber (ist, nach Pestalozzi, „Werk seiner selbst"). Alle Bildung erfolgt als Selbstbildung. Alle Bildung ereignet sich als Selbsttätigkeit. Wie kommt es nun dazu, dass Bildung nach Montessori eben nicht Formung durch einen Lehrer, sondern als Selbstbildung verstanden wird? Sie reicht als Begründung nach: „Schöpferischer Wille drängt es zur Entwicklung." Es gibt also im Kind etwas, was das Kind antreibt, was zu seiner Entwicklung beiträgt. Dies ist ein Wille, aber eben nicht eine Laune, sondern ein produktives Wollen: „Schöpferischer Wille." Das Kind will sich selber bilden; es will über sein bisheriges Ich hinausgehen; es macht sich zu sich selbst, weil es einen Willen in sich hat, der das Ich immer ein wenig über den jeweiligen Ist-Zustand hinausschiebt: Die Perfektibilität. Es hat einen schöpferischen Willen. Aber wohin geht dieser schöpferische Wille? Will dieser schöpferische Wille auch immer das Gute für sich? Offensichtlich stellen sich Montessori diese Fragen auch, denn sie reicht eine weitere Bestimmung nach:

> „Noch ist im kleinsten Kind die Zeichnung des Charakters nicht sichtbar, aber in ihm ruht, wie in der *Zelle*, die ganze Persönlichkeit."[43]

Nunmehr bemüht sie ein Bild aus der Biologie („Zelle"). Montessori versucht, die Entwicklung des Kindes nicht mehr als Ausdruck des freien Willens zu verstehen, sondern als Entwicklung eines Keimes, der noch ruht und zum Leben erweckt werden muss. Der Vergleich aus der Biologie könnte allerdings fatal sein. Denn er führte zu einer fatalistischen Konsequenz. Wenn die Entwicklung des Kindes so vonstattengeht wie die

---

[42] Im antiken Pygmalion-Mythos wird die Formung einer Person in Analogie zur Arbeit des Bildhauers betrachtet: Ladenthin, Volker: Bildung. In: Püttmann, Carsten (Hg.): Bildung. Konzepte und Unterrichtsbeispiele zur Einführung in einen pädagogischen Grundbegriff. Baltmannsweiler 2019 (= Didactica" Nova Bd.29). S. 9-52.
[43] Montessori: Grundlagen. S. 17.

Kapitel 1: Grundbegriffe

Entwicklung einer Zelle zur Pflanze, dann ist der Lebensweg des Kindes vorbestimmt. Dann allerdings darf oder kann man als Erzieher nicht das Kind führen; man muss es nur ungestört wachsen lassen.

Freilich passt dann aber die Bestimmung nicht, dass das „Kind allein der Bildner seiner Persönlichkeit" sei. Denn entweder folgt die Entwicklung einem biologisch angelegten Plan; dann kann das Kind sich aber nicht mehr selbst bestimmen, sondern wird zu dem, der es im Keim immer schon war. Oder die Entwicklung folgt einem zwar rätselhaften, aber spontanen eigenen Willen: dann macht das Kind sich zu jemandem, der es sein will oder sein soll. Entweder ist das Kind festgelegt und lebt nach einem Bauplan oder es erschafft sich selbst. Wie ist eine Vermittlung zu denken?

Für den Erzieher sind beide Variationen gleichermaßen schwierig. Er verliert nämlich die Rolle, die man ihm gemeinhin und traditionell zuschreibt: Nämlich die Kinder anzuleiten. Seine Rolle wäre es, entweder das Wachsen nicht zu behindern und von Behinderungen und Störungen z.B. gesellschaftlicher Art freizuhalten oder aber dem eigenen Willen des Kindes absoluten Raum zu geben. Zuerst noch einmal zum Text; denn ein paar Zeilen später greift Montessori dieses Thema noch einmal auf, und variiert die Metaphorik:

> „Es ist wahr, daß das Kind in seiner frühen Lebensepoche gleich weichem Wachs ist, aber dieses Wachs kann nur von der sich entfaltenden Persönlichkeit geformt werden. Die einzige Pflicht des Erwachsenen ist es, diese Formung des Wachses vor Störung zu bewahren, damit die feinen Zeichnungen, die das erwachende psychische Leben des Kindes dem Wachs einritzt, nicht ausgelöscht werden. [...] Wir verstehen unter Erziehung, der psychischen Entwicklung des Kindes von Geburt an zu helfen. Wir wollen dieses Kind schützen und pflegen, das immer wachsen muß [...]. So wie sein Körper in Intervallen wächst und sich entwickelt, so wächst auch seine Persönlichkeit in Perioden bestimmter Sensibilität. Die ganze Entwicklungsarbeit, *die das Kind leistet, wird von Gesetzen bestimmt*, die wir nicht kennen, und folgt dem Rhythmus einer Aktivität, die uns fremd ist. Wir versuchen nicht, diese geheimnisvollen Kräfte zu ergründen,

sondern wir achten sie als ein Geheimnis im Kind, das nur ihm allein gehört."[44]

Statt „bilden" nunmehr „formen"; statt „Bildnis" (das uns an die Arbeit des Bildhauers denken lässt) nun „Wachs" (das auf die leichte Veränderbarkeit und auch auf die Zartheit, ja Gefährdung des Kindes hinweist). Auch hier bemüht Montessori eine alltägliche Vorstellung: Erziehung als Formung von Wachs, und auch hier verändert sie die Logik: Nicht das Kind ist Wachs in den Händen des Erziehers, sondern das Kind formt sich selber. Es formt sich selbst, als sei es aus Wachs. Zugleich aber vergleicht sie diese Selbstformung mit der Entwicklung des Körpers, die in diesem Zitat naturhaft gedacht ist. Der Grundwiderspruch ist also auch hier formuliert, diesmal sogar in einem Satz, in direkt hintereinander liegenden Formulierungen:

„Die ganze Entwicklungsarbeit, *die das Kind leistet, wird von Gesetzen bestimmt*".

Es könnte so sein, dass Montessori an eine Entwicklung denkt, die aber dann noch vom Kind zu leisten ist. Wozu aber eine Selbsttätigkeit, wenn doch alles von Gesetzen bestimmt ist? Welche Möglichkeit hat die Selbsttätigkeit, wenn alles von Kräften festgelegt ist, über die niemand verfügt? Also wieder die Opposition: willensgesteuerte Selbstformung - oder naturhafte Entwicklung. Wir müssen diese Frage zur Kenntnis nehmen – und Montessoris komplexe Antwort:

„Zwar entwickelt sich das Kind gemäß der Natur, aber eben deswegen bedarf es vieler Übung. Fehlt ihm diese, dann bleibt seine Intelligenz auf einer niederen Stufe, man könnte fast sagen, es gibt fast eine Art Stillstand in der Entwicklung jener Kinder, die von klein auf in all ihren Bewegungen gegängelt und gelenkt wurden."[45]

Hier ist unschwer der Ansatz Rousseaus zu erkennen, der das sich selbst überlassene und zugleich das gegängelte Kind als das sich jeweils selbst

---

[44] Montessori: Grundlagen. S. 18. So im Original.
[45] Montessori: Das Kind in der Familie. Bd. VII. S. 91.

Kapitel 1: Grundbegriffe 53

verfehlende Kind ansieht. Die zitierte Stelle ist weiter interessant, wenn es heißt: „Wir versuchen nicht, diese geheimnisvollen Kräfte zu ergründen, sondern wir achten sie als ein Geheimnis im Kind, das nur ihm allein gehört."[46] Was hat es mit diesen „geheimnisvollen" Kräften auf sich? Denn man wird diese Stelle nicht nur als Aussage über die Alternative Selbsttätigkeit oder biologische Entwicklung lesen dürfen. Diese Textstelle betrifft nicht nur das Problem der Möglichkeit von Subjektivität, sondern in einem ebenso starken Maße die Frage nach Individualität.

„[…] so wächst auch seine *Persönlichkeit* in Perioden bestimmter Sensibilität. Die ganze Entwicklungsarbeit, die das Kind leistet, wird von Gesetzen bestimmt, *die wir nicht kennen*, und folgt dem Rhythmus einer Aktivität, die uns fremd ist. Wir versuchen nicht, diese *geheimnisvollen Kräfte zu ergründen*, sondern *wir achten sie als ein Geheimnis* im Kind, das nur ihm allein gehört."[47]

Es geht nicht um Selbsttätigkeit, sondern um Persönlichkeit. Diese Persönlichkeit wird als Entwicklungsarbeit ausgelegt. Die Persönlichkeit ist nicht da, sondern sie erschafft sich. Aber der Urgrund dieser Persönlichkeit wird ausdrücklich als unzugänglich beschrieben: Viermal sagt Montessori, dass die Gesetze der Persönlichkeit, d.h. der Individualität, nicht erfahrbar sind:

- wir kennen sie nicht,
- sie sind uns fremd,
- sie sind geheimnisvoll,
- sie sind nicht zu ergründen, sondern vielmehr als unergründbar zu achten.

Das könnte als *mystisch* verstanden werden. Aber genau das Gegenteil ist der Fall. Denn Montessori gibt hier zu verstehen, dass der Erzieher bei all seinen Versuchen, die nachfolgende Generation zu formen, zu bilden, eines nicht außer Acht lassen darf: Dass er es schon bei Kindern mit

---

[46] Montessori: Grundlagen. S. 19.
[47] Montessori: Grundlagen. S. 18. Hervorheb. v. mir, V.L.

Persönlichkeiten, mit Individuen zu tun hat, die einen eigenen und unverfügbaren Willen haben. Und er darf sich niemals einbilden, er könne die Individualität, d.h. die je einmalige Unverwechselbarkeit eines Menschen, eines Kindes, ergründen. (Dieser Text wurde 1934 in Deutschland veröffentlicht; und man hat damals wohl nicht bemerkt, dass er sich gegen allen Totalitarismus und alle Konzepte des kollektivistischen Erziehungsstaates wendet; vgl. dazu auch das folgende Kapitel 5.)

Wir wissen nicht, was einen Menschen letztlich bewegt. Letztlich ist uns auch der Nächste fremd. Er bleibt uns unverfügbar. Er bereichert unser Denken sogar nur deshalb, weil er zu uns different ist und anders bleibt. Der Letztgrund für das Handeln bleibt bei jedem Menschen unantastbar, also ein Geheimnis. Die Sinngebung des Selbst unterliegt nicht pädagogischer Lenkungsgewalt. (Daher ist es problematisch, wenn die Kompetenztheorie im Begriff des „Volationalen" beabsichtigt, den Willen der Lernenden zu lenken.) Und nach all den Erkenntnissen der Soziologie und Psychologie wäre es naiv anzunehmen, dass diese Letztgründe (unser Wille) mit unserem Wissen je auszuloten, auszuleuchten und zu ergründen wären. Der Versuch einer Einflussnahme auf andere muss aus pädagogischer Sicht genau an der Stelle aufhören, an der diese Letztgründe angesprochen werden sollten. An der die Individualität auf den Prüfstand gestellt würde. Das Handeln gehört nicht in den Bereich der Pädagogik.

Pädagogik muss so gestaltet sein, dass jede pädagogische Maßnahme dessen eingedenk ist, dass die Handelnden sich wechselseitig *letztlich* nicht kennen. Menschen sind sich *letztlich* nicht nur fremd, sie müssen sich wechselseitig in diesem Sinne auch fremd bleiben - also in ihrer jeweiligen Individualität unantastbar. *Fremd bleiben* heißt hier: Erzieher müssen den anderen achten, wie eine Gesellschaft Fremde achtet, deren Herkunft und Lebensweg immer schon eine eigene Würde hatte. Erzieher müssen Geheimnis, Antriebe, Motive der zu Erziehenden achten. Sie müssen es sich versagen, deren Persönlichkeit zu ergründen. Sie müssen vielmehr deren Individualität als letztlich unergründbar achten. Pädagogik vom Kinde aus hieße dann, Pädagogik von der letzten Unverfügbarkeit, d.h. Freiheit der Personen ausgehend. *Pädagogisch handeln* heißt so handeln, dass die

Kapitel 1: Grundbegriffe 55

involvierten Personen wechselseitig ihre Persönlichkeit achten, d.h. anerkennen. Ohne diese Grundanerkennung wird jede Pädagogik inhuman. Sie wird eine Theorie der Fremdbestimmung. Der Okkupation.

Grundanerkennung heißt: Niemals in die je eigene Persönlichkeitsstruktur selber, in die Individualität einzudringen zu versuchen; niemals von Kindern Handlungen oder auch nur Entscheidungen abzuverlangen, bei denen diese Individualität nicht gewahrt bleibt. (Dabei sind weder Selbsttätigkeit (Subjektivität) noch Moralität unmittelbar angesprochen: sondern das, was Subjektivität und Moralität antreibt.) Wenn man den Text von Montessori in diesem Sinne liest, dann ist er frei von jeder Mystik:

> „Wir wollen dieses Kind schützen und pflegen [...]. Die ganze Entwicklungsarbeit, *die das Kind leistet, wird von Gesetzen bestimmt*, die wir nicht kennen, und folgt dem Rhythmus einer Aktivität, die uns fremd ist. Wir versuchen nicht, diese geheimnisvollen Kräfte zu ergründen, sondern wir achten sie als ein Geheimnis im Kind, das nur ihm allein gehört."[48]

Gegen das Kinderbild der konventionellen Pädagogik, wie Montessori sie sah, die das Kind formen, es bestimmen und dadurch okkupieren und kolonisieren will, setzt Montessori die Betrachtung des einzelnen Kindes in seiner je individuellen Eigenart. Freilich ist mit dieser Theorie der unbedingt zu schützenden *Individualität* des Kindes jedoch noch keineswegs die Frage entschieden, ob das Kind sich nun entwickelt (in Analogie zum pflanzlichen Wachstum) oder ob es sich selber bildet, wohin es sich bildet und was das Selbst ist, das bereits einen Willen hat. Wir werden dieser Frage anlässlich eines Unterrichtsverfahrens nachgehen, das seinen Namen aus der Montessori-Pädagogik entliehen, längst aber ein Eigenleben entwickelt hat. Ich meine die Freiarbeit.

Durch die vorstehenden Überlegungen klärt sich aber jene Frage, die wir eingangs stellten, und die bis jetzt unbeantwortet blieb: Was genau beschreibt die Freiheit? Gemeint ist eine Freiheit, die, unabhängig von der Frage des freien Willens und der Freiheit zur Begründung von Geltung, die

---

[48] Montessori: Grundlagen. S. 18. So im Original.

je Einmaligkeit des Menschen achtet. Es ist die Freiheit einer Disposition, über die man nicht einmal selbst verfügt: Der Charakter, die Identität, die Zufälligkeit der Person. Bei aller Anerkennung von sittlichen und sachlichen Geltungsansprüchen und einer vorauszusetzenden Freiheit des Denkens insistiert Montessori immer wieder auf einer Qualität der Person, die man als nicht intelligible Jeeinmaligkeit, als Eigensinn beschreiben kann. Dieser Eigensinn äußert sich nur in der Erfahrungswelt als Verhältnis eines Ichs zu seinem Denken.

2.2 Führung oder Selbstbestimmung?

Die Arbeit des Erziehers ist von Montessori auf drei Tätigkeiten begrenzt worden:

1. Pflegen,

2. Schützen und Bewahren vor Störungen und

3. Helfen.

Wie aber soll dann Unterricht von statten gehen - denn wir hatten gesehen, dass auch nach Montessori zielgerichtet und daher geltungsbezogen unterrichtet werden soll. Die Regeln der Mathematik, die von der Physik aufgestellten Naturgesetze fügen sich aber nicht dem schöpferischen Willen einer zufälligen Person. Die Grundidee und das Spezifikum der Montessori-Pädagogik ist nun die schon erwähnte „Freiarbeit"[49]. Allein das Wort[50] ist schon ein wenig kurios: Frei und Arbeit. Wie kann Arbeit frei sein? Dazu eine Beschreibung von Montessori:

---

[49] Busch, Carola: Freie Arbeit nach Montessori [...] - Beispiele aus der Praxis. In: Reiß, Günter; Eberle, Gerhard (Hg.): Offener Unterricht - Freie Arbeit [usw.]. Weinheim 1992. S. 226ff.
[50] Die Geschichte ist nachzulesen in: Schulz-Benesch, Günter: Über ‚Freiarbeit' im Sinne Montessoris. In: Montessori-Werkbrief 22 (1984) H. 3/4. S. 97-115. Vgl.: Holtstiege, Hildegard: „Neue Pädagogik" - Prinzip Freiheit. In: Holtstiege, Hildegard: Maria Montessoris Neue Pädagogik: Prinzip Freiheit - Freie Arbeit. Freiburg-Basel-Wien 1987. S. 11-54.

Kapitel 1: Grundbegriffe

Eine „gutherzige und freundliche" Lehrerin „hatte eine Klasse von fünfzig Kindern. Sie war der Auffassung, für die Koordination der *Arbeit* der Klasse sei eine Vorbereitung nötig, und zu diesem Zweck sammelte sie die Kinder jeden Morgen und ließ sie unter ihrer Leitung spielen. Wenn sie ihr ausreichend geordnet erschienen, ließ sie ihnen die *freie Wahl ihrer Arbeit*. […] Sie entdeckte schnell, dass fast alle kleine, leichte Arbeiten auswählten, anstatt die wichtige Arbeit zu nehmen, die am Vortag noch nicht fertig geworden war […] Die Lehrerin griff dennoch nicht ein. Sie stellte fest, dass sie schließlich eine schwierige Arbeit aufnahmen, und sich darauf so konzentrierten, dass in der Klasse eine beeindruckende Ordnung herrschte. Und als diese Tatsachen sich in gleicher Weise wiederholten, schloss sie daraus, dass man nicht sofort eine große Arbeit aufnehmen kann, sondern dass man mit einer leichten Arbeit beginnen muss, um sich darauf vorzubereiten. Das war eine wirkliche Offenbarung. […] *Diese Beobachtungen halten fest, was ein Programm werden könnte, ein Stundenplan für die Schule, der auf den spontanen Arbeitsrhythmus Rücksicht nehmen würde.* Worin besteht nun die große Arbeit? Man sah die Kinder konzentriert bei verschiedenen Arbeiten."[51] [Sie werden nun im Text beschrieben, V.L.]

Diese kleine Textstelle enthält wesentliche Strukturmerkmale der Montessori-Pädagogik, die wir kurz rekapitulieren und zusammenstellen wollen:

- Die Eigentlichkeit von Kindern lässt sich durch die (wohlwollende) *sinndeutende* Beobachtung ihres intentional gesteuerten und von außen nicht bestimmten Handelns *verstehen und normativ nutzen.*

---

[51] Montessori, Maria: Durch das Kind zu einer neuen Welt. In: Montessori, Maria: Gesammelte Werke. Hg. v. Harald Ludwig, […]. Bd. XV. Freiburg-Basel-Wien 2017 (2. korr. Aufl.) S. 1-238. Hier S. 154-155.

- Die Organisation der Unterrichtszeit muss aus der kindlichen Zeitordnung abgeleitet werden.
- Die Tätigkeit von Kindern ist ein Arbeitsprozess, durch den sie sich Welt sinnbezogen aneignen.
- Überlässt man Kindern die freie Wahl, ist diese Wahl immer sinnbezogen.
- Voraussetzung ist, dass die Kinder normalisiert sind, das heißt, dass sie keinen Zwängen oder lebensweltlichen Einwirkungen ausgesetzt waren und sind.
- Die Abfolge der kindlichen Arbeit hat eine in sich sinnvolle Logik, die abstrahiert werden und dann prospektiv und planend für die künftige Organisation der Arbeit und die Vorbereitung und Gestaltung der Umgebung genutzt werden kann.
- Pädagogische Methodik folgt den in Kindern angelegten Entwicklungsgesetzen, die auf sinnvolle Weltaneignung ausgerichtet sind.
- Kindliche Arbeit findet dann statt, wenn sie nicht fremden Einflüssen ausgesetzt sind, sondern auf die Aufgabe konzentriert arbeiten können.
- Die konzentrierte Arbeit dient der geordneten Aneignung der im Material angelegten Ordnung von Welt.
- Die inhaltlich geordnete Aneignung hat Konsequenzen für den sozialen Prozess der Aneignung: Er wird, durch den Vorrang der Konzentration, selbst geordnet.

Aus der konzentrierten, d.h. nicht-fremdbestimmten Aneignung der im Material objektivierten geistigen Ordnung der Welt entsteht langsam ein geordneter Prozess der Aneignung. Die innerliche Arbeit wirkt zurück auf die soziale Organisation, weil die Konzentration die Abwesenheit von Ablenkung benötigt. Die freie Arbeit hat demnach zwei Aspekte: In ihr wird geordnetes Material angeeignet, was zur Ordnung der Aneignung führt. Der Prozess der Aneignung, der nur Konzentration sein kann, hat Folgen

Kapitel 1: Grundbegriffe 59

für die Sozialform der Aneignung. Die Sozialformen des Lehrens und Lernens ergeben sich aus der *inneren* Form konzentrierter Aneignung. Die Sozialform wird nicht oktroyiert, sondern aus dem Arbeitsprozess selbst entwickelt.

Hildegard Holtstiege hat diese Prinzipien als Forderungen für heutige Regelschulen umformuliert:

1. Freigabe des Interesses des Kindes, sich das Studienobjekt selbst (begründet)[52] zu wählen: Freiarbeit.
2. Freigabe der Kooperation mit Mitschülern.
3. Freigabe des Kindes, sich an einen Platz zu setzen.
4. Freigabe des Altersgefälles.
5. Freie Bewegung in der Kommunikation im Bildungsgefälle.
6. Offene Schularchitektur.

Das Grundproblem, das sich hier zeigt, ist in einem Aufsatztitel von Schulz-Benesch exakt benannt worden:[53] Es ist das Problem von Freiheit und Bindung, das Problem von Führung und Selbstbestimmung. Der Begriff der Individualität legt es nahe, die Bildung ganz dem einzelnen Kind zu überlassen: Bildung als Selbstbildung. Freiarbeit könnte dann heißen: Jeder arbeitet frei nach seinen Bedürfnissen und Wünschen. Zugleich würde man dann aber fragen: Wozu denn dann noch Schule? Dann könnte man doch die Kinder sich selbst überlassen! Wie nun wären Freiheit und (zielgerichtete) Arbeit zu verbinden? Warum kann sich Montessori sicher sein, dass durch die Freigabe des Lernens, ja, des Handelns und seine Reduktion auf das Tätigwerden aus Eigensinn Bildung wird? Die Erklärung liegt im Material und dem Begriff der Ordnung.

---

[52] Vgl. unten das Kapitel 3 über *Freiarbeit*.
[53] Vgl. Schulz-Benesch: Freiheit und Bindung. S. 243-251.

Kapitel 1: Grundbegriffe

2.3 Ordnen oder Ordnung?

Montessori hat als Lernen das Ordnen durch Tätigwerden an den Dingen bezeichnet. Der Lernprozess wird als Prozess der Ordnung durch die Auseinandersetzung mit dem Material begriffen. Sobald das Kind am Material tätig wird, ordnet es seine Tätigkeit und eignet sich die im Material objektivierte und vergegenständlichte Ordnung des Geistes (Fröbel) an. Ein Beispiel: Die Fähigkeit des Geistes, Größen zu unterscheiden, kann sich an Materialien objektivieren, die, mit Ausnahme ihres Größenverhältnisses, identisch sind, zum Beispiel an Würfeln oder Kugeln. Wenn man beginnt, diese Würfel oder Kugeln räumlich zu ordnen, kann dies im Verhältnis ihrer Größen geschehen, sodass *Größe* als geistige, z.B. mathematische Kategorie gelernt wird. Der Geist hat sich im Material so objektiviert, dass jeder, der sich mit dem Material auseinandersetzt, diesen materialisierten Geist übernimmt, und zwar nur dadurch, dass er tätig wird.

Allerdings liegt hier ein Problem: Wenn Ordnen der Nachvollzug von *gegebenen* Ordnungen ist, dann kann man Ordnungen z.B. durch Nachvollzug einer bestehenden, gültigen Ordnung normativ setzen. Also: Wenn die Natur *vorab* in hell und dunkel, in rot und grün, in weich und hart, harmonisch und unharmonisch geordnet gedacht wird, dann kann man Materialien erstellen, die diese Unterscheidungen als *Gegebenheiten des Seins* einüben. (So ergab sich der antike Lehrplan aus der (angenommenen, vorausgesetzten) Ordnung der Welt: „Der Mensch ein Kosmos im kleinen."[54]) Im Bildungsprozess bildet sich die Ordnung der Welt im einzelnen Bewusstsein analog ab. Die Antike konnte so die Vorstellung eines feststehenden gültigen Wissens, die *enkyklios paideia*, der *orbis ille doctrinarum* und die *septem artes liberales* entwickeln. Gelehrtheit bestand darin, das Wissen der Überlieferung anzueignen, den Vorbildern, also den Vorgaben zu folgen. Noch im Modell Wolfgang Klafkis, dass im

---

[54] Demokrit: [Fragmente]. Zit. in: Ladenthin, Volker (Hg.): Philosophie der Bildung. Bonn 2007. S. 38-43. Hier S. 38 (= Fr. 34; Cap. 72).

Bildungsprozess der einzelne die Kultur erschließt, um von ihr erschlossen zu werden[55], wirkt dieser Gedanke (einer umfassenden Welthermeneutik) nach: Die Ordnung der Welt erschließt den, der sie sich erschließt.)

Wenn man aber die Ordnung der Dinge (Friedrich Schiller[56]) versteht als Ergebnis eines (letztlich willkürlichen) Ordnens aus der Vernunfttätigkeit des Menschen heraus, wenn also das Ordnen selbst gelehrt werden soll, dann kann man nicht eine Ordnung lehren, sondern muss das Ordnen selbst problematisieren und begründen. Dann kann man nicht Unterscheidungen einüben, sondern nur das Unterscheidenkönnen lehren - bei vernünftiger Begründung dessen, wonach man unterscheidet bzw. ordnet. Wenn es also kulturabhängig ist, ob harmonisch und unharmonisch, hell oder dunkel, weich oder hart, rot oder grün *überhaupt* als Kategorien angesehen werden und dann noch als *berechtigte* und schließlich *bedeutsame* Kategorien unterschieden werden können, dann kann man nur zum Ordnen selbst auffordern, aber nicht zu einer Ordnung.

Eine Lösung könnte darin liegen, davon auszugehen, dass sich auch die Entwicklung der Ordnungsfähigkeit der vorgeordneten oder vorgefundenen Kultur bedienen muss. Jede noch so formale Ordnungsfähigkeit (Kompetenz) kommt nicht ohne vorläufige Inhalte aus: Jede Farbschulung muss von vorhandenen Farben ausgehen. Man kann neue Farben nur herstellen oder Farben nur neu ordnen, wenn man dazu vorhandene Farben nutzt. Das Geschichtliche und die überlieferte oder tradierte Kultur werden zum Anlass ihrer bildenden Überprüfung, d.h. Aneignung.

Zudem lässt sich nicht alles beliebig ordnen; die Natur ist innerhalb einer kulturbedingten Fragestellung nicht kulturbedingt. Die

---

[55] Vgl. das Kapitel zu Wolfgang Klafki in: Ladenthin, Volker: Moderne Literatur und Bildung. Hildesheim 1991. S. 21-28.
[56] Der die Geschichte rekonstruierende Mensch „nimmt also diese Harmonie aus sich selbst heraus, und verpflanzt sie ausser sich in die *Ordnung der Dinge* d. i. er bringt einen vernünftigen Zweck in den Gang der Welt, und ein teleologisches Prinzip in die Weltgeschichte." Aus: Schiller, Friedrich: Was heißt und zu welchem Ende studiert man Universalgeschichte? In: Der Teutsche Merkur 4 (1789). S. 105–135. Hier S. 131.

Antworten der Natur scheren sich nicht um die Kultur des Menschen. Man wird also genau prüfen müssen, welche Ordnungen natürlich und welche Ordnungen kulturell bedingt sind. Nicht alle Objekte der Ordnung lassen sich beliebig ordnen: Die Differenz von *gehen* und *fliegen* ist auf dem Planeten Erde nicht kultur-, sondern naturabhängig. (Das berühmte Kinderlied/-spiel *Alle Vögel fliegen* .... *hoch* übt diese Differenz und Ordnung ein, und bisher gibt es keine Möglichkeit in der Erdatmosphäre zu *gehen*, ohne gleichzeitig zu *fliegen*. Die Natur verweigert also eine andere kulturelle Ordnung.)

Schließlich erfolgt auch die neue, angeblich kategorienlose Ordnung, im Instrument einer ausschließlich überlieferten und bereits vorordnenden Sprache. Da man die Sprache nicht sprachlos ordnen kann, wachsen Kinder immer schon in eine durch die vorgefundene, kollektiv gebrauchte Sprache hinein. Ob die Ordnung der Sprache auch die Ordnung der Welt ist, ist so lange unerheblich, wie wir eine nicht durch die Sprache vorgeordnete Welt nicht beschreiben können. Alle Menschen leben immer schon innerhalb der Ordnung der Sprache, die sie benutzen. (Daher erweitert jede Zweitsprache die überlieferte Ordnung der Erstsprache und trägt so zur Erweiterung der Erfassung der Welt bei.)

Bildung heißt nach Montessori *Befähigung zur Selbstständigkeit durch Aufforderung zur Selbsttätigkeit*. Selbsttätigkeit besteht aus einem voranschreitenden und einem ordnenden Verfahren; besteht darin, immer neue Ordnungen zu entwerfen. Bildung heißt zu immer neuen Ordnungen zu gelangen. Die zentrale Frage lautet demnach: Zu welchen Ordnungen soll geordnet werden? Gefragt ist, nach welchen Grundsätzen der Mensch seine Welt ordnet.

2.4 Ethik der Gruppe oder des Kosmos?

Ordnung ist immer auch sittliche Ordnung. Für Montessori sind sittliche Einstellungen notwendig, weil und wenn Kontroversen oder Konflikte in der Gemeinschaft geregelt werden müssen. In der Gemeinschaft findet der eigene Wille eine Grenze: „Das Gute sollte in der gegenseitigen Hilfe

Kapitel 1: Grundbegriffe 63

seinen Ursprung haben."[57] Der Gemeinschaft selbst kommt ein Zweck zu - wobei sie voraussetzt, dass eine „gesunde" Gemeinschaft auch richtige Zwecke verfolgt. Damit sind wir bei der Frage der „Sittlichkeit" - also der Erziehung (im Unterschied zum Unterricht). Behauptet worden war, dass das Kind sich selbst erziehen soll. Aber zu was?

Die erste Antwort auf die Frage, wonach Kinder sich richten sollen, wenn sie denn richtig handeln wollen, lautet: Sie sollen sich auf ihr inneres Gefühl verlassen. So, wie wir intuitiv *schön* und *hässlich* unterschieden, so könnten wir auch *gut* und *böse* unterscheiden. Diese Unterscheidungsfähigkeit sei uns angeboren; sie kann nur verstellt und an ihrer Ausbildung gehindert werden. Sie kann (durch falsche Erziehung) verkümmern oder in die falsche Richtung gehen. Wenn man indessen Kinder mit sich selbst, mit ihrer inneren Natur konfrontiert, dann „normalisieren" sie sich. Normalisierte Kinder sind aber nicht böse, sondern sie verstehen es, ihrem inneren Sinn zu folgen. Montessori schreibt:

> „Das Gute gibt die Ausgeglichenheit, die Ordnung bedeutet; gibt die Begeisterung, die Kraft bedeutet; das Böse wird als ein oft unerträglicher Schmerz wahrgenommen; die Gewissensbisse sind nicht nur Dunkelheit und Unordnung, sondern auch Fieber und Krankheit der Seele. [...] Ist es nicht wunderbar, daß es ein *inneres Gefühl* gibt, das die Gefahren wahrnehmen oder das günstige Lebensumstände erkennen läßt? Wenn die Wissenschaft heute beweist, daß die Mittel zur Erhaltung auch des körperlichen Lebens den moralischen *Tugenden* entsprechen, kann man daraus folgern, daß mit der inneren Sensibilität das Lebensnotwendige intuitiv erfaßbar ist."[58]

Die Sittlichkeit kann nicht erfunden werden; denn um sie zu erfinden, muss ja der Erfinder schon sittlich denken. Er muss schon sittlich handeln wollen, denn er verspricht sich von der Sittlichkeit ja etwas Gutes, etwas Sittliches. Er entscheidet auf Grund von Sittlichkeit, dass Sittlichkeit sein soll. Man kann Sittlichkeit also nicht erfinden, sie ist als bereits Erfundene

---

[57] Montessori: Das kreative Kind. S. 219.
[58] Montessori, Maria: Schule des Kindes [1916]. Oswald, Paul; Schulz-Benesch, Günter (Hg.): Grundgedanken der Montessori-Pädagogik. Freiburg-Basel-Wien 1989 (9. Aufl.). S. 105-110. Hier S. 107.

immer schon da. *Was* freilich als sittlich bestimmt wird, kann nur Folge einer Reflexion sein. Aber welcher?

Die zweite Antwort bettet die Frage nach der Sittlichkeit in ein Erziehungsprogramm ein, das Montessori in ihren späteren Jahren herausgearbeitet hat und „kosmische Erziehung" nennt. Es ist die Vorstellung, dass wir dann gut handeln, wenn wir dem Sinn der göttlichen Schöpfung (dem Kosmos) gemäß handeln. Dieser Kosmos sei ein großartiger Weltplan, in den alles hineinverwoben ist (es taucht bei Montessori schon das Wort *Ökologie* auf[59]). Die sittliche Aufgabe des Menschen ist es nun, sich gemäß diesem Plan zu verhalten:

> Alle „Lebewesen [führen] durch den Prozeß ihrer eigenen Ernährung oder Nahrungssuche eine *kosmische* Aufgabe aus, die dazu beiträgt, die Natur in einem harmonischen Zustand der Reinheit zu erhalten. Jede Art wirkt für das Ganze, und vom Werk eines jeden hängt die Lebensmöglichkeit des Ganzen ab. Diese kosmischen Aufgaben sind weise unter alle Verhaltensformen verteilt worden, die unwiderstehlich zu einer bestimmten Aufgabe drängen, welche der Gemeinschaft dient. Die Ökologie ist eine neue Wissenschaft, die diese Wechselbeziehungen

---

[59] Auch einige Positionen der heutigen Klimapolitik argumentieren, dass man gegen die Ökologie der Natur (also ihren Weltplan) nicht verstoßen dürfe. Die Verstöße (z.B. fossile Energiegewinnung) sollen rückgängig gemacht werden, damit der ökologische Weltenplan wieder hergestellt (re-formiert) wird: „Wir machen die planetaren Grenzen zum *Leitprinzip* unserer Politik und tragen so auch zu mehr Umweltgerechtigkeit bei. Entsprechend verändern wir die Wirtschaftsweise [...]. Ökologische Leitplanken müssen daher unser Handeln definieren – als ‚Barometer des Lebens'." (Bündnis 90 / die Grünen (Hg.) Bundestagswahlprogramm 2021. Berlin 2021. S. 13) Und: „Den sozialökologischen Umbau der Wirtschaft meistern wir, wenn wir wirtschaftlichen Erfolg zukünftig nicht nur am Bruttoinlandsprodukt messen, sondern am Wohlergehen der [...] Natur. [...] Wir setzen uns ein für Biodiversitätspolitik, um Ökosysteme zu schützen und wiederherzustellen." ([SPD-Parteivorstand] [Hg.]: Das Zukunftsprogramm der SPD 2021. S. 4 u. 52, = https://www.spd.de/fileadmin/Dokumente/Beschluesse/Programm/SPD-Zukunftsprogramm.pdf).

Kapitel 1: Grundbegriffe 65

studiert. [...] Es ist evident, daß die kosmische Theorie auch den Menschen zu den wirkenden Kräften der Schöpfung rechnet."[60]

Hildegard Holtstiege hat diese Grundgedanken dann so zugespitzt:

> Die kosmische Sicht „eröffnet dem Bewußtsein die Möglichkeit, den eigenen Platz in der Schöpfung zu finden und die Verantwortung für die entstehende kosmische Aufgabe zu erkennen. [...] Die kosmische Aufgabe aller geschaffenen Wesen besteht im ‚Tun des Seinigen bei der Umwandlung der Welt'[61] durch Mitarbeit an der Vollendung der Schöpfung. [...] Das geschaffene Universum als Verstehensgrund für eigene Eingebundenheit und Teilnahme am sich noch vollziehenden Schöpfungswerk [...]. Das Universum als Ausdruck des Schöpfungsplanes hat eine sinngebende Erschließungsfunktion für das Selbstverständnis des Menschen, seiner irdischen kosmischen Bestimmung, sowie seiner kosmischen Aufgabe und Verantwortung."[62]

Was aber, wenn es diese Ordnung nicht gibt?

Andererseits:

Auch das Ordnenkönnen, das Denkenkönnen, die Sprache, das Wahrnehmenkönnen sind Ordnungen, die nicht willentlich hervorgebracht wurden. Woher kommen diese Bedingungen des Könnens?

---

[60] Montessori, Maria: Spannungsfeld Kind - Gesellschaft - Welt [1946]. In: Oswald, Paul; Schulz-Benesch, Günter (Hg.): Grundgedanken der Montessori-Pädagogik. Freiburg-Basel-Wien 1989 (9. Aufl.). S. 128-133. Hier S. 129.
[61] Quellenangabe im Text von Hildegard Holtstiege: Maria Montessori: Die kosmische Erziehung. Freiburg/Br. 1988. S. 58.
[62] Holtstiege, Hildegard: Montessori-Pädagogik und soziale Humanität. Freiburg-Basel-Wien 1994. S. 75.

Kapitel 2: Bildsamkeit: Über die unbeantwortete Frage, warum der Mensch sich bilden will

Didaktisch betrachtet wird etwas zur Lernaufgabe, weil es richtig und wichtig ist. Über die *Richtigkeit* entscheiden fachwissenschaftliche Verfahren. Über die *Wichtigkeit* entscheidet die Didaktik als Theorie der Auswahl und Anordnung von Bildungsinhalten. Etwas Richtiges wird also zum Bildungsinhalt, weil es für den Lernenden wichtig ist. Wichtig ist etwas, wenn es zum Gelingen des Lebens beiträgt: Daraus folgt, dass niemand darauf verzichten wird, etwas zu lernen, wenn er verstanden hat, dass es zum Gelingen seines Lebens beiträgt. Die pädagogische Aufgabe besteht also darin, dem Lernenden verständlich zu machen, dass die Lernaufgabe eben diesen Zweck erfüllt, nämlich zum Gelingen seines Lebens beizutragen. Nach pädagogischer Lesart kann also überhaupt nur dann vom Lernen gesprochen werden, wenn der Geltungsgrund des Sachverhalts verstanden (d.h. vom Verstand her eingesehen) wird.

Nun wissen wir aber von uns selbst, dass wir nicht alles tun, was zu tun wir als richtig ansehen: Wir rauchen, obwohl wir wissen, dass es uns auch schädigt usw. Eine Begründung scheint nicht identisch mit dem Entschluss zu sein, ihrem Ergebnis auch im Handeln zu folgen.[1] Es bleibt die Frage: Warum lernt eine Person nicht, die eingesehen hat, dass sie lernen muss? Im Unterrichtsalltag ist es für die Lehrenden eine der großen Herausforderungen, Kinder zum zielgerichteten Lernen zu bewegen – auch wenn diese die Notwendigkeit des Lernens eingesehen haben. Gemeinhin wird dieses Problem als Frage der Motivation angesehen.

Es wird behauptet, dass es im Menschen eine von außen zu bewirkende Stimulanz gäbe, die ihn ohne Beanspruchung seine Willens etwas tun lässt – sogar etwas gegen seinen Willen. Allerdings wird nicht erklärt,

---

[1] Vgl. den Dialog zwischen zwei Freunden, von denen der eine alle Argumente des anderen für einen notwendigen Autokauf kennt und anerkennt, und sich dennoch nicht entscheiden kann: In: Zillig, Werner; Ladenthin, Volker: Alle meine Vorurteile. Medelby 2021. S. 157-161.

warum das so ist, abgesehen von der sittlichen Frage, ob man Menschen ohne Zustimmung ihres Willens zu etwas bewegen darf.

Die Hirnforschung löst das Problem der Motivation durch den Hinweis auf einen naturhaften Vorgang, nämlich durch den Hinweis darauf, dass das Hirn immer lernen will:

> „Menschen sind von Natur aus motiviert, sie können gar nicht anders, denn sie haben ein äußerst effektives System hierfür im Gehirn eingebaut. [...] Dieses System ist immer in Aktion, man kann es gar nicht abschalten, es sei denn, man legt sich schlafen."[2]

Die Frage ist, ob hier noch vom Denken und vom Lernen oder lediglich von physiologischen und daher messbaren Abläufen in einem Körperorgan die Rede ist. Lernen besteht darin, Geltungsprüfungen im Hinblick auf eine Fragestellung vorzunehmen (falsch/richtig) und für sich zu übernehmen (wertlos/wertvoll) – so dass unter pädagogischer Perspektive kein Lernen stattfindet, wenn man z.b. im Zug sitzt und die Landschaft an sich vorübergleiten lässt. Das Gehirn muss in einer solchen alltäglichen Situation allerdings hochaktiv sein, denn die Augen nehmen sehr schnell sehr viel wahr. Das Wahrgenommene wird aber sofort wieder vergessen wird, u.a. deshalb, weil unser Gehirn überfordert ist. Aus einer Hirnaktivität kann demnach nicht geschlossen werden, dass *das Wichtige richtig* gelernt würde, ja, dass überhaupt gelernt wurde. Das Gehirn mag immer aktiv sein, aber es lernt nicht immer im pädagogischen Sinn.

Warum also *wollen* wir lernen? Ich möchte diese Frage (und ihre Problematik) an einem kleinen Beispiel erörtern, und zwar an dem Aufsatz Maria Montessoris *Allgemeines über meine Methode* aus dem Jahr 1922, der 1926 in deutscher Sprache erschien. Im deutschen Original lautet eine zentrale Passage des Textes, die vorgibt, den „Schlüssel der ganzen Pädagogik" zu benennen:

---

[2] Spitzer, Manfred: Lernen. Gehirnforschung in die Schule des Lebens. Heidelberg, Berlin 2002. S. 192.

> „Alle Psychologen sind sich darin einig, dass es nur eine ideale
> Form des Unterrichtens gibt: bei dem Schüler tiefstes Interesse
> und dadurch lebhafte und andauernde Aufmerksamkeit zu we-
> cken. Nur darauf kommt es an: Die innere Kraft des Kindes für
> seine Bildung zu nutzen."[3]

Dies sieht nach einer allbekannten Weisheit aus, die allerdings auch von Montessori als eine solche benannt wird: denn *alle Psychologen* seien sich in dieser Sache ja einig. Montessori aber bricht dieses Einverständnis auf, indem sie zuerst eine Frage stellt: „Ist dies aber möglich?" Dann entwickelt sie ein Verfahren, das das prinzipielle Problem durch „gestufte Anreize" quantifizieren will. Soweit die deutsche Fassung. Die Hinzuziehung der französischen und spanischen Fassung macht nun deutlich, dass es Montessori allerdings gar nicht um die *Quantifizierung* eines *qualitativen* Problems oder um die *methodische* Lösung eines bildungstheoretischen oder gar anthropologischen Problems geht – sondern um die Darstellung des Problems selbst. Denn in den beiden erwähnten Fassungen nimmt sie, *nach* der (scheinbaren) Lösung das Problem wieder auf und formuliert es neu:

> „Ist es möglich, diese undefinierbare innere Kraft […] mit den
> Erfordernissen der geistigen Bildung zu verbinden? Der Mensch
> weiß nicht, woher ihm die Erkenntnis der *ersten* Gedanken oder
> der Antrieb seiner *ersten* Bedürfnisse kommen."[4]

Erst die rekonstruierte Fassung lässt das Problem gegen die Rezeptionstradition des Textes erkennen, die vielleicht schon eine Antwort vermutet, wo Montessori lieber zuerst das Problem aufzeigen will. Denn in der Tat fragt sich, woher der *erste* Gedanke und der Antrieb zu diesem *ersten* Gedanken herkommen. Es kann ja keine kausale Erklärung hierfür geben, weil nach dem Anfangsgrund gefragt wird. Der Anfangsgrund kann aber nicht wieder einen Grund haben.

---

[3] Montessori, Maria: Das Kind in der Familie. In: Montessori, Maria: Gesammelte Werke. Hg. v. Harald Ludwig. Bd. VII. Freiburg-Basel-Wien 2011. S. 1-117. Hier S. 50.
[4] Montessori: Das Kind in der Familie. Bd. VII. S. 51 (Fußnote 43). (Hervorheb. v. mir, V.L.)

Kapitel 2: Bildsamkeit

Wie sehr diese *Frage* heute noch gar nicht bewusst ist und künftig einer Lösung bedarf, mag der Bericht über eine - im Ursprung zwar ältere aber aktuell immer noch geführte - Diskussion zeigen. 1976 weist Heinz Heckhausen in einem begriffsgeschichtlichen Handbuchartikel[5] darauf hin, dass die „Motivationspsychologie" ein theoretisches Grundsatzproblem habe. Sie könne nicht die „Entwicklung" jener „grundlegende(n) Fähigkeiten" bezeichnen, nämlich des Willens zum Lernen, die weder angeboren noch das Ergebnis von (natürlicher) Reifung seien und „auch nicht ausreichend durch die klassischen Triebtheorien der Psychoanalyse und der psychologischen Lerntheorien erklärt werden"[6] könnten. Es ist das von Montessori 1922 benannte Grundproblem. Ein „Kompetenzkonzept" – 1959 von R.W. White eingeführt – sollte nun erklären helfen, warum Menschen ein Interesse am Lernen haben. Der Begriff „Kompetenz" wurde – wie Heckhausen schreibt – von David McClelland aufgegriffen und nun zu einem umfassenden Erklärungsmodell ausgebaut: „In Anlehnung an tiefenpsychologische Ansätze werden Entwicklungsstadien des Machtmotivs [...] skizziert; angenommen wird ein Wandel in Richtung zunehmender Reife"[7]. Es wird also ein *Urmotiv* („Macht") angenommen, das sich naturhaft entwickelt - also selbst gar nicht geistig zugänglich ist (man kann sich nach diesen Voraussetzungen nicht reflexiv zum Machttrieb verhalten, weil die Reflexion Folge seines Wirkens sei) und auch nicht gelernt wurde (man kann ihn weder lernen noch verlernen). Das *Urmotiv* kann nicht gelernt werden, weil es der Antrieb zum Lernen ist. McClelland hatte diese Idee aufgegriffen, um eine umfassende Theorie des menschlichen Handelns aufzustellen:[8] Die Motivation zum Lernen wäre daraus zu erklären, dass ein Mensch mit dem Lernen beginne, um Erfolg und Macht zu haben und um in sozialen Gruppen anerkannt zu werden.

---

[5] Heckhausen, Heinz: [Art.:] Kompetenz V. In: Historisches Wörterbuch der Philosophie. Bd. IV. Basel/Stuttgart 1976. Sp. 922-923. Hier Sp. 922.
[6] Heckhausen, Heinz: [Art.:] Kompetenz V. Sp. 922.
[7] Heckhausen, Heinz; Krug, Siegbert: Vorwort zur deutschen Ausgabe. In: McClelland, David: Macht als Motiv (1975). Stuttgart 1978. S. 7-9. Hier S. 7.
[8] McClelland, David: Macht als Motiv [1975]. Stuttgart 1978.

Aber woher stammen das Macht-, das Anerkennungs- und das Erfolgsmotiv? Die Frage erübrigt sich, wenn man Erfolg, Macht und Anerkennung als letzten Grund, d.h. als biologisches Programm des Menschen annimmt – also als eine Verhaltens*determination*. Das aber ist keine Erklärung, sondern der *Glaube* an eine Erklärung. Das ist schlichter Naturalismus: Der Mensch strebe von Natur aus nach Macht, Anerkennung und Erfolg. Er lerne, weil er mächtig, anerkannt und erfolgreich sein wolle. Demzufolge müsse Unterricht so angelegt sein, dass die Lernprozesse Macht, Anerkennung oder Erfolg versprechen. Ist das vernünftig? In kontemplativen Lebensformen (etwa in der fernöstlichen Meditation, aber auch in den Lebensformen des Klosters, deren Konzepte der Welt entsagen, also auf Macht, Anerkennung und Erfolg verzichten) würde dann nicht gelernt – ja schlimmer noch: Menschen, die nicht aus den genannten drei Motiven zum Lernen angetrieben würden, müssten angesichts dieser Erklärung als defizitär, als krank und therapiebedürftig erklärt werden. Lernen um der Bildung willen – auch eine solche Theorie wäre von der Kompetenztheorie McClellands ausgeschlossen. Bildung wäre eine defizitäre Motivation. Das Lernen wird vielmehr von McClelland aus einem materialen Triebmodell erklärt, das vielleicht nicht nur zufällig auch das Konzept einer auf Wettbewerb angelegten Wirtschaftsordnung ist. Gewissermaßen wird der (amerikanische) Kapitalismus als einzige dem *natürlichen* Lernen entsprechende Gesellschaftsordnung verstanden, denn allem Lernen gehe es nur um Macht, Anerkennung und Erfolg.

Von einem solchen naturalistischen Determinismus eines Gesellschafts- und Lernmodells ist Montessori weit entfernt, wenn sie die *Frage* nach dem Beginn des Lernens stellt. Sie bewertet eine naturalistische Deutung als Gleichnis, als hilflose Analogie: Erste Gedanken und der Antrieb der ersten Bedürfnisse „sind in uns *wie* der Instinkt, Honig zu erzeugen, in der Biene"[9] – aber sie *sind* eben keine Instinkte. Sie erfüllen nur die gleiche Aufgabe. Montessori stellt vielmehr die Frage nach dem menschlichen *Analogon* zum Instinkt – und erklärt nicht die lernen wollende Vernunft

---

[9] Montessori: Das Kind in der Familie. Bd. VII. S. 51. Fußnote 43.

Kapitel 2: Bildsamkeit

aus dem Macht-, Erfolgs- und Anerkennungsinstinkt. Montessori stellt mit einer Analogie eine Frage, die die moderne Psychologie[10] mit dem Hinweis auf eine unwandelbare Natur- oder Instinktgebundenheit des Menschen bereits als beantwortet ansieht.

Dass das Problem keineswegs gelöst ist, zeigt sich an anderer Stelle in der gegenwärtigen pädagogischen Diskussion. In der Expertise *Zur Entwicklung nationaler Bildungsstandards* greift man auf den Kompetenzbegriff zurück, weil er das, was Schule will, am besten ausdrücke:

> „Bildungsstandards konkretisieren *die Ziele* in Form von *Kompetenzanforderungen*. Sie legen fest, über welche Kompetenzen ein Schüler, eine Schülerin verfügen muss (sic!), wenn wichtige Ziele der Schule als erreicht gelten sollen. Systematisch geordnet werden diese Anforderungen in Kompetenzmodellen, die Aspekte, Abstufungen und Entwicklungsverläufe von Kompetenzen darstellen. Nach Weinert […] versteht man Kompetenzen […]."[11]

Und nun kommt eine Aufzählung, stets eingeführt mit dem gleichen Satz und dem (irreführenden[12]) Hinweis auf einen angesehenen Bezugsautoren:

---

[10] Zur Aktualität der Position McClellands vgl.: Krug, Joachim Siegbert; Kuhl, Ulrich: Macht, Leistung, Freundschaft: Motive als Erfolgsfaktoren in Wirtschaft, Politik und Spitzensport. Stuttgart 2006.

[11] Bundesministerium für Bildung und Forschung (BMBF). Referat Bildungsforschung (Hg.): Zur Entwicklung nationaler Bildungsstandards. Bonn/ Berlin 2007. Unveränderter Nachdruck 2009. S. 21.

[12] Das Weinert-Zitat ist in der Expertise sinnverstellend unvollständig wiedergegeben. Weinert zitiert an der angegebenen Stelle (Weinert, Franz E.: Vergleichende Leistungsmessung in Schulen – eine umstrittene Selbstverständlichkeit. In: Weinert, Franz E.: Leistungsmessungen in Schulen. Weinheim-Basel 2001. S. 17-31) einen Text der OECD (er definiert also gar nicht!), und zwar folgendermaßen: „Daneben gibt es natürlich auch Probleme, die inhaltsunspezifisch und im engeren Sinne fächerübergreifend sind. Ihre Bewältigung hängt in erster Linie von der Verfügbarkeit allgemeiner Problemlösestrategien ab. Die OECD hat in diesem Zusammenhang mehrfach vorgeschlagen, den vieldeutigen Leistungsbegriff generell durch das Konzept der Kompetenz zu ersetzen." Der Leistungsbegriff soll also, auf Veranlassung der OECD, ersetzt werden. Schule soll keine Leistungen messen (das wäre ja eine alte Forderung der Pädagogik), sondern nunmehr Kompetenzen.

"Nach Weinert (2001, S. 27f.) versteht man Kompetenzen als ‚die bei Individuen verfügbaren oder durch sie erlernbaren kognitiven Fähigkeiten und Fertigkeiten, um bestimmte Probleme zu lösen, sowie die damit verbundenen motivationalen, volitionalen und sozialen Bereitschaften und Fähigkeiten, um die Problemlösungen in variablen Situationen erfolgreich und verantwortungsvoll nutzen zu können'".[13]

Die Behauptung ist hier, man könne das, was Montessori „Kraft" nannte, *lernen* („Bildungsstandards konkretisieren die Ziele in Form von Kompetenzanforderungen": Kompetenzanforderungen sind also konkrete *Lern-Ziele* von Unterricht) – nämlich die motivationalen und volitionalen Bereitschaften. Nach diesem Modell wäre also der „Schlüssel der ganzen

---

Auf die implizite Frage, was nun Kompetenzen im Sinne der OECD seien, schließt Weinert an den vorigen Satz an: „Dabei versteht man (gemeint ist mit „man" die OECD, V.L.) unter Kompetenzen [...]. [Hier erfolgt nur die immer wieder zitierte Aufzählung von Bestandteilen, V.L. Weinert fährt fort:] Als Erträge des schulischen Unterrichts kann man [...] unterscheiden zwischen fachlichen Kompetenzen, fachübergreifenden Kompetenzen ... und Handlungskompetenzen." Weinert zitiert hier lediglich einen fremden Text, und er kommentiert ihn, d.h. er meint, ihn auslegen und ergänzen zu müssen, denn er nennt etwas, was gar nicht in der OECD-Bestimmung vorkommt („kann man unterscheiden"). Weinert erwähnt die OECD-Begriffsfassung daher, um darauf hinzuweisen, dass bei ihr eine *durch die Psychologie verursachte Engführung* dessen droht, worum es in Schule geht. Denn er fährt fort: „Es ist unbestritten, dass diese (drei, V.L.) Klassen von Kompetenzen für ein gutes und erfolgreiches Leben innerhalb wie außerhalb der Schule notwendig sind. Prioritätssetzungen zwischen diesen Kompetenzen oder gar die Ablehnung einzelner Kompetenzbereiche (z.B. der fachlichen Kenntnisse) haben sich im Lichte des kognitionspsychologischen Erkenntnisstandes als höchst problematisch erwiesen." (S. 28) Der Text, der formelartig immer wieder als Beleg angeführt wird, *bestreitet* gerade, dass der Kompetenzbegriff so, wie die OECD ihn fasst, für den schulischen Kontext ausreichend und damit zielführend ist. Der Referenztext belegt also gar nicht die Gültigkeit der OECD-Begriffsauffassung; im Gegenteil: Weinert weist auf seine Verkürzung hin, die Entscheidendes vergisst – nämlich die „fachlichen Kenntnisse".
[13] Bundesministerium für Bildung und Forschung (BMBF) (Hg.): Zur Entwicklung nationaler Bildungsstandards. S. 21.

Pädagogik" (Montessori) lernbar, er wäre *erworben*. *Motivation und Wille könne man lernen*, so die Unterstellung des Gutachtens.

Nur fragt sich, ob man zum Lernen *des Willens zum Lernen* nicht schon den Willen besitzen muss, eben dies zu lernen, also genau das, was man doch erst lernen soll. Die Antwort verschiebt das Problem also nur.

Es zeigt sich an diesem doch recht ambitionierten bildungspolitischen Text, dass das Problem, das Montessori aufgewiesen hat, nicht nur nicht gelöst, sondern nicht einmal gesehen wurde. Das Gutachten unterstellt, Wille und Motivation seien „Ziele in Form von *Kompetenzanforderungen*"[14], demnach also Fähigkeiten, die zu erwerben wären. Der Text erreicht folglich das Problemniveau Montessoris gar nicht, versucht aber unter Umgehung dieses Problems eine Lösung vorzuschlagen. Insofern enthält der Text Montessoris eine Herausforderung aus der Vergangenheit, zu der die staatspädagogische Gegenwart ganz offensichtlich die Frage vergessen hat. Ihre Lösung ist daher eine, die eine Lernfähigkeit annimmt, die aber weder gelehrt worden sein kann (Lehren als Anstoß zum „Lernen des Lernens") noch vitalen und soziologisch als nützlich erachteten Trieben entspricht, dass Lehren und Lernen in keinem psychometrisch zu bestimmenden Verhältnis stehen oder das Gehirn allein schon sinnvoll arbeitet: Eine Lehrerin „muss gut verstehen, dass sie keinen unmittelbaren Einfluss auf die Formung und auf die Disziplin des Schülers hat und sie ihr ganzes Vertrauen auf seine verborgenen Kräfte setzen muss […]; aber solange sie sich nicht damit abgefunden hat […], solange kann sie keinen Erfolg haben."[15]

Den Grund für das Streben nach „Bildung und Vervollkommnung"[16] weder als Trieb noch als Lernergebnis, weder als *unwichtig* nicht thematisiert noch *tautologisch* thematisiert und jenseits der genannten trieb- und lerntheoretischen Verkürzungen problematisiert zu haben,

---

[14] Bundesministerium für Bildung und Forschung (BMBF) (Hg.): Entwicklung nationaler Bildungsstandards. S. 21.
[15] Montessori: Das Kind in der Familie. Bd. VII. S. 51.
[16] Montessori: Das Kind in der Familie. Bd. VII. S. 51.

verweist auf die Bedeutung der kleinen Textpassage – und auf die Notwendigkeit, ihr Vergessen zu verhindern. Insofern weiß die Geschichtsschreibung mehr als die Vergangenheit und die Vergangenheit mehr als die Gegenwart, wobei sie aber der Gegenwart bedarf, um sich selbst zu verstehen.

Im folgenden Kapitel ist die Antwort zu lesen, die Montessori auf die Frage nach einer Methode gibt, das hier aufgezeigte Problem zu lösen.

Kapitel 3: Freiarbeit: Über das Lernen durch Arbeit in Freiheit

Die Freiarbeit, als Terminus einst formuliert in der Reformpädagogik[1] und operationalisiert von Maria Montessori[2], hielt seit den 1980er Jahren Einzug in die Regelschulpädagogik[3], zuerst im Primarbereich[4], dann bald im Sekundarbereich[5]. Bei Hospitationen und Analysen der Schulprogramme im Regelschulbereich zeigte sich aber, dass die Freiarbeit außerhalb der Reformpädagogik besonders auf zwei Arten rezipiert und eingesetzt wurde:

- *Einerseits* als eine Art Freistunde, als Erholung vom Lehrgangsunterricht, eine Art betreuter Selbstbeschäftigung und

- *andererseits* als Verfügungsstunde (für das Klassenmanagement), als Übungsstunde, zur Nacharbeit von zu flüchtig erarbeiteten Lerninhalten und zur individuell gestalteten Kompensation von Lernrückständen bei Schülern, die die vorgeschriebenen Lernstandards nicht erfüllen konnten – oft an das Ende des Schultages gelegt.

---

[1] Vgl. bereits den Titel: Gaudig, Hugo: Das Grundprinzip der freien geistigen Arbeit. In: Gaudig, Hugo (Hg.): Freie geistige Schularbeit in Theorie und Praxis. Breslau 1925. S. 31ff.

[2] Vgl. das Kapitel „Freiheit" in: Montessori, Maria: Praxishandbuch der Montessori-Methode. In: Maria Montessori: Gesammelte Werke. Hg. v. Harald Ludwig [u.a.]. Bd. IV. Freiburg-Basel-Wien 2010. S. 115-120. Ebenso: Hildegard Holtstiege, Freie Arbeit - komplexe Lernsituation, in: Hildegard Holtstiege, Maria Montessoris Neue Pädagogik: Prinzip Freiheit - Freie Arbeit, Freiburg-Basel-Wien 1987. S. 11-54.

[3] Müller, Werner: Freie Arbeit - eine notwendige Dimension einer pädagogischen Schule: Voraussetzungen und Bedingungen ihrer Realisierung. In: Reiß, Günter; Eberle, Gerhard (Hg.): Offener Unterricht - Freie Arbeit [usw.]. Weinheim 1995 (3. Aufl.). S. 115-160.

[4] Wenzel, Achill: Freiarbeit in der Grundschule. Bad Heilbrunn/Obb. 1983 S. 50-106.

[5] Schulze, Hermann: „... und morgen fangen wir an!' Bausteine für Freiarbeit und offenen Unterricht in der Sekundarstufe. Soltau 1992. S. 63-86, S. 90-92 [Kap.: Rahmenbedingungen für den offenen Unterricht].

Freiarbeit wurde so *einerseits* als Ermöglichung von Planlosigkeit verstanden, *andererseits* als willkommene und auf dem Stundenplan eingerückte Leerstelle für all das, was im Lehrgangsunterricht zu kurz gekommen war. Dabei galt aus Gründen der Effektivität der belehrende Unterricht als die bessere Form, weil er zeitsparend und einen gemeinsamen Lernfortschritt homogener Lerngruppen zu garantieren schien und in den Ergebnissen („Bildungsstandards"[6]) leicht zu evaluieren war. Nur wenige Autoren insistierten auf einer *pädagogischen* Betrachtung der drei nur möglichen Unterrichtsformen[7] *Lehrgang-Projekt-Freiarbeit,*[8] die sich ergeben, wenn man die bekannten Strukturmerkmale von Unterricht (Ziel-Inhalt-Methode-Medium-Evaluation) zwischen Selbstbestimmung und Fremdbestimmung skaliert.[9]

Es ist also nötig, den *pädagogischen* Grundgedanken der Freiarbeit herauszustellen und zu rekonstruieren, was Freiarbeit von der Genese her war oder sein sollte[10] – und wie sie pädagogisch auch an Schulen zu nutzen wäre, die nicht ausschließlich den Grundgedanken der Montessori-Pädagogik[11] verpflichtet waren.[12] Im ersten Teil werden die Grundbegriffe

---

[6] Kritisch: Rekus, Jürgen: Qualitätssicherung durch nationale Bildungsstandards. In: Beichel, Johann J./Fees, Konrad (Hg.): Bildung oder outcome? Leitideen der standardisierten Schule im Diskurs. Herbolzheim 2007. S. 53-71.
[7] Rekus, Jürgen; Mikhail, Thomas: [Art.:] Unterrichtsformen. In: Rekus, Jürgen; Mikhail, Thomas: Neues Schulpädagogisches Wörterbuch. Neuausgabe. Weinheim-Basel 2013 (4. überarb. Ausgabe). S. 351-355.
[8] Begründung und Entfaltung in Rekus, Jürgen: Bildung und Moral. Zur Einheit von Rationalität und Moralität in Schule und Unterricht. Weinheim und München 1993.
[9] Pöppel, Karl Gerhard: Unterrichten - Grundzüge und Gestaltungsformen des Lehrens und Lernens. Hildesheim, Zürich, New York 1988. Dazu die Rezension von Rekus, Jürgen: In: Engagement - Zeitschrift für Erziehung und Schule (1989). H. 2. S. 213-214.
[10] Rumpf, Horst: Was ist frei an der freien Arbeit? In: Pädagogik (1991). H. 6. S. 6-9.
[11] Klein-Landeck, Michael: Freie Arbeit bei Maria Montessori und Peter Petersen. Münster 1997.
[12] Vgl. dazu die Entfaltungen der entsprechenden Begriffe in: Rekus; Mikhail: Neues Schulpädagogisches Wörterbuch. Passim.

Kapitel 3: Freiarbeit

entfaltet; im zweiten Teil wird die Bedeutung der Freiarbeit bildungstheoretisch und didaktisch-methodisch begründet.

1. Was ist Freiarbeit?

Was ist Freiarbeit? Worin liegt ihre besondere Funktion im Unterschied zu anderen Arten der Artikulation von Unterricht, z.B. zum problemorientierten Lehrgang[13] oder zur Projektarbeit[14]? Die folgenden Überlegungen geben Antworten.

Definiert man Freiarbeit[15] als

pädagogisch inszenierte Veranstaltung, die den Lernenden die Wahl

- *der Lernziele,*
- *der Lerninhalte,*
- *der Wege (Methoden),*
- *der Materialien (Medien),*
- *der Zeiten,*
- *der Räume,*
- *der Partner (Sozialformen) und*
- *der Evaluation*

überlässt,

---

[13] Ladenthin, Volker: Problemorientierter Fachunterricht. In: Schulmagazin 5-10 (1998) H. 5. S. 53-56.
[14] Schilmöller, Reinhard: Projektunterricht - Möglichkeiten und Grenzen entschulten Lernens in der Schule. In: Regenbrecht, Aloysius / Pöppel, Karl Gerhard (Hg.): Erfahrung und schulisches Lernen. Münster 1995 (= Münstersche Gespräche zu Themen der wissenschaftlichen Pädagogik H. 12). S. 223-241.
[15] Vgl. Pöppel, Karl Gerhard; Thalmann, Franz (Hg.): Freiarbeit in der Grundschule. Hildesheim 1992.

dann stößt man auch in dieser Definition auf das Grundparadox aller pädagogischen Bemühungen. *Das bildungstheoretische Paradox besteht darin, den Schüler zu einem selbstbestimmten Handeln anzuleiten, das dieser aber nur dann lernen kann, wenn er bereits selbstbestimmt handeln könnte.* Eine Anleitung zum selbstbestimmten Handeln verhindert aber genau das selbstbestimmte Handeln, das durch die Anleitung angestrebt wird. Ohne diese Anleitung aber würde man nicht die Fähigkeit, selbstbestimmt zu handeln, in und an sich entdecken und realisieren können. (Es sei denn, man nähme an, jeder könne schon immer alles aus sich selbst: Das natürliche als das bereits vollständig kompetente Kind.)

1.1 Unterricht und Erziehung als Paradox

Dieses Paradox gilt für alle Bildungsprozesse, für die *Erziehung* ebenso wie für das *Unterrichten*. Erziehung intendiert den sittlich handelnden Menschen. Sittlich handelt nur derjenige, der ausschließlich seinem eigenen Gewissen folgt, um zu tun, was er als gut erkannt und anerkannt hat. Dem Gewissen kann aber nur folgen, wer eben dies gelernt hat. *Gelehrte* Ethik kann allerdings bestenfalls und lediglich (historisches) Wissen über Sittlichkeit vermitteln, nicht aber die Befähigung zum sittlichen Handeln und zur Übernahme von Verantwortung evozieren. Zugleich muss die nachfolgende Generation die Sittlichkeit aber von anderen lernen, denn sonst hätte sie sie bereits schon. *Im Erziehungsprozess muss also der zu Erziehende von anderen lernen, Gut und Böse zu unterscheiden, angesichts von Handlungsalternativen ein gültiges Urteil zu fällen und bei späteren Handlungen allein seinem Gewissen zu folgen.* Ziel der Erziehung ist eine Moralität, über die der zu Erziehende bisher nicht verfügte, die aber zugleich ein Sollen darstellt, das für den Einzelne verbindlich ist und nur von ihm verfügt werden kann. Das Ziel der Erziehung erhebt einen Geltungsanspruch. Der Erziehende fordert den zu Erziehenden zu etwas auf, was dieser selbst hervorbringen muss: eine paradoxe Situation.

Das Gleiche gilt für den *Unterricht*: Der Unterrichtende präsentiert einen zu lernenden Unterrichtsstoff, also etwas, was der Lernende bisher nicht kannte – und somit auch für sich nicht auswählen konnte (eben weil er es nicht in seiner Bedeutsamkeit kannte). Ziel des Unterrichts ist die Erkenntnis eines gültigen (wichtigen und richtigen) Sachverhalts, den der zu Unterrichtende weder in seinem Inhalt noch seiner Bedeutung bisher kannte oder sich selbst ausdenken kann. Dieser Sachverhalt muss verstanden werden. Nun haben moderne Verstehenstheorien[16] gezeigt, dass *jedes* Verstehen als Selbsthervorbringen des zu Verstehenden geschieht. Folglich kann der sachliche Inhalt gar nicht durch Belehrung *übermittelt* werden. Vielmehr kann der zu Unterrichtende nur dazu aufgefordert werden, einen ihm bisher fremden Inhalt selbst (d.h. aus sich selbst und jeweils neu, nämlich für sich selbst) zu denken. Ist doch ein Sachverhalt erst dann verstanden, wenn er selbst gedacht worden ist. Gleichwohl kann sich der Schüler den Gegenstand nicht *aus*denken: Er muss ihn in seiner Sachlichkeit richtig denken. Von dem vorgedachten Sachverhalt kann der zu Unterrichtende nicht willkürlich, sondern nur *begründet* abweichen.

Zusammengefasst: Entweder also fügt sich die Freiarbeit in die paradoxe Grundkonstruktion von „Freiheit und Bindung"[17] jeden pädagogischen Prozesses ein und *unterstellt* sich dieser konstitutiven Paradoxie - oder sie kann sich nicht als *pädagogische* Maßnahme rechtfertigen.

1.2 Unvollständige Konzepte der Freiarbeit

Wird die Freiarbeit verstanden als ein Sich-selbst-Überlassen der Schüler, als ein Freiraum, in dem alles, was vom Schüler gewollt ist, nicht nur möglich ist, sondern auch schon als wichtig, richtig und angemessen bewertet

---

[16] Uhle, Reinhard: Verstehen und Pädagogik: eine historisch-systematische Studie über die Begründung von Bildung und Erziehung durch den Gedanken des Verstehens. Weinheim 1989.
[17] Schulz-Benesch, Günter: Freiheit und Bindung: Montessori-Grundschule. In: Wittenbruch, Günter (Hg.): Das pädagogische Profil der Grundschule. Heinsberg 1989 (2. Aufl.). S. 243-251.

wird, vernachlässigt diese Auffassung, dass auch die Fähigkeit, sich selbst Ziele zu setzen und zu erreichen, gelernt werden muss und verbessert werden kann. Ein solch *antipädagogischer* Begriff von Freiarbeit verhindert geradezu, dass die Schüler *lernen*, sich selbst Ziele zu setzen und zu erreichen. Sie bleiben – sich selbst überlassen - entweder im Kreis ihrer bisherigen Erfahrung *befangen* oder sie *übernehmen* durch die Zufälligkeiten sozialer Konstellationen oder Umgebungen Zufälliges auf zufällige Art und Weise. Beide Möglichkeiten sind aber als Folgen eines pädagogischen Prozesses nicht zu verantworten.

Wird Freiarbeit hingegen verstanden als vom Lehrer indirekt bedingte Tätigkeit, deren Durchführung durch die zur Verfügung gestellten Inhalte oder Sozialformen vorgegeben sind, vernachlässigt diese Auffassung, dass die Fähigkeit zur Selbstbestimmung nicht durch eine normierende Vorauswahl und Begrenzung von Inhalten und Arbeitsformen gelernt werden kann. Dieser Begriff von Freiarbeit verstellt für den Schüler die Möglichkeit, sich selbst zu suchen und zu finden. Er kann nämlich (folgt er den gesetzten Vorgaben) nur das finden, was man ihm zu finden gibt; sein subjektiver, von bisher erworbenen Wertungen gesteuerter Zugang zu Inhalten der Welt wird durch die Vorgabe von Inhalten, Materialien, Sozial- und Arbeitsformen begrenzt. Indem aber die Schüler nicht *ausdrücklich* dazu aufgefordert werden, die Inhalte oder Sozial- und Arbeitsformen zu verstehen, d.h. zu prüfen und selbsttätig die Bedeutung zu erheben und gegebenenfalls anzuerkennen, wird ihnen *im* pädagogischen Prozess jene Freiheit genommen, um derentwillen der pädagogische Prozess doch stattfindet.

Während die eine Auffassung von Freiarbeit den Schüler belässt, wie er war und ihn zugleich unter die Zufälligkeit außerpädagogischer Beeinflussungen und Sachverhalte sowie sozialer Konstellationen zwingt, zwingt die andere Auffassung der Freiarbeit den Schüler zu Inhalten oder Arbeitsformen, ohne dass er des Zwangs inne werden könnte und eine Wahl hätte, und belässt so das Wissen und die Arbeitsformen in einer dem Schüler unabänderbar und unantastbar erscheinenden Tradition.

Ein Verständnis von Freiarbeit, das *alle* Aktivitäten zulässt, widerspricht also der Unausweichlichkeit und Notwendigkeit pädagogischer Führung. Freiarbeit als Gewährung beliebiger Inhalte ist nicht als Unterricht oder erzieherische Maßnahme zu legitimieren und daher nicht als pädagogischer Prozess zu verantworten. Ein Verständnis von Freiarbeit aber, das einen äußeren organisatorischen, räumlichen oder inhaltlichen Rahmen *vorgibt*, in dem sich die Schüler verhalten müssen, ist ebenso wenig als Unterricht oder erzieherische Maßnahme zu rechtfertigen, weil die Grenzen, die den Schülern faktisch umgeben, nicht argumentativ eingeführt, sondern organisatorisch gesetzt, nicht explizit begründet, sondern im Vollzug angenommen werden.

Gelungene Freiarbeit muss also das pädagogische Paradox lösen, die Schüler zum sinnvollen Gebrauch ihrer Freiheit aufzufordern, wobei die Art der Aufforderung hierzu das Ziel, nämlich *frei und begründet* zu handeln, nicht außer Kraft setzen darf.

1.3 Freiheit und Arbeit sind komplementär

Umgangssprachlich wird Freiheit oft mit Beliebigkeit verwechselt und der Arbeit entgegengesetzt (Arbeitszeit/Freizeit): Frei sei, wer tun und lassen könne, was er grad wolle. Dieses Wollen sei auf nichts gerichtet als auf sich und seine nicht intelligible Genese. Das Wollen sei bereits die Freiheit.

Diese Auffassung verkennt, dass mit *Freiheit* ein Wesensmerkmal des Menschen angesprochen ist, das aus seiner biologischen Verfassung und seiner besonderen Rolle in der Welt begründet wird. Freiheit meint, dass der Mensch (im Unterschied zum Tier) biologisch und sozial nicht völlig *determiniert* ist. Er ist insofern frei, als seine Kultur biologisch nicht festgelegt ist, sondern darin besteht, sich mit seinem Verstand zu seinen biologischen Bedingtheiten reflexiv ins Verhältnis zu setzen: Kultur ist das gestaltete Verhältnis zur Natur. Der Mensch kann etwa eine natürlich bedingte Sehschwäche durch eine Brille korrigieren; er kann mit der natürlichen und angeborenen Sprachfähigkeit unterschiedliche Sprachen lernen;

er kann seine Motorik intentional (Technik) oder frei (Kunst) umsetzen. Er kann seine soziale Gemeinschaft bestimmen (vgl. die seit der Antike bekannten Unterscheidungen in Monarchie, Aristokratie und Demokratie) oder zerstören (Tyrannei, Oligarchie, Anarchie). Kultur ist also ein Verhältnis zur Natur und nicht deren Folge. Und daher frei.

Die Gestaltung dieses Verhältnisses der Kultur zur Natur kann man *Arbeit* nennen. Insofern zeigt der Mensch in seiner Arbeit seine Freiheit. Ja, gerade weil er frei ist, d.h. weil das Handeln nicht durch die Natur angeleitet und geregelt ist, *muss* er immer arbeiten, das bedeutet: Seine Freiheit immer herstellen. Es ist paradox: Freiheit *muss* erarbeitet werden. Ohne Arbeit bliebe der Mensch ein Naturwesen und wäre nicht frei. Die Sicherung der Freiheit geschieht durch Arbeit. Daraus folgt nun aber: Die Arbeit ist so zu gestalten, dass der Mensch in und mit ihr seine wesensspezifische Freiheit sichern kann.

Der Mensch ist auch gegenüber der Gesellschaft insofern frei, als seine Kultur die bei der Geburt vorgefundene Gesellschaft gestalten (festigen, bewahren, reformieren, revolutionieren) oder meiden (Migration) kann. Seine kulturelle Freiheit besteht darin, sich zu den sozialen Mächten und Erwartungen reflexiv ins Verhältnis setzen zu können: Er kann Gesellschaft akzeptieren oder kritisieren, er kann aus ihr auswählen, was er nutzen, missachten oder verändern will. Er kann sich in unterschiedlichen Gruppierungen zusammenfinden (Gemeinschaft/Gesellschaft) oder organisieren (politisch-staatliche Gemeinschaft; Rechtsgemeinschaft; Zivilgesellschaft). Die Sicherung der Freiheit geschieht durch die Gestaltung der Gesellschaft. Daraus folgt aber nun: Die Gesellschaft ist so zu gestalten, dass der Mensch in ihr und mit ihr seine wesensspezifische Freiheit sichern kann.

Immer also ist die Möglichkeit zur Übernahme, zur Distanzierung, mithin also zur Wertung gegeben, die voraussetzt, dass der einzelne Mensch die Bedingtheiten *erkennt* und andere *wählt, die ihm funktionaler, humaner und sittlicher erscheinen.* Instrument von Erkenntnis und wertender Wahl sind Verstand und Vernunft, also die Erkenntnis und (neue)

Regulierung von Handlungszwängen, Handlungserwartungen und Handlungsmöglichkeiten. Nur Verstand und Vernunft sind es, die die Freiheit erkennen lassen und zugleich gestalten können.

Freiheit meint also nicht die Abwesenheit von Regeln, sondern die *Möglichkeit, Handlungen nunmehr vernünftig begründen zu können* – also frei zu werden von unvernünftigen Zwängen naturhafter Determination, sozialer Willkür oder kultureller Fremdbestimmung.[18] Freiheit ist die Voraussetzung von *Bildsamkeit*, also der nicht weiter zu begründenden Eigenheit des Menschen, etwas zu lernen, was nicht von Natur und Gesellschaft festgelegt ist und keinem immanenten Telos und keiner naturhaften Entwicklung folgt.

Die handelnde Umsetzung von Vernunft und Verstand bei der Gestaltung von Material zur Anverwandlung von Natur und Kultur wird gemeinhin *Arbeit genannt*. Dies ist zum Beispiel (aber nicht nur[19]) im ökonomischen Begriff der Arbeit formuliert:

„Die Arbeit ist zunächst ein Prozeß zwischen Mensch und Natur, ein Prozeß, worin der Mensch seinen Stoffwechsel mit der Natur *durch seine eigene Tat vermittelt, regelt und kontrolliert*. Er tritt dem Naturstoff selbst als eine Naturmacht gegenüber. Die seiner Leiblichkeit angehörigen Naturkräfte, Arme und Beine, Kopf und Hand, setzt er in Bewegung, um sich den Naturstoff *in einer für sein eigenes Leben brauchbaren Form* anzueignen. Indem er durch diese Bewegung auf die Natur außer ihm wirkt und sie

---

[18] Pauen, Michael: [Art.:] Freiheit. In: Handbuch philosophischer Grundbegriffe. Hg. v. Petra Kolmer u. Armin G. Wildfeuer. Bd. I. Freiburg-München 2011. S. 801-817.
[19] Vgl. Fröbel (Die Menschenerziehung, die Erziehungs-, Unterrichts- und Lehrkunst, angestrebt in der allgemeinen deutschen Erziehungsanstalt zu Keilhau; dargestellt von […] Friedrich Wilhelm August Fröbel. Keilhau 1826. S. 49): „darum soll der Mensch schaffen und wirken gleich Gott; sein Geist, der Menschen Geist, soll auf und über dem Ungeformten, Ungestalteten schweben, und es bewegen, daß Gestalt und Form, daß Wesen- und Leben- in sich Tragendes hervorgehe. Dieß ist der hohe Sinn, die tiefe Bedeutung, der große Zweck der Arbeit und Arbeitsamkeit, des Wirkens und Schaffens."

verändert, *verändert er zugleich seine eigene Natur.* Er entwickelt die in ihr schlummernden Potenzen und unterwirft das Spiel ihrer Kräfte seiner eigenen Botmäßigkeit."[20]

Die Arbeit verbindet dabei geistige und körperliche Tätigkeiten, so dass die eine nicht ohne die andere geschehen kann: „Wie im Natursystem Kopf und Hand zusammengehören, vereint der Arbeitsprozess Kopfarbeit und Handarbeit."[21] Die bewusste und „individuell[e] Aneignung von Naturgegenständen zu seinen Lebenszwecken"[22], die aneignende Auseinandersetzung mit Natur (und tradierter Kultur), die *Arbeit*, kann zugleich bildend sein, wenn der, der arbeitet, dabei seine kognitiven und manuellen Fähigkeiten übt, ausbildet, perfektioniert und reflektiert.[23] Die bildende Arbeit schafft *gelungene Kultur*, wie es bereits die antike Pädagogik formuliert hatte:

„Die schönen Dinge *erarbeitet* das Lernen nur durch angestrengtes Bemühen [...]."[24]

Fröbel unterschied falsche und richtige Arbeit und setzte die richtige Arbeit zu jenem Begriff in Beziehung, der für die Lebensphilosophie nach Nietzsche und für die Reformpädagogik zentral werden wird - zum *Leben*:

„Der Mensch hat jetzt wohl durchgehends einen ganz falschen äußern, darum unhaltbaren todten, nicht *Leben* weckenden und *Leben* nährenden, noch weniger einen *Leben*skeim in sich tragenden und darum lastenden, erdrückenden, erniedrigenden,

---

[20] Marx, Karl: Das Kapital. Kritik der politischen Ökonomie. Bd. I [1867]. Berlin 1972 (= Marx-Engels-Werke (MEW) Bd. XXIII). S. 192. Hervorheb. v. mir, V.L. Bei Marx fallen die für die Reformpädagogik zentralen Termini *Tat* und *Bewegung*.
[21] Marx: Kapital. S. 531.
[22] Marx: Kapital. S. 531.
[23] Scheibner, Otto: Der Arbeitsvorgang in technischer, psychologischer und pädagogischer Erfassung [1921]. In: Geppert, Klaus; Preuß, Eckhardt (Hg.): Selbständiges Lernen. Bad Heilbrunn 1980. S. 35-55.
[24] Demokrit: [Fragmente] Zit. nach: Ladenthin, Volker (Hg.): Philosophie der Bildung. Bonn 2007. S. 38-43 (= Fr. 182; Cap. 174). Hier S. 40. Hervorheb. v. mir, V.L.

hemmenden und todten Begriff von Arbeit und Arbeitsamkeit, von Thätigkeit für äußere Erzeugnisse, von Werkthätigkeit."[25]

Das letzte Motiv *allen* Geschehens wird nach dieser Auffassung – wie in Goethes *Faustmonolog* - die *Tat*.[26] Das Leben selbst wird zum Beleg; der Begriff des Lebens beginnt den Begriff des allerletzten Motivs zu substituieren – schließlich sogar den Begriff Gottes. Wichtig bleibt die Unterscheidung von *tatsächlichem Leben* und *echtem Leben* sowie von *leben* und *wahrhaft leben*:

> „Gott schafft und wirkt ununterbrochen stetig fort, jeder Gedanke Gottes ist ein Werk, eine That, ein Erzeugniß, und jeder Gedanke Gottes wirkt mit schaffender Kraft erzeugend und darstellend, Werk und That schaffend bis in Ewigkeit fort; wer es nicht schon sieht, schaue Jesum in seinem Leben und Wirken, schaue das ächte Leben und Wirken des Menschen , schaue -- wenn er *wahrhaft* lebt sein eigenes Leben und Wirken selbst an."[27]

Arbeit wird nicht verstanden als eine Tätigkeit neben anderen. Sie ist vielmehr die fundamentale *Tätigkeit* des Menschen, die sich in allem zeigt – in den Urteilsformen (Sittlichkeit, Politik, Religion, Pädagogik) oder

---

[25] Fröbel: Menschenerziehung. S. 48.
[26] Werk, Tat, Kraft, Schaffen, Erzeugen: All diese Termini werden Schlüsselbegriffe der Reformpädagogik. Vgl. die vielen begrifflichen Übernahmen aus Goethes Text: „Es sollte stehn: Im Anfang war die *Kraft*!/ Doch, auch indem ich dieses niederschreibe,/ Schon warnt mich was, dass ich dabei nicht bleibe./ Mir hilft der Geist! Auf einmal seh' ich Rat/Und schreibe getrost: *Im Anfang war die Tat!*" Goethe, Johann Wolfgang: Faust. Der Tragödie erster und zweiter Teil. Hg. u. komm. v. Erich Trunz. München 1981. (= Goethes Werke. Bd. III. Textkritisch durchgesehen und kommentiert von Erich Trunz. (Hamburger Ausgabe) München 1976. 10. Aufl.) S. 44; V. 1224-1237.) Auf das Problem, dass die Tat begründet sein muss, um intendiert zu sein, also logisch nicht am Anfang stehen kann, ist zu verweisen. Hier liegt ein zentrales Problem der Reformpädagogik. Fröbel entzieht sich der Problematik, indem er das Denken als Tun versteht: „Weise zu seyn ist das höchste Streben des Menschen, ist die höchste *That* der Selbstbestimmung des Menschen." (Fröbel: Menschenerziehung. S. 5.)
[27] Fröbel: Menschenerziehung. S. 48. Hervorheb. v. mir, V.L.

Fiktionen (Spiel; Kunst). Die Tätigkeit ist Bedingung für die Verwirklichung alles Menschlichen – so, diesem Gedanken folgend, auch Montessori:

> „Man muss nach dem Ziel der Menschheit in jener *Tätigkeit* suchen, welche die Erde verändert. Der Mensch ist hier, um zu arbeiten und seine Arbeit dient nicht seinem eigenen Wohl, sondern dieser großartigen Schöpfung, die wir als Zivilisation bezeichnen. Sie hat die Erde von dem, was sie war, umgewandelt in das, was sie ist, und sie baut das soziale Gebäude auf, das die heutige Zivilisation darstellt. […] Dies hilft uns *Arbeit* als etwas zu betrachten, das einlädt und hilft, anstatt als etwas, das uns aufgezwungen wird."[28]

Arbeit brauche mithin keine Motivation, sondern der Arbeitswille (die „Unruhe", wie Marx schrieb[29]) *sei* die (letzte) Motivation: Der Mensch wolle tätig sein, um sich die Welt anzuverwandeln. Welche Welt und wie … das freilich ist mit dem Arbeitsbedürfnis nicht schon entschieden. (Wir hatten oben geschrieben, dass Arbeit dann *bildend* ist, wenn sie Freiheit sichert und reflektiertes Lernen ermöglicht.)

Montessori hat den Arbeitsbegriff aufgenommen und weiter entfaltet. Für sie zeigt sich *in* der Arbeit ein Grundprinzip, das Pädagogik (und damit Geschichte) erst möglich macht, nämlich das nicht motivierbare und nur schwer eliminierbare Bedürfnis des Menschen nach *Tätigkeit*: Der Mensch müsse nicht zur Tätigkeit aufgefordert werden; vielmehr sei sein Leben Ausdruck eines nicht weiter erklärbaren und daher nicht erlernbaren Bedürfnisses nach Tätigkeit. Der Mensch sei immer schon tätig: Arbeit müsse mithin nicht als Last und Aufgabe verstanden werden,[30] sondern sei

---

[28] Montessori, Maria: Arbeit als weltgestaltende Aufgabe des Menschen und der natürliche Tätigkeitsdrang des Kindes [1939]. In: Montessori, Maria: Gesammelte Werke. Hg. v. Harald Ludwig, […]. Bd. XIV. Freiburg-Basel-Wien 2015. S. 165-171. Hier S. 169.
[29] Marx: Kapital. S. 195
[30] Vgl.: Arbeit sei eine „Beschäftigung, die für sich selbst unangenehm (beschwerlich), und nur durch ihre Wirkung (z.B. den Lohn) anlockend ist, mithin zwangsmäßig auferlegt werden kann." Kant, Immanuel: Die Kritik der Urteilskraft.

der Normalzustand. Diese Arbeit sei nicht das Gegenteil der Freiheit: Sie sei vielmehr die Gewährleistung der Freiheit; sie müsse daher dann allerdings so angelegt sein, dass sie die Freiheit sichere und nicht zu einem neuen Zwang werde. Die Verfälschung oder Entfremdung der Arbeit von ihrem Humanität schaffenden Zweck entwerte sie.

1.4 Alle Bildung ist freie Arbeit

Es ist also zu schließen, dass auch Bildung immer Arbeit ist (nämlich Auseinandersetzung mit Natur) und frei (da sie begründeten Intentionen folgt, weder also natürliche (Entwicklung) noch die einzige gesellschaftliche Folge (Sozialisation) ist). Definiert man *Freiarbeit* nun als Organisation selbstbestimmten Lernens im oben genannten Sinne, dann ist vor dem Hintergrund der kurz umrissenen arbeits-, erziehungs- und lerntheoretischen Überlegungen jede pädagogische Aufforderung *Freiarbeit*, weil der Lernende immer nur dann lernt und erzogen wird, wenn er frei und ungezwungen darüber entscheidet, ob er den Unterrichtsgegenstand *denkt* oder nicht oder wie er seinem Gewissen folgt.

Daher ist *Erziehung* insofern als Form der Freiarbeit zu verstehen, als sie nur dann als eine pädagogisch zu rechtfertigende Handlung gelten kann, wenn sie die Schüler zur freien Wahl der kulturbewährten sittlichen Handlungen auffordert. Zugleich aber muss auch das *freie (also begründende) Wählen* der angemessenen Handlung gelernt werden.

Ebenso muss jede Art von *Unterricht* als Form der Freiarbeit verstanden werden, insofern er nämlich nur dann als pädagogische Handlung gerechtfertigt werden kann, wenn er zur selbsttätigen Hervorbringung des Lernstoffes auffordert („Verstehen" und „Prüfen"). Der Lernstoff ist als

---

[1790] In: Immanuel Kant. Werke in zehn Bänden. Hg. v. Wilhelm Weischedel. Bd. VIII. Darmstadt 1983. S. 235-620. Hier S. 402 (= § 43, 3; B 175). Kant beschreibt hier schon entfremdete Arbeit, also jene, die nicht in ihrem *Handlungszweck*, sondern in der *Belohnung des Tätigseins* den Grund der Aktivität sieht. Nach dieser Deutung würde derjenige nicht arbeiten, der seine Kinder versorgt, sondern nur derjenige, der dafür bezahlt wird, dass er Kinder versorgt.

solcher nur zu rechtfertigen, wenn er sich vor dem Regulativ der Freiheit, der Vernunft auf adressatenspezifische Art legitimieren lässt und im Unterricht explizit legitimiert wird. Unterrichtsgegenstände gelten nicht, weil jemand dies behauptet; sondern sie gelten, wenn ihre Gültigkeit methodisch erwiesen wird.

Aus diesen Überlegungen folgt, dass Freiarbeit nicht ein alternatives Konzept von Unterrichtsformen ist (etwa als Kompensation oder Entschädigung für 90% Fremdbestimmung im Lehrgangsunterricht), sondern nur die organisatorisch konsequente Realisierung dessen, was jeder Unterricht anstreben sollte: Gültige Selbstbestimmung als die regulative Idee der Bildung[31]. Denn die bewusste, aneignende Bearbeitung von Natur und (tradierter) Kultur ist bildend, weil der, der intentional an einem Material handelt, hierzu Kenntnisse und Fähigkeiten anwenden, entwickeln, üben oder perfektionieren muss. Die Arbeit entäußert die Tätigkeit des Verstandes an physischem oder geistigem Material (Hantieren und Verstehen). Dies gelingt, wenn die Arbeit so ausgewählt und so arrangiert ist, dass sie herausfordernd für das Hantieren und Prüfen ist.[32]

Mit Montessori ist zusammenfassend zu formulieren:

> „Ohne eine Organisation der Arbeit wäre die Freiheit nutzlos. Das Kind, das ohne Arbeitsmittel in die Freiheit entlassen würde, wäre verloren, genauso wie ein *sich selbst überlassenes* Neugeborenes ohne Nahrung verhungern würde. Die *Organisation der Arbeit* ist daher der Eckstein für diese neue Struktur des Guten, aber auch diese Organisation wäre unnütz ohne die *Freiheit*, von ihr Gebrauch zu machen, und ohne die Freiheit, alle

---

[31] Heitger, Marian: Selbstbestimmung als regulative Idee der Bildung. In: Schilmöller, Reinhard; Peters, Meinolf; Dikow, Joachim (Hg.): Erziehung als Auftrag. Münster 1989. S. 53-60.
[32] Scheibner: Der Arbeitsvorgang. S. 35ff.

Kapitel 3: Freiarbeit 89

Energien frei zu setzen, die aus der Befriedigung der höchsten Aktivitäten des Kindes entspringen."³³

2. Was man in der Freiarbeit lernen kann

Angesichts anderer Formen des Unterrichts (wie z.B. Übung, Programmierter Unterricht, Lehrgang oder Projektarbeit) kommt nun der institutionellen Freiarbeit (im engeren Sinne) die Aufgabe zu, dass in ihr dasjenige *in besonderer Weise* gelernt werden kann, was im Schulalltag nicht immer explizit werden kann (immer aber impliziert ist). Schüler lernen in der bewusst geplanten Unterrichtsorganisation der Freiarbeit explizit, was für alles Lehren und Lernen gilt: das Aushalten des pädagogischen Paradoxes, das alles *Lernen* nur als Selbsttätigkeit geschieht, die der Führung durch einen anderen bedarf, und alles *Lehren* nur als Anleitung zur Selbsttätigkeit verstanden werden muss. Die *Freiarbeit ist also ein bewusster Unterricht über das Lernen und Lehren*; in ihr soll gelernt werden, wie man über das Lernen und Lehren nachdenken sollte.

2.1 Das Lernen des sozialen Lernens

In der Freiarbeit haben die Schüler in expliziter Form die Gelegenheit, über Grundregeln sozialen Verhaltens nachzudenken und sie zugleich zu erproben, d.h. sie zu lernen. Indem die Freiarbeit Sozialformen nicht vorgibt, sondern den Raum und die Notwendigkeit schafft, über mögliche Sozialformen handlungsrelevant zu reflektieren,³⁴ lernen die Schüler selbstbestimmt, aber nicht beliebig, Regeln für vernünftiges Verhalten zu

---

[33] Montessori, Maria: Texte aus ‚Dr. Montessori's Own Handbook' [1914]. In: Maria Montessori: Gesammelte Werke. Hg. v. Harald Ludwig [u.a.]. Bd. IV. Freiburg-Basel-Wien 2010. S. 191. Hervorheb. im Orig.
[34] Hilger, Georg: Unterricht über Unterricht. In: Geppert; Preuß (Hg.): Selbständiges Lernen. S. 90-96.

beurteilen und sich nach ihnen zu richten.[35] Dabei bleibt auch hier die Situation paradox, da dieses Reden über die richtige Sozialform bereits in einer Sozialform geschehen muss, deren gute Reglung doch erst gelernt werden soll. Selbst der soziale Aspekt der Freiarbeit ist also vom Lehrer geführt. Die Regeln zur Durchsetzung eigener Ansprüche erweisen ihre Praktikabilität, wenn sie ihre Geltung *in der stets vom Lehrenden zu initiierenden Frage* nach der Berechtigung der gewählten Regeln erweisen müssen. Dabei sind vernünftige Argumente und eine vernünftige Sprache die unhintergehbaren Prinzipien solcher Regelungen.

Ein Beispiel: Die Regel, dass man in großen Gruppen während der Arbeitsphase nur leise spricht, wird nicht gesetzt, sondern könnte als Ergebnis einer Diskussion über die beste Reglung des jeweils praktizierten Verhaltens gefunden werden. Die Regel kann aber nur gemeinsam gefunden und formuliert werden, wenn man sich dabei gegenseitig verstehen kann. Das Finden der Regel setzt also bereits das Einhalten einer Regel (der Regel zum Finden der Regel) voraus. *Diese Voraussetzung zu sichern ist Aufgabe des Lehrenden.*

2.2 Die zu gestaltende Umgebung

Die Umgebung, in der die Freiarbeit stattfindet, darf nun nicht so vorbereitet werden, dass die bereitgestellten Gegenstände die Inhalte als Aufgaben festlegen, mit denen sich die Schüler zu beschäftigen haben. Denn dieses Verfahren würde die Gegenstände (und damit Tätigkeiten) normativ festlegen, so dass die Normen der Festlegung nicht gelernt werden können. Daher muss die Umgebung, in der die Freiarbeit stattfindet, im Prozess mit den Lernenden gemeinsam gestaltet werden, denn es geht nicht um die Ordnung, sondern um das Ordnenkönnen:

> „Diese Lehrerin war in einem schweren Irrtum befangen: sie hatte Angst, die Unordnung zu stören, anstatt darauf bedacht zu

---

[35] Rabenstein, Rainer: Sozialformen als Lernziele. In: Geppert; Preuß (Hg.): Selbständiges Lernen. S. 137ff.

sein, die Ordnung zu ermöglichen, die die individuelle Aktivität des Kindes fördert."[36]

Nur so finden die Schüler *begründet* ihre Inhalte. Nicht allein die Vorauswahl darf die Freiarbeit regulieren, sondern *zudem* muss ein Dialog über die Auswahl stattfinden. Dabei gilt aber auch hier, dass die Umgebung, in der die Gestaltung der Umgebung erörtert und beschlossen werden soll, bereits gestaltet ist. Wieder zeigt sich das Paradox, dass der Lernende etwas tun muss, das er doch erst zu tun lernen soll. Die Kultur ist Voraussetzung und Vollzug, um das Sich-ins-Verhältnis-setzen zur Kultur zu lernen. Eine Ordnung ist Voraussetzung, um in ihr das Ordnen (auch gegen diese Ordnung) zu lernen.

Diese permanente und bewusste Gestaltung der Umgebung (traditionell: Der Lehrplan), in der die Freiarbeit stattfindet, verhindert andererseits, dass eben diese Umgebung zufällig und beliebig ausgefüllt, „geschmückt" oder zu einem Warenlager wird. Die Umgebung hält bereit, was aller Erfahrung nach in diesem Lern- und Lebensabschnitt für die Lernenden überhaupt verstanden werden kann und verstanden werden soll, sachlich notwendig ist (weil es Voraussetzung für anderen Lernstoff oder systematisch notwendig ist) und von Bedeutung ist (also einen Wertbezug zulässt), nämlich den „Aufbau einer pädagogisch 'vorbereiteten Umgebung', die dem Kind *wissenschaftlich fundierte Handlungsmöglichkeiten für seinen Bildungsprozess* bietet, die seinen jeweiligen *entwicklungsgemäßen und individuellen Fähigkeiten* entsprechen."[37] Die Gestaltung der Umwelt ist frei, aber nicht beliebig. So wie alle vorhandenen Gegenstände und Inhalte begründet abgelehnt werden können, dürfen allerdings neue Inhalte und Gegenstände nur begründet eingeführt werden. Die Inhalte

---

[36] Montessori, Maria: Das Kind in der Familie. In: Montessori, Maria: Gesammelte Werke. Hg. v. Harald Ludwig, […]. Bd. VII. Freiburg-Basel-Wien 2011. S. 3-117. Hier S. 104.
[37] Hammerer, Franz; Ludwig, Harald: Einführung der Herausgeber. In: Montessori, Maria: Das Kind in der Familie. In: Montessori, Maria: Gesammelte Werke. Hg. v. Harald Ludwig, […]. Bd. VII. Freiburg-Basel-Wien 2011. S. IX-XXIV. Hier S. XII. Hervorheb. v. mir, V.L.

(Gegenstände) sind nicht dadurch gerechtfertigt, dass sie nun einmal da sind; ebenso ist ihre Ablehnung nicht dadurch gerechtfertigt, dass es auch andere Gegenstände gibt. Dieses ausdrücklich zu diskutieren und das Ergebnis zu bewerten, ist eine inhaltliche Spezifik der Freiarbeit.

2.3 Reflexionen über die Lernorganisation

Die Notwendigkeit des Lernens einzusehen lernt, wer im Prozess des Lernens erfährt, dass seine bisherige Art der Lernorganisation und sein bisher Gelerntes nicht ausreichend waren.[38] Dies erfährt aber der, der eine selbst gestellte und selbst gewollte Aufgabe nicht bewältigen kann. Dann nämlich ergibt sich für den Lernenden ein Anlass, über die Notwendigkeit zu lernen nachzudenken - und es entsteht für ihn die Frage, was zu lernen wäre und wie man künftig nicht nur selbsttätig, sondern auch selbstständig lernen kann. Indem in der Freiarbeit weder die Inhalte noch die Art des Lernens vorgegeben, sondern ausdrücklich vom Lernenden gesucht werden müssen, wird er genötigt, über die Notwendigkeit und die richtige Form des Lernens und über ihre Inhalte nachzudenken. Hierbei können die Mitschüler und der Lehrer Hilfe leisten.

Zugleich aber zeigen die Materialien der vorbereiteten Umgebung, dass es etwas zu lernen gibt. Etwas, das unter dem Anspruch steht,

---

[38] Dieser Sachverhalt wurde oft als „Lernen des Lernens" bezeichnet, eine Formulierung, die den Sachverhalt nicht genau trifft. Der Satz „Das Lernen lernen" setzt voraus, dass man bereits lernen *kann*, wenn man das Lernen *lernen* will. Dann aber braucht man es nicht mehr zu lernen. Wenn man in die Umsetzungen der alten wie aktuellen Konzepte vom Lernen des Lernens schaut, wird auch nicht *das Lernen* gelehrt, sondern es werden Lerntechniken gelehrt: Zettelkasten, unterstreichen, andere befragen, recherchieren, Mindmaps, Selbstmotivation, Prozessplanung. Die praxisnahe Fachliteratur zeigt also, dass sie nicht empfiehlt, das Lernen zu lernen, sondern über das Lernen zu reflektieren. Vgl. Stuckert, Gerd: Das Lernen des Lernens. In: Geppert/ Preuß (Hg.): Selbständiges Lernen. S. 70ff. Vgl. auch Weinert, Franz E.: Lernen des Lernens. In: Arbeitsstab Forum Bildung [...] (Hg.): Erster Kongress des Forum Bildung am 14. u. 15. Juni 2000 in Berlin. o.O. [Bonn] o.J. [2001] (= Materialien des Forum Bildung Bd. III) S. 96-100.

bedeutsam zu sein – die den Alltag, für die Bildung des Ichs und um weiter lernen zu können Die Reflexion auf das Lernen erfolgt also immer schon im Vollzug eines Lernprozesses.

2.4 Von der Motivation zum Wertbezug

Indem die Freiarbeit *nichts* vorgibt, aber *alles* vom Schüler erwartet, kann die erforderliche Motivation zur Arbeit nur als Selbstmotivation zur Freiarbeit verstanden werden. Der Schüler erfährt, dass, wenn *er* nicht handelt, nichts geschieht oder aber er behandelt wird. Er erfährt, dass er selbst der einzige ist, der sich zum Handeln motivieren kann. (Folglich sollte vom Lehrer auch das Nichthandeln ertragen, d.h. als Handlung seitens des Schülers toleriert werden, für das allerdings eine Begründung eingefordert wird, die sich der Kritik stellen muss.) Anders als im fürsorglich begründeten Lehrgangsunterricht macht die Freiarbeit ernst mit der Ansicht, dass Motivation im pädagogischen Sinne nur Aufforderung zur Selbstmotivation sein kann. Die Freiarbeit motiviert die Schüler daher genau genommen auch nicht, sondern schafft den Raum, in dem eine Selbstmotivation möglich und nötig wird. Da Begründungen für das Tätigwerden (oder Nichttätigwerden) eingefordert werden, wandelt sich dabei die (psychologisch verstandene) Motivation zum reflektierten *Wertbezug*. Im Dialog legt der Lernende dem Lehrenden dar, warum er tätig werden will – oder eben nicht. Die Argumente müssen daraufhin geprüft werden, ob sie gelten können. Das Lernen wird als Werten begriffen, die Selbstmotivation als Wertungsprozess: Lernen heißt, dasjenige auszuwählen und sich anzuverwandeln, was wertvoll ist.

2.5 Selbstfindung und Selbst-Verwirklichung[39]

Beginnen wir mit einem überzeichneten Bild: Wir erfahren unsere Kinder (und uns) heute oft als fremdbestimmt. Ihre (und unsere) Sprache ist gespickt mit vorgefertigten Metaphern, Floskeln und Phrasen aus den öffentlichen Medien. Was Kinder spielen, hängt auch von dem ab, was als Medien vorgegeben ist; es werden jene Sportarten gewählt, die von den Medien allein durch die Intensität der Berichterstattung als bedeutsam dargestellt und dementsprechend honoriert werden; die Umwelt besetzt Phantasie und Verhalten der Heranwachsenden, statt dass sie sich mit ihr phantasievoll und handelnd auseinandersetzen.

Hiervon kann sich die Freiarbeit absetzen, indem sie den Schülern die Möglichkeit gibt, sich selbst zu finden und sich selbst zu verwirklichen. Diese *Selbstfindung* geschieht aber nicht durch Selbstbetrachtung. Die Freiarbeit versteht Selbstfindung als Selbst-Verwirklichung (um diese besondere Schreibweise zu bemühen). Menschen können sich nur ver*wirklichen*, wenn sie (kulturell vorgefundene) Medien und Materialien bearbeiten, in denen und mit denen sie sich artikulieren. Und umgekehrt – zu erinnern ist an Fröbels Verständnis der kulturellen Objektivationen[40] – jede kulturelle Objektivation ist materiales Ergebnis von Arbeit[41] und damit von geistigen Prozessen. *Gewissermaßen tritt der Mensch sich und seinem*

---

[39] Ich gebrauche das Wort Selbst-Verwirklichung nicht im alltagspsychologischen, sondern im strengen erkenntnistheoretischen Sinne: Im Tun verwirklicht sich das Denken eines Ichs; das Denken wird Wirklichkeit. Das immaterielle Denken des Selbst wird im Tun wirklich: Selbst-Verwirklichung. Vgl. die übernächste Fußnote zu Marx; er spricht, das gleiche meinend, von „Vergegenständlichung".
[40] „Das Kind will des Dinges Inneres erkennen": Fröbel: Menschenerziehung. S. 87.
[41] „Im Arbeitsprozess bewirkt [...] die Tätigkeit des Menschen durch das Arbeitsmittel eine von vornherein bezweckte Veränderung des Arbeitsgegenstandes. Der Prozess erlischt im Produkt. [...] Die Arbeit hat sich mit ihrem Gegenstand verbunden. Sie ist vergegenständlicht, und der Gegenstand ist verarbeitet. Was auf Seiten des Arbeiters in der Form der Unruhe erschien, erscheint nun als ruhende Eigenschaft, in der Form des Seins, auf Seiten des Produkts." Marx: Kapital. S. 195.

Denken in den Ergebnissen seiner Arbeit am Material gegenüber. Er begegnet sich in den Ergebnissen seiner Arbeit. Schaut man auf die Wortbestandteile, dann wäre *Selbst-Verwirklichung* zu verstehen als die Arbeit an einem Material, damit *in diesem das Selbst wirklich wird*. Das Denken wird im Produkt gegenständlich.

Menschen können nur mit den sie umgebenden kulturellen Objektivationen handeln; und alle Menschen wohnen gemeinsam im alten Haus der Sprache. Aber sie richten sie stets neu in Kultur und Sprache ein. Indem sie Vorgegebenes auf bisher Unbekanntes übertragen, verändern sie es; sie machen es sich zu eigen: seien es Spiele, Sportarten oder die Sprache. Das Gegenteil von *Fremd*bestimmung ist also nicht die Abwesenheit von Bestimmungen, sondern die *Selbst*bestimmung. Diese aber muss gelernt werden. Indem die Freiarbeit alles erst einmal zulässt und es dann der Begründung überantwortet, ermöglicht sie den Heranwachsenden, ihren Zugang zur Welt zu erfahren und zu gestalten. Weder gelten die Inhalte, weil sie natürlich wären, schon einfach da sind oder sozial sanktioniert sind; noch vertraut die Freiarbeit darauf, dass Schüler von sich aus, von ihrer - dann als gut vorausgesetzten - Natur oder ihren Anlagen schon das Richtige tun werden. Vielmehr fördert sie die *Selbstfindung* und *Selbstverwirklichung*, indem sie die Schüler auffordert, sich reflektierend in Beziehung zu den Sachen zu setzen. Weder die kulturellen Sachverhalte noch die (scheinbar) unversehrte, aber verborgene Persönlichkeit des Kindes werden verabsolutiert, sondern beide werden (unter dem Regulativ vernünftiger Begründungen) in Beziehung gesetzt.

Da der Bezugspunkt der Sache nicht allein der Schüler, sondern zudem das richtige Verhältnis zwischen Sache und Schüler ist, ergibt sich in der Freiarbeit die Möglichkeit zur inneren Differenzierung unter Beibehaltung des Geltungsanspruchs. Jeder Schüler entwickelt *seine* Beziehung zum Gegenstand, seine Lernart, sein Lerntempo, seinen Aspekt an der Sache. Zugleich bleibt er aber nicht in einer Selbstgefälligkeit belassen, sondern setzt sich in prüfenden Bezug zu dem, was möglich wäre und sein sollte.

2.6 Eigenaktivitäten müssen begründet werden

Eine Konzeption von Freiarbeit, die nur bestimmte Arbeiten zulässt (z.b. aufgabenbezogenes Üben oder Vertiefen, nicht aber Spielen oder Dösen), widerspricht ihrem Begriff ebenso wie eine Konzeption, die alle Aktivitäten (also auch die, nichts zu lernen) zulässt. In der ersten Konzeption entscheidet *der Lehrer* darüber, was sinnvolles Handeln ist. Er behindert die Freiheit. In der zweiten Konzeption entscheidet niemand *begründet* darüber, was sinnvolles Handeln ist. Freiheit wird durch Zufall ersetzt.

Eine pädagogisch zu verantwortende Konzeption von Freiarbeit *überlässt es völlig den Schülern, ihre Aktivitäten zu bestimmen* (also: Ziel, Inhalt, Methode, Material, Sozialform, Zeit und Raum und Evaluation zu wählen); *nötigt sie aber, diese Bestimmung vor dem Lehrer und den Mitschülern zu begründen und zu rechtfertigen.* Nicht jede Erläuterung ist schon eine Begründung oder eine gültige Rechtfertigung. Gelingt es dem Schüler nicht, plausible Gründe vorzutragen, sollten Mitschüler und Lehrer ihm von der Tätigkeit abraten. Wichtiger als das konkrete Verbot (oder das tatsächliche Verhindern) sind aber die Begründung, die Überprüfung der Begründung und ggf. die Kritik der Gründe und damit Handlungen. Kriterium für die Beurteilung ist die Frage, ob die intendierte Handlung für den Schüler sinnvoll ist. Freiarbeit beinhaltet auch das Recht, durch Fehler und Irrtümer, versäumte und nicht-genutzte Gelegenheiten zu lernen. Sie gelingt, wenn die Reflexion auf das Lernen gelernt wird.

2.7 Lernbeurteilung

Damit ist auch das Problem der Lernbeurteilung (vulgo, aber falsch: Leistungsmessung) angesprochen. Es sollte in der Freiarbeit eine Beurteilung des Lernhandelns geben – denn jedes Lernen bemisst sich an einem Gesollten. Andernfalls wird Lernen beliebig und die Freiarbeit wird zur Beschäftigung. Und der Lernende braucht, um zu erfahren, ob er richtig gelernt hat, eine Rückmeldung darüber, ob das Lernen erfolgreich war. Die Beurteilung des Lernens und des Gelernten ist ein Akt der Anerkennung und Wertschätzung. Sie geschieht daraufhin, inwieweit sich der Lerner auf das verlassen kann, was er in Ausübung seiner Selbsttätigkeit als Selbstwirksamkeit erkannt und getan hat:

> „Sich der eigenen Fähigkeiten bewusst zu werden, erweckt beim Individuum ein Gefühl von Würde und Macht, und dieses Selbstwertgefühl der Persönlichkeit, das wächst und sich entwickelt, gibt der Intelligenz einen Antrieb."[42]

Beurteilungen der Lernhandlungen und damit Lernergebnisse (und eben nicht indifferenter Leistungen) können, wenn sie sachlich korrekt, methodisch valide und individuell angemessen sind, das Selbstwertgefühl fördern. Sie stärken das Gefühl der Selbstwirksamkeit. (Wir werden sehen, dass Montessori im Bereich der Gewaltprävention auf diesen Ansatz zurückgreifen wird.) In viererlei Hinsichten kann das Lernen beurteilt werden.

- Das Arbeitsmaterial beinhaltet die Lernerfolgskontrolle. Lernende und Lehrende können also gemeinsam den Erfolg beurteilen.

- Die Lernenden werden aufgefordert, ihre Vorhaben zu planen und die Planung stets zu diskutieren, sowie die Durchführung (schriftlich) zu dokumentieren und ggf. zu archivieren. Das Lernen zeigt sich im Produkt – was bereits eine Reflexion auf das Lernhandeln ist. Die Rückschau ist ein Wertungsvorgang; sie kann eingefordert, unterstützt, ergänzt und gefördert werden. Beurteilung wird dann zur Lernförderung.

- Die Lernenden können dazu aufgefordert werden, ihre eigene Arbeit im Hinblick auf gewählte Intention und verwirklichte Erarbeitung selbständig zu beurteilen. Bevor eine Arbeit in Gang gesetzt wird, sollten die Lernenden niederlegen, was sie mit ihr erreichen

---

[42] Montessori, Maria: Kind und Gesellschaft [1939]. In: Montessori, Maria: Gesammelte Werke. Hg. v. Harald Ludwig, [...]. Bd. XIV. Freiburg-Basel-Wien 2015. S. 157-164. Hier S. 163.

wollen, wann sie sie als gelungen ansehen und in welchem Zeitumfang sie sie ausführen wollen. Nach der Durchführung sollten Schüler und Lehrer über das Verhältnis „Absicht - Durchführung" sprechen und ein Ergebnis der Aussprache formulieren. Die Qualität und ebenso mögliche Defizite sollen benannt, Nachbesserung empfohlen und (bei größeren Mängeln) weitere kompensatorische Arbeiten geplant werden.

- Ein weiterer Aspekt der Beurteilung des Lernhandelns betrifft die angestrebten Ziele selbst. Haben die Schüler eine sinnvolle Arbeit gewählt? Konnten sie die Entscheidung für diese Arbeit begründen, gut begründen? Wie sind sie mit der Kritik an ihrem Plan umgegangen (nicht verstanden; ignoriert; entkräftet)? Es versteht sich, dass auch diese Lernstandsbeurteilung kaum in Ziffernoten abgekürzt, sondern besser in Gesprächen formuliert werden kann. (Ziffernnoten - als Mitteilungsform - setzen Gespräche voraus.) Gleichwohl ist Beurteilung notwendig, damit die Schüler erfahren, dass alle Handlungen (und Entscheidungen) unter Geltungsanspruch stehen und dem entsprechend vernünftig beurteilt werden.

3. Schluss

Weil die Freiarbeit nicht nur eine Unterrichtsform ist, sondern zugleich das Unterrichten und Unterrichtet werden zum Thema macht, kann sie explizit gelernt werden. Die Fähigkeit zu ihr ist in kleinen Schritten zu erwerben. Eine Möglichkeit, sie zu lernen, ist es, wenn sich die Freiarbeit als Konsequenz aus dem Lehrgangsunterricht ergäbe: z.B. als Reflexion auf den Lehrgangsunterricht; als seine Planung und als seine Kritik; als seine Weiterführung und schließlich als sein Ersatz. Eine andere Möglichkeit ist es, die Selbstverständlichkeit einer (für Kinder immer schon) vorbereiteten Umgebung zu thematisieren und die Kinder bei der künftigen Vorbereitung zur Mitwirkung einzuladen.

Kapitel 4: Gewalt: Über eine pädagogische Herausforderung

Es müsse darum gehen, heißt es bei Maria Montessori in einem Text über den „Frieden und die Erziehung", den Menschen zum „Herr[n] seiner eigenen inneren Kräfte"[1] werden zu lassen. In den folgenden Überlegungen soll reflektiert werden, was diese Maxime für den pädagogischen Umgang mit dem Problem der Gewalt bedeutet. Dabei nehme ich Bemerkungen von Maria Montessori als Anregung zu weiterführenden Überlegungen.

1. Die Diagnose

1.1 Die Präsenz der Gewalt

In modernen, liberalen und demokratischen Gesellschaften versorgen Medien die politisch handelnden Menschen mit bedeutsamen Nachrichten – und dabei auch mit Informationen und Meinungen über Gewalt. Gewalt wird zur Meldung, zur Nachricht, nicht selten zum Spektakel (wie in einer nie dagewesenen und letztlich unverantwortlichen Präsenz bei einer grausamen und schließlich für eines der Opfer tödlich ausgehenden Geiselnahme in Gladbeck)[2]. Gewalt ist zu sehen in Filmen, in Nachrichten, Dokumentationen oder in Videospielen. Ja, es ist zu fragen, ob es sich bei tolerierten und mit öffentlichen Mitteln geförderten Sportarten auch um Formen der Darstellung und besonders Rezeption von Gewalt handelt, so beim Boxen, Ringen, den asiatischen *Kampf*sportarten, Kunstschießen,

---

[1] Montessori, Maria: Der Frieden und die Erziehung. [1932]. In: Das Kind. Halbjahrsschrift für Montessori-Pädagogik (2002) 1. Halbjahr H. 31. S. 8-24. Hier S. 8.

[2] Pirntke, Gunter: 54 Stunden Angst: Das Geiseldrama von Gladbeck. Berlin 2018; Brendel, Walter: Geiseln in Todesangst: Geiseldrama von Gladbeck. Berlin 2021. Beide Bücher zeigen die Vermischung von Gewalt und Medien auf, bei der sich die Täter der Medien bedienen konnten, wie umgekehrt die Medien genau dies nutzten, um ihren eigenen Wert zu steigern. Gewalt als beiderseitiges Geschäftsmodell.

selbst beim Speerwerfen, Bogenschießen oder Biathlon, auch wenn es hier nur um die Perfektionierung von Geschicklichkeit gehen sollte.[3] Wie selbstverständlich wird inzwischen Gewalt unter Zuschauern bei Sportveranstaltungen erwartet und zur Kenntnis genommen[4]. Der Umgang mit Zuschauergewalt wird in der juristisch-polizeilichen sowie sozialpädagogischen Forschung kontrovers diskutiert.[5] Zudem erhält Gewalt allein durch ihr Stattfinden einen Nachrichtenwert - im Gegensatz zur Gewaltlosigkeit. Ein im Alltag gewaltlos gelöster Streit in der Fußgängerzone zum Beispiel ist ohne Nachrichtenwert.[6]

1.2 Die Täterkultur

Schulgeschichtsbücher erzählen Geschichten von Einzelnen, die mit Gewalt ihre politischen Ziele erreichen. Von den Opfern wird fast immer im Kollektiv gesprochen („Der Bauernkrieg", „Aufstand im Warschauer Ghetto"). Nur die Täter haben Namen („Hitlers Krieg"), die Opfer bleiben gesichtslos, namenlos, unbeachtet und deshalb ungeachtet. Sie werden zu anonymen Opfern. Opfer von Gewaltakten zu sein, bedeutet, vergessen zu werden. Nicht des Erinnerns für wert befunden zu werden. Opfer haben keine Identität. Man kann durchaus von Täterkultur sprechen.

---

[3] Hofmann, Jürgen: Sport und Gewalt: Eine multidimensionale Annäherung im interkulturellen Kontext. Aachen 2009.
[4] Friederici, Markus R.: Sportbegeisterung und Zuschauergewalt: eine empirische Studie über Alltagstheorien von Sportlerinnen und Sportlern. Münster 1998.
[5] Böttger, Kevin: Gewalt, Fankultur und Sicherheit im deutschen Fußball. Hamburg 2014.
[6] Behrendes, Udo; Averdiek-Gröner, Detlef; Pollich, Daniela: Gewalt im öffentlichen Raum. Hilden 2018.

1.3 Die Grenzen der Sozialisation?

Insofern ist es verständlich, dass Kinder wie Erwachsene von Gewalt fasziniert sind.[7] Sie erfahren in der zeitgenössischen öffentlichen Kultur: *Wer Gewalt ausübt, erhält Aufmerksamkeit.* Für Montessori liegt hier bereits ein Wahrnehmungsproblem der Pädagogik:

> „Haben wir nicht genug Erfahrung oder nicht genug Liebe, um all die feinen und zarten Äußerungen des kindlichen Lebens erkennen zu können, und verstehen wir es nicht, sie genügend zu achten, so bemerken wir sie erst, wenn sie sich *gewaltsam* äußern. Dann kommt unsere Hilfe aber zu spät."[8]

Das aber schließt die Hoffnung auf eine Sozialisation zur Gewaltlosigkeit aus: Bei einer medialen Nichtbeachtung des Behutsamen und Gewaltlosen, bei einer gesamtgesellschaftlichen Aufmerksamkeit gegenüber der Gewalt können wir nicht von denen, die die Regeln ihrer Umwelt übernehmen, erwarten, dass sie von eben dieser Gewalt aus sich heraus Abstand nehmen.

> „Das Kind, welches in der vom Erwachsenen erschaffenen Umgebung lebt, lebt in einer Umgebung, die nicht nur für seine physischen Lebensbedürfnisse ungeeignet ist, sondern auch - und vor allem - für die psychischen Bedürfnisse seiner Entwicklung und seines intellektuellen und moralischen Wachstums."[9]

Eine Sozialisation an diese Welt wäre inhuman, solange in dieser Welt die Inhumanität herrscht und überproportionale mediale Aufmerksamkeit erfährt, ja sogar Faszination auslöst.

---

[7] Berner, Knut (Hg.): Gewalt: Faszination und Ordnung. Berlin-Münster 2012.
[8] Montessori, Maria: Das Kind in der Familie. In: Montessori, Maria: Gesammelte Werke. Hg. v. Harald Ludwig, […]. Bd. VII. Freiburg-Basel-Wien 2011. S. 3-117. Hier S. 93. Hervorheb v. mir, V.L.
[9] Montessori: Das Kind in der Familie. Bd. VII. S. 5.

1.4 Ambivalenz der Gewalt

Aber auch in den öffentlichen Debatten über Gewalt zeigt sich eine schwierige und folgenreiche Ambivalenz. Auf der einen Seite setzen öffentliche Debatten in unserer Kultur mehrheitlich und besonders im politischen Bereich der Gewalt die Gewaltlosigkeit entgegen, und besetzen das eine negativ und das andere positiv. Auf der anderen Seite stellen weitere Debatten aber gerechte Gewalt (z.B. als Widerstand) und ungerechte Gewalt (z.B. gegen Frauen) einander gegenüber. Auch Montessori schreibt in diesem Sinne:

> „Die Unterdrückten, die schrittweise ihre Befreiung bei der Entfaltung des zivilen Lebens suchten, waren immer eine in ihren Rechten eingeschränkte Kaste: die Sklaven, die Diener und schließlich die Arbeiter. Oft erreichte man die Lösung des Konfliktes mit Gewalt, im offenen Kampf zwischen Unterdrückten und Unterdrückern. Der Krieg zwischen dem Norden und dem Süden Amerikas, der vom Präsidenten Lincoln zur Beseitigung der Sklaverei vorangetrieben wurde; die Französische Revolution gegen die herrschenden Klassen und schließlich die heutigen Revolutionen, die darauf zielen, neue ökonomische Prinzipien durchzusetzen, sind Beispiele für außergewöhnliche Auseinandersetzungen zwischen Gruppen von Erwachsenen, die sich in einem unerklärlichen Gewirr von Irrtümern verfangen hatten."[10]

In welchem Verhältnis zueinander stehen positiv besetzte *Gewaltlosigkeit* und ebenso positiv besetzte *Gerechte Gewalt*? Für die Bearbeitung dieses Problems, das es in der internationalen Politik - in der Diskussion um den *Gerechten Krieg* - ebenso zu lösen gilt wie in der Zivilgesellschaft, gibt es keine festen Regeln, sondern immer noch jenes *unerklärliche Gewirr*, von dem Montessori sprach. Daher muss über das Ideal der Gewaltlosigkeit und die Akzeptanz von *Gerechter Gewalt* von Fall zu Fall geurteilt und entschieden werden. (In der aktuellen Situation erleben wir, wie eine

---

[10] Montessori: Das Kind in der Familie. Bd. VII. S. 6.

ehedem pazifistisch orientierte Partei den militärischen Widerstand empfiehlt und Waffenlieferungen befürwortet.)

Unter den Schülern werden zudem viele sein, die in ihrem späteren Beruf (rechtlich legitimierte) Gewalt ausüben werden müssen - als Polizisten, beim Zoll zur Grenzsicherung oder als Soldaten. Eine normative Erziehung zur absolut gesetzten Gewaltlosigkeit würde diese Lebensperspektive nicht beachten. Bildung muss aber dazu befähigen, in *allen* Lebensbereichen verantwortlich tätig werden zu können.

Zugleich ist Frieden, als Zustand der Gewaltlosigkeit, nicht eine wählbare Alternative zum Krieg, über die taktisch und utilitaristisch entschieden werden kann. Vernünftiges Handeln ist nur unter dem Regulativ der Gewaltlosigkeit, also des Friedens, möglich. Denn nur in Abwesenheit von Gewalt können Argumente sachlich geprüft und ausgetauscht werden. Eine Erziehung zum Krieg würde die Selbstabschaffung der Erziehung bedeuten. Es würde daher „merkwürdig erscheinen, [...] die Kriegsgymnastik in die Erziehung einzuführen"[11]. Und Harald Ludwig ergänzt: „Montessori hatte zeitlebens eine pazifistische Einstellung und setzte sich vor allem in den Jahren vor dem Zweiten Weltkrieg [...] unermüdlich für den Frieden ein."[12] (Und so ist zu lesen: „Helden hat man nicht durch warmherzige Reden auf ihren Kampf vorbereitet, auch nicht, indem man die Kriegstrompete ertönen lässt; im Gegenteil, sie haben den stillen Weg der Bildung durchlaufen."[13]) Das Resümee, das Ludwig zur Friedenserziehung zieht, wäre zu verallgemeinern: „Friedenserziehung ist bei Montessori kein besonderer Teilbereich der Erziehung, sondern durchgehende Dimension, Prinzip ihres Gesamtkonzeptes von Erziehung und Bildung."[14]. Man wird

---

[11] Montessori, Maria: Die Pädagogische Anthropologie – Eine Vorlesung für die Philosophiestudenten der Universität Rom [1903]. In: Montessori, Maria: Gesammelte Werke. Hg. v. Harald Ludwig [u.a.]. Bd. II,1. Freiburg-Basel-Wien 2019. S. 2-28. Hier S. 20.
[12] Ludwig, Harald: Fußnote 71. In: Montessori: Pädagogische Anthropologie – Eine Vorlesung. Bd. II/1. S. 20.
[13] Montessori: Das Kind in der Familie. Bd. VII. S. 63.
[14] Ludwig, Harald: Montessori-Schulen und ihre Didaktik. Baltmannsweiler 2004. S. 79.

unterscheiden müssen zwischen einer Erziehung zum Umgang mit Gewalt und einer Friedenserziehung, die Montessori als Erziehung schlechthin verstanden hat.

Wenn eine Gesellschaft Gewalt z.B. zur Sicherung des Friedens und der Gerechtigkeit nicht grundsätzlich ächtet oder gar ausschließt, muss der richtige Umgang mit Gewalt gelernt werden und kann nicht als bekannt vorausgesetzt werden. Pädagogische Konzepte einer prinzipiellen Ächtung von Gewalt müssen dann unzureichend erscheinen, wenn sie die „Normalität" und mögliche Akzeptanz von Gewalt (z.B. als Widerstand; Verteidigung gegen Unterdrückung; Friedenssicherung; zur Schaffung von Rechtssicherheit) in unserer Gesellschaft zu leugnen oder Gewalt schlechthin auszuschließen versuchen. Begründungen der gewaltsamen Selbstverteidigung müssen ebenso thematisiert werden wie die Begründungen des (gewaltsamen) Widerstands gegen illegitime Macht oder einer gewaltsamen Ordnungsmacht zur Sicherung von Frieden und Gerechtigkeit. Der hochmittelalterliche Landfrieden, die Aufstände in Warschau und im Warschauer Ghetto, der 20. Juli 1944 und der Einsatz der UNO-Friedenstruppen wären klassische Beispiele – von der jeweils aktuellen Weltlage einmal abgesehen.

1.5 Der Reiz des Verbotenen

Gewalt hat eine sozialpsychologische Dimension: Die negative Besetzung von Gewalt erhöht ihren Reiz. Gewalt hat für den, der sie ausübt, den Reiz der Selbstwirksamkeit. Gewalt ist eine Möglichkeit zu provozieren. Das ist kein ganz so neues Phänomen. Stefan Zweig (1881-1942) erzählt aus seiner Studentenzeit um die Jahrhundertwende über die schockierende Begegnung mit bestimmten Gruppen von Burschenschaftlern, den „bebänderten Horden": „Denn uns, denen individuelle Freiheit das Höchste bedeutete, zeigte diese *Lust* an der Aggressivität und gleichzeitige Lust an der

Hordenservilität offenbar das Schlimmste und Gefährlichste des deutschen Geistes."[15]

Es scheint unabänderlich, dass ein Teil der Jugendlichen ihre Identitätssuche auf gewaltsamem Weg betreibt: Die Geschichte der Jugendbewegungen seit der Wende zum 20. Jahrhundert ist *auch* eine Geschichte juveniler Lust an der Gewalt. Pädagogische Konzepte einer moralisierenden Gewaltprävention erhöhen dabei den Reizwert der Gewalt, die sich ja gerade auch gegen die notwendige Wohltemperiertheit und körperliche Distanziertheit pädagogischen Handelns richtet. Moralisierende Konzepte (Ermahnung, Belehrung) sind deshalb wenig geeignet.

Zugleich sollte das historische und psychologische Wissen um diesen Sachverhalt zu einer gewissen Routine (nicht aber Gleichgültigkeit) Anlass geben. Diese Routiniertheit (nicht aber Akzeptanz) im Umgang mit jugendlicher Gewalt sollte möglich werden, als Studien darauf hinweisen, dass „entgegen anderslautenden Medienberichten" „von einer kontinuierlichen Zunahme aggressiven Verhaltens unter Schülern in den Schulen der BRD nicht gesprochen werden kann."[16]

1.6 Pflege als Gewalt?

Für Montessori stellt sich die Frage, ob die Gewalttätigkeit von Kindern nicht durch jene Eingriffe erklärbar wird, die sich gegen das Natürliche bei Kindern richten. Ist die Absicht einer *Enkulturation* des Kindes, eine Art Domestizierung der kindlichen Natur, nicht bereits ein Gewaltverhältnis, sublim und unentdeckt, weil es im Alltag tradiert wird? Dies fragt sie z.B. bei der Pflege:

---

[15] Zweig, Stefan: Die Welt von gestern. Erinnerungen eines Europäers. o. O. [Frankfurt/M.] 1947. S. 118. Hervorheb. v. mir, V.L.
[16] Greszik, Bethina; Hering, Frank; Euler, Harald A.: Gewalt in den Schulen. Ergebnisse einer Befragung in Kassel. In: Zeitschrift für Pädagogik 41 (1995). H. 2. S. 265-284.

> „Für das Neugeborene aber machen sich weder Natur noch Kultur die Mühe, die harte Anpassung des edelsten und zartesten Lebewesens der Schöpfung zu erleichtern. Man wird sagen: ‚Was soll denn getan werden? Jemand muss das Kind doch anrühren.' Ja, aber die Hände, die es berühren, haben nicht gelernt, mit so einem zarten Geschöpf umzugehen. Es sind derbe, grobe Hände, deren einzige Geschicklichkeit darin besteht, das Kind zu halten und es nicht fallen zu lassen. Man glaubt, es genügt, wenn das Leben des Kindes in Sicherheit ist: das einzige sichtbare Ziel ist, dass es am Leben bleibt. Das Neugeborene, das von Anbeginn an in gekrümmter Haltung verharrt, wird plötzlich bekleidet und früher wurde es zu einem Bündel gewickelt und *gewaltsam* gestreckt […]."[17]

Hier wirken die Gedanken Itards nach, der in dem Verhältnis von Kind und Pflege die grundsätzliche Antithese von Natur und Kultur identifiziert – und der Kultur eine zerstörerische Kraft zuspricht. *Die lebenserhaltende Pflege wäre dann gerade das, was das Gelingen des Lebens gefährdet oder zerstört.* Zu bemerken sind bei Montessori nahezu antipädagogische Überlegungen oder solche, die das Kulturelle schlechthin als Gewalt gegen die intakte Natur verstehen:

> „Wie bekümmert man sich um das Neugeborene? Es wird mit schnellen Bewegungen, die bei seinem Zustand eine *Gewalttätigkeit* bedeuten, von einem Platz zum anderen getragen, ein- und ausgewickelt. Schwere Hände reiben seine unendlich zarte Haut mit Tüchern, die im Verhältnis zu ihr grob sind. Sein Körper, der an die weiche warme Flüssigkeit gewöhnt war, wird mit harten Stoffen bekleidet. Selten denkt man daran, die Kleider vorzuwärmen. Zumeist hält man eine Wiege mit einer kleinen Matratze für das Einzige, was für das Kind, das zur Welt kommt, nötig ist. Niemals vergisst man, diese Matratze mit einem Gummituch zu bedecken, damit sie nicht ruiniert werde."[18]

Die eigene Bequemlichkeit als regulative Idee zerstöre das Kind.

---

[17] Montessori: Das Kind in der Familie. Bd. VII. S. 13. Hervorheb. v. mir, V.L.
[18] Montessori: Das Kind in der Familie. Bd. VII. S. 14. Hervorheb. v. mir, V.L.

1.7 Institutionen als Gewalt

Die Klagen über die Gewalt *an* Schulen darf nicht verdecken, dass in Zeiten mit weniger öffentlichen und polizeilichen Gewaltmeldungen oft eine Gewalt *der* Institution Schule gegen Kinder stattfand: „Und in der Tat haben wir Druckmittel, ‚Belohnungen und Strafen', um mit Gewalt die Kinder in einem Zustand zu halten, der für sie die erste Strafe des Lebens ist", schreibt Montessori 1910. Schule habe mit Gewalt die Gewalttätigkeiten in der Schule unterdrückt. In ihren Schriften hat Maria Montessori gerade in ihrer Schulkritik diese Aspekte betont und vom „*Kampf* zwischen dem Erwachsenen und dem Kind"[19] gesprochen. Sie kritisierte den repressiven Charakter der Schule und zeigte, dass (in der damaligen Schule) nicht die Inhalte von Unterricht, sondern die Form, in der diese Inhalte artikuliert wurden, Gewaltbereitschaft förderten:

> „Im Schulkind, das immer gescholten und entmutigt wird, entsteht ein Mangel an Selbstvertrauen und dadurch eine Art von Verstörtheit, die sich Schüchternheit nennt. Es ist das gleiche, was man später im Manne in Form von Mutlosigkeit, Unterwürfigkeit und Unfähigkeit zur sittlichen Widerstandskraft wiederfindet. Der Gehorsam, dem das Kind in der Familie und in der Schule unterliegt, dieser Gehorsam, der keinen Sinn und keine Gerechtigkeit hat, führt den Menschen dahin, den Geschicken seines Lebens leicht zu unterliegen. Die in der Schule so verbreitete Strafe, die das unfähige Kind der Rüge und dem öffentlichen Tadel aussetzt, gräbt in seine Seele ein irres und vernunftwidriges Entsetzen vor der öffentlichen Meinung, auch wenn sie ungerecht und offensichtlich irrig ist. Diese erzwungenen Anpassungen führen zu dauerndem Minderwertigkeitsgefühl. Aus ihnen entspringt eine Unterwürfigkeit, die auf den Führer, den vollkommenen oder unfehlbaren Vater oder Lehrer, gerichtet ist und fast einem Götzendienst gleicht."[20]

---

[19] Montessori: Der Frieden und die Erziehung. S. 16. Hervorheb v. mir, V.L.
[20] Montessori: Der Frieden und die Erziehung. S. 20.

Erziehung zum Gehorsam kann bei den zu Erziehenden eine Kompensation durch die Suche nach einer starken Persönlichkeit provozieren, der man sich unterwirft, um so an ihrer Stärke teilzuhaben: Eine indirekte Erklärung des Entstehens faschistischer Bewegungen in Europa des frühen 20. Jahrhunderts – und eine Kritik an ihnen. Die autoritäre Erziehung bleibt das Problem:

> „Fast die gesamte so genannte erzieherische Tätigkeit ist von dem Gedanken durchdrungen, eine direkte und daher *gewaltsame* Anpassung des Kindes an die Erwachsenenwelt zu bewirken; eine Anpassung, die auf einer unumstößlichen Unterwerfung und einem bedingungslosen Gehorsam basiert und die auf dem Weg einer Negierung der kindlichen Persönlichkeit voranschreitet, eine Negierung, die gekennzeichnet ist durch Strafen, durch ungerechte Urteile, durch Beleidigungen und manchmal sogar durch Schläge. All dies würde sich der Erwachsene niemals gegenüber einem anderen Erwachsenen erlauben, auch wenn es sich um eine Person handeln sollte, die ihm untersteht."[21]

Eine gut geführte Schule ist heute nicht mehr die strafende und bloßstellende Institution, als die sie von Maria Montessori und der literarischen Schulkritik für die damalige Zeit dargestellt wurde. Gleichwohl bleibt aktuell, dass Gewaltprävention eben nicht die *gewaltsame* Vermeidung von Gewalt zum Ziel haben darf, sondern die Stärkung einer selbstverantwortlichen, sich und die anderen Menschen als Wert erachtenden Person. So lässt sich hier bereits eine normative Forderung aufstellen:

> „Nachdem diese grundlegende Erfahrung, die wir gemacht haben, vorliegt, kann man nicht mehr über die Erziehung sprechen, ohne zuvor die Grundlage der Diskussion festzulegen, d.h. festzulegen, ob man von dem Kind spricht, das dem Macht ausübenden Erwachsenen unterliegt und das sich daher in ständigem Zustand der Verteidigung befindet, sofern es noch nicht gänzlich unterdrückt worden ist, oder ob man von dem Kind spricht, das

---

[21] Montessori: Das Kind in der Familie. Bd. VII. S. 5. Hervorheb von mir, V.L.

von dem Macht ausübenden Erwachsenen befreit ist und unter normalen Umständen lebt, die es ihm gestatten, seine kreativen Eigenschaften zum Ausdruck zu bringen."[22]

Nur eine humane Bildungsorganisation, die selbst nicht mit den Methoden der Gängelung und aggressiven Disziplinierung arbeitet, kann langfristig dabei mithelfen, Gewalt als gesellschaftlich anerkanntes oder toleriertes Mittel zur Erreichung von Zielen wertbezogen zu minimieren. Ansonsten trägt gerade die Institution, die lehren soll, Gewalt zu verhindern, zur Herausbildung ebendieser bei. Klaus Hurrelmann hat auch die moderne, bzw. die gegenwärtige Schule daher nicht ganz aus der Verantwortung genommen, um, anlässlich der schrecklichen Schul-Amokläufe, ihre indirekte Wirkung bei dem Einsatz von Gewalt zu erklären:

„In den letzten 20 Jahren hat es mehrere Hundert Fälle weltweit von solchen School-Shootings gegeben, also ganz elementare Gewaltausbrüche an Schulen mit Waffeneinsatz, [...]. Es ist unleugbar, dass dahinter eine tiefe Verletzung der eigenen Persönlichkeit steht, die in der Familie, im Umfeld oder in der Schule entstanden sein kann. Die Schule ist oft der letzte Anlass, der das Fass zum Überlaufen bringt. [...] Wenn wir die Erfolge in der Prävention einbetten in den Komplex Schule - das Schulklima, die soziale Kultur in den Schulen, die Qualität des Schullebens - dann ist die Bilanz nicht sehr gut. Da hat sich sehr wenig getan. [...] Wir wissen seit Jahrzehnten, dass wir in den Schulen ein Risiko eingehen, weil wir ganz stark die Anerkennung eines männlichen oder weiblichen Schülers vom Leistungsstand abhängig machen. Wenn ich also einen guten Leistungsstand habe, dann habe ich eine Chance, dass ich anerkannt werde. Eine Schule, die darauf getrimmt ist, die geht das Risiko ein, dass sie die Persönlichkeit, den ganzen Menschen, der dahinter steht, nicht wahrnimmt. Und das kann kränkend sein. Und es bekennen sich die meisten Gymnasien dazu, dass die Leistungen im Vordergrund stehen und alles andere nebensächlich ist. [...] Die Schulen sind nach wie vor überwiegend intellektuelle

---

[22] Montessori: Das Kind in der Familie. Bd. VII. S. 112.

Trainingsstätten. Die fachliche Bildung steht sehr stark im Vordergrund, die sozialen Verhaltensweisen werden sehr wenig beachtet. Und diese jungen Männer, die zu solchen extremen Taten wie School-Shooting greifen, die spiegeln das wider."[23]

1.8 Nichtachtung als Gewalt

Dass die Schule nur Aspekte der Persönlichkeit wahrnimmt, misst und bewertet, nicht aber die Person als Ganzes berücksichtigt, macht einerseits ihren Beitrag zur zivilisatorischen Egalität aus, die die Zuteilungen gesellschaftlicher Privilegien ausschließlich nach Leistung bewertet; ist zugleich aber auch ihr Problem, weil sie dabei das zerstört, was es doch zu fördern gilt: Die Person, die den Fortschritt erst noch schaffen soll. Die Schule lehrt Wissen und Können ohne Ansehen der Person und verbreitet so die kollektiv verfügbaren Kenntnisse, Fertigkeiten und Fähigkeiten; sie übersieht aber den Einzelnen in seiner Einmaligkeit.

„Was wird indessen Kindern im Allgemeinen angetan? Wir alle unterbrechen sie ohne jegliche Rücksicht, ohne den geringsten Respekt, mit den Mitteln, die Herren gegenüber ihren Sklaven einsetzten, die keine Menschenrechte besaßen. Vielen Leuten erschiene es lächerlich, auf ein Kind genauso Rücksicht zu nehmen wie auf einen Erwachsenen."[24]

Es gehe keineswegs darum, die Erziehung abzuschaffen, sondern sie unter Achtung beider Ansprüche zu gestalten. Es brauche eine Erziehung der individuellen Wertschätzung; alles andere sei eine subtile Form von Gewalt, die Abwehr und Gegengewalt erzeugen werde:

---

[23] Hurrelmann, Klaus; *Peters, Christoph*: Amoklauf in Erfurt: „Die Tat hat eine Realität geschaffen, die man nicht für möglich hielt." (Interview) In: MDR 02.05.2022. (= https://www.mdr.de/geschichte/zeitgeschichte-gegenwart/erfurt-amoklauf-interview-experte-hurrelmann-gruende-warum-100.html).
[24] Montessori, Maria: Die Mutter und das Kind [1915]. In: Montessori, Maria: Gesammelte Werke. Hg. v. Harald Ludwig, […]. Bd. VII. Freiburg-Basel-Wien 2011. S. 119-134. Hier S. 131.

"Wenn man die Kleinen bei diesem Verhalten beobachtet, konzentriert auf ihre Arbeit, langsam in der Ausführung aufgrund ihrer noch unreifen Verfassung - wie sie auch nur langsam laufen, da ihre Beine noch kurz sind -, dann hat man intuitiv das Gefühl, dass sie ihr Leben vervollkommnen, so wie eine Puppe allmählich den Schmetterling in ihrem Kokon. Würde man ihre Beschäftigung verhindern, täte man ihrem Leben Gewalt an."[25]

1.9 Soziale Ursachen von Gewalt

Soziologische Studien verweisen regelmäßig auf eine statistische Parallele zwischen Neuer Armut, sozialer Deklassierung durch Arbeitslosigkeit und der Gewaltbereitschaft der Jugendlichen, bzw. auf die Parallelität von zerstörten Familienstrukturen und Gewalt.[26] Andere Studien belegen, dass Gewalttäter oft selbst Opfer waren - oder es immer noch sind.[27]

Aber die genannten Gründe erklären nicht, warum nicht *alle* Jugendlichen, die z.B. aus depravierten Familien stammen, alle Jugendlichen, deren Eltern arbeitslos sind usw., gewalttätig werden. In einem Text aus dem Jahre 1932 stellt Maria Montessori in Bezug auf Kriegsursachen fest:

"Man sieht, daß gerade aus diesem Grund die Ursachen des Krieges nicht in den erkannten und erforschten Tatsachen der sozialen Ungerechtigkeit gegenüber dem Arbeiter im wirtschaftlichen Produktionsprozeß oder der aus einem beendigten Krieg sich ergebenden Folgen ruhen können."[28]

Die statistische Korrelation zwischen sozialer Deklassierung und Gewaltbereitschaft lässt sich aus pädagogischer Sicht weder kausal interpretieren

---

[25] Montessori: Die Mutter und das Kind. Bd. VII. S. 131. Hervorheb. v. mir, V.L.
[26] Vgl. Lamnek, Siegfried; Ottermann, Ralf: Tatort Familie: Häusliche Gewalt im gesellschaftlichen Kontext. Opladen 2004.
[27] Vgl. Miller, Alice: Am Anfang war die Erziehung. Frankfurt/M. 1983, zu Hitler und Sexualstraftätern. Passim.
[28] Montessori: Der Frieden und die Erziehung. S. 10.

noch als Entschuldung der einzelnen Person anführen. Statistische Häufigkeit ist nicht in Kausalität zu überführen. Es wäre fatal, wenn Gewalttäter prinzipiell nicht als selbstverantwortliche Personen betrachtet würden, denen ihr Handeln zuzurechnen ist – wenn sie nicht als Personen verstanden würden, die ihr Handeln selbst bestimmen können und deshalb verantworten müssen. Eine Kausalität menschlicher Handlungen kann man nur in pathologischen Fällen annehmen, also dann, wenn die Täter weder Einsicht in ihr Verhalten zeigen noch die Möglichkeit kennen, es nach ihrem Willen zu steuern.

1.10 Pathologische Gewalt

Unberücksichtigt bleiben darf daher nicht, dass es nicht nur individuelle und soziale Umstände gibt, in denen Gewalt akzeptiert und somit toleriert wird. Es gibt auch pathologische Ursachen. Liegt eine solche Gewaltbereitschaft vor, sind also „die Ursachen durch den *pathologischen* Faktor gegeben"[29], reichen pädagogische Konzepte allein nicht aus. Dann bedarf es der therapeutischen Unterstützung. Hierzu sind nicht allein pädagogisch, sondern zudem therapeutisch, z.B. psychologisch, geschulte Fachkräfte notwendig:

> „Wer diese anfänglichen Symptome der paralytischen Demenz [also einer pathologisch verursachten Neigung zur Gewalt, V.L.] als *schlechte Neigungen des Geistes* betrachten würde, der würde umsonst versuchen, den Kranken mit passenden Predigten, Tadeln oder Strafen zur Vernunft zu bringen und ihn wieder zu dem Menschen zu machen, der er früher gewesen war! Es

---

[29] Montessori, Maria: Vorlesungen über Pädagogische Anthropologie [1905/1906]. In: Montessori, Maria: Gesammelte Werke. Hg. v. Harald Ludwig [u.a.]. Bd. II,1. Freiburg-Basel-Wien 2019. S. 216-419. Hier S. 405. Hervorheb. im Original.

handelt sich bei ihm um einen Kranken, den man heilen muss. Das ist alles."³⁰

Das heute oft geäußerte Ansinnen, den öffentlichen Schulen *diese* therapeutische Aufgabe zuzuschreiben, muss im Hinblick auf ihre begrenzte Ausstattung und spezifische Aufgabe in einer arbeitsteiligen Gesellschaft zurückgewiesen werden: „Im Allgemeinen muss ein *bösartiges* Kind vom Arzt geleitet werden. Denn es ist fast mit Sicherheit krank."³¹ Hinzu kommt, dass die aktuelle Ausbildung der an Schulen tätigen *Lehr*kräfte weder vom Umfang noch vom Inhalt her auf zukünftige therapeutische Tätigkeiten vorbereitet. Wenn die Forderung aufgestellt wird, dass Lehrende stärker therapeutisch oder auch nur sozialpädagogisch tätig sein sollten, müssen hierfür *zuvor* die personellen, institutionellen, rechtlichen und finanziellen Voraussetzungen geschaffen und zudem die Lehrerausbildung diesem Ziel entsprechend organisiert werden.

Im Hinblick auf Gewalt kann pädagogisches Handeln erst und nur dann einsetzen, wenn es von der Persönlichkeitsverfasstheit der Betreffenden her prinzipiell möglich ist, sie zur Einsicht zu bewegen und zu dem Willen zu verhelfen, gemäß dieser Einsicht zu handeln. Eine Beeinflussung jenseits von Einsicht ist pädagogisch nicht zu rechtfertigen. Allerdings findet auch die medizinische Begleitung in einer pädagogischen Situation statt:³²

---

[30] Montessori: Vorlesungen über Pädagogische Anthropologie. Bd. II/1. S. 405. Hervorheb. im Original.
[31] Montessori, Maria: Einleitung. Moderne Richtungen der Anthropologie und ihr Verhältnis zur Pädagogik. In: Montessori, Maria: Gesammelte Werke. Hg. v. Harald Ludwig [u.a.]. Bd. II,2. Freiburg-Basel-Wien 2019. S. 1-585. Hier S. 523. Hervorheb. i Orig.
[32] Vgl. die gelungene Verhältnisbestimmung in: Schwanenberg, Maike: Qualitätskriterien für die Bewertung von Schulen für Kranke in NRW im Bereich der Kinder- und Jugendpsychiatrie und -psychotherapie. Berlin 2020.

> „Aber die *Behandlung* dieser Krankheiten ist sehr häufig *pädagogischer* Natur: Die Heilpädagogik muss jedoch die *Strafe* vollständig abschaffen."[33]

Der Nachsatz zeigt die Richtung der Argumentation an: Zwar kann die Pädagogik, in der Person des Lehrers, keine therapeutischen Leistungen erbringen; zugleich aber findet die Therapie in einem Kontext statt, in dem der zu Bildende sich auch in ein Verhältnis zu seiner Therapie setzen muss – und dazu bedarf es der pädagogischen Anleitung. In pathologischen Fällen vermag die Pädagogik keine Therapie zu ersetzen; gleichwohl aber sollte jede Therapie von dem pädagogischen Bemühen begleitet sein, dem Erkrankten ein sich bildendes Verhältnis zur eigenen Krankheit und zur Therapie zu ermöglichen. Heilpädagogik hieße dann, das Thema der eigenen Erkrankung und Heilung zum Thema im Bildungsprozess zu machen. Gleichwohl bedarf es hierzu spezifisch ausgebildeter Heilpädagogen.

1.11 Neue Gewalt?

Viele Lehrerinnen und Lehrer klagen darüber, dass die Gewalt an den Schulen anders geworden sei, als man sie bisher kannte. Es werde schneller die Schwelle zur Gewalt überschritten. Die *Neue Gewalt* kenne keine Grenze mehr. Da werde noch zugetreten, wenn das Opfer schon weinend am Boden liege. Gewalttätige Schüler organisierten sich in Banden und terrorisierten die Mitschüler. So war zu lesen:

> „Prügeleien auf dem Schulhof gab es schon immer. Doch nie zuvor haben Kinder so erbarmungslos um sich geschlagen. In manchen Schulen registriert die Polizei sogar kriminelle Banden von Gewalttätern. ‚Es wird anders zugeschlagen als früher', hat Willi Pietsch vom Stuttgarter Polizeidezernat für jugendspezifische Gewaltkriminalität beobachtet. Noch vor zehn Jahren, glaubt der Beamte, hätten Jugendliche von einem Unterlegenen abgelassen, der aus der Nase geblutet oder eindeutige

---

[33] Montessori: Einleitung. Moderne Richtungen der Anthropologie. Bd. II/2. S. 523. Hervorheb. i. Orig.

»Ergebenheitszeichen« gegeben habe. Pietsch: ,Heute ist das der Startschuß, seinen Gegner fertigzumachen, ihn *einzustiefeln*, wie die Jugendlichen das nennen.' Die Gewalttätigkeiten unter Schülern aller Schulformen hätten nicht nur zugenommen, es sei auch von ,einer anderen Qualität der Tätlichkeiten' zu sprechen, heißt es in einer Untersuchung des Staatlichen Schulamts der Stadt Frankfurt."[34]

Der Text stammt aus dem Jahre 1992. Fast zwanzig Jahre später liest man:

„Straftaten an Münchner Schulen sind zwar rückläufig, deren Brutalität steigt aber. Die Tat zweier Brüder an einer Hauptschule erhitzt die Debatte erneut."[35] Weiter heißt es: „ 2004 waren es noch 1000 Delikte, 2005 nur noch 805, das erste Halbjahr 2006 entsprach dem Trend des Vorjahrs. Allerdings steigt der Anteil besonders brutaler Taten, wenn auch in absoluten Zahlen gering. Im ersten Halbjahr 2005 kam es nur zu einer schweren Gewalttat unter Schülern, im ersten Halbjahr 2006 waren es bereits 13 Fälle. Gemeint sind damit Delikte wie Bedrohung, räuberische Erpressung oder Körperverletzung."[36]

Und weitere zehn Jahre später ist zu lesen:

„Ein Vorfall an der Ida-Ehre-Schule im Stadtteil Harvestehude hält seit gut einer Woche die Stadt Hamburg in Atem. Dort war am vergangenen Donnerstag ein Polizist von einer Vielzahl von Schülerinnen und Schülern attackiert worden, als er versucht hatte [,] einen Streit zwischen zwei Jugendlichen zu schlichten. Der Polizist sei mit Tritten und Schlägen gegen den Kopf malträtiert worden. Als Verstärkung eintraf, wurden die Beamten nach eigenen Angaben bespuckt und bepöbelt. Bis zu 80

---

[34] N.N.: „Die rasten einfach aus". In: Der Spiegel (1992) H. 42 (= https://www.spiegel.de/politik/die-rasten-einfach-aus-a-d0a2ebac-0002-0001-0000-000013690660).
[35] Wimmer, Susi: Brutale Tritte gegen den Rektor. In: Süddeutsche Zeitung 17.05.2010 (= https://www.sueddeutsche.de/muenchen/gewalt-an-schulen-brutale-tritte-gegen-den-rektor-1.876239).
[36] Wimmer: Brutale Tritte.

Personen seien beteiligt gewesen. Letztlich konnte erst die Besatzung von zwölf Streifenwagen die Situation entschärfen."[37]

Diese Erfahrungen aus den letzten 40 Jahren treffen sich mit neueren Theorien über die gegenwärtig zu beobachtende Gewalt. Die Theorien behaupten, dass von *Neuer Gewalt* zu reden berechtigt sei, weil sich eine neue Qualität identifizieren lasse. Das Eigentümliche der *Neuen Gewalt* sei, dass sie ziellos sei, nichts mehr durch ihren Einsatz erreichen wolle. Hans Magnus Enzensberger – der die Taten der Hooligans, der Randalierer, der Kinder-Gangs in der Vokabel des „Bürgerkriegs" zusammenfasst – stellt fest:

> „Was dem Bürgerkrieg der Gegenwart eine neue, unheimliche Qualität verleiht, ist die Tatsache, daß er ohne jeden Einsatz geführt wird, daß es buchstäblich *um nichts geht*."[38]

Es ist die Gewalt derjenigen, „denen alles abhanden gekommen ist, wofür sie ein Opfer bringen könnten."[39]

Angesichts solcher, sich nunmehr über die Dauer von 40 Jahren ähnelnder Beschreibungen müsste deutlich geworden sein, dass der instruierende Unterricht nicht in der Lage ist, dieses Problem anzugehen oder gar zu lösen, weil seine Struktur genau das ist, was durch Gewalt außer Kraft gesetzt werden soll: Utilitaristisch und funktional begründete Geltungsansprüche. Unterricht setzt jene Vernunft voraus, die die Täter außer Kraft setzen wollen und daher erst lernen müssen. Er setzt jenen Zweckrationalismus voraus, dessen Begründung noch gar nicht vorhanden ist und erst entwickelt werden muss. Und Unterricht setzt schließlich die Anerkennung eines Wertesystems voraus, dessen Nichtvorhandensein die Gewalttaten bezeugen. Zudem kann Unterricht gegen Gewalt nicht helfen, wenn Gewalt diesen Unterricht erst gar nicht stattfinden lässt. Unterricht setzt

---

[37] kng: Schüler verprügeln Polizist vor Hamburger Schule – Schulleitung schildert Hintergründe. In: Stern
(= https://www.stern.de/panorama/weltgeschehen/schueler-verpruegeln-polizist-vor-hamburger-schule---schulleitung-schildert-hintergruende--30677954.html).
[38] Enzensberger, Hans Magnus: Aussichten auf den Bürgerkrieg. Frankfurt/M. 1993. S. 35. Hervorheb. v. mir, V.L.
[39] Enzensberger: Aussichten. S. 35.

jene Vernunft voraus, die durch Gewalt verhindert wird. Wer Unterricht nicht als Wert anerkennt, wird sich auch nicht von einem Unterricht gegen die Gewalt belehren lassen.

Eine disziplinarische Antwort hingegen würde genau jene Reaktion bedeuten, die von Montessori (und Hurrelmann) gerade als Ursache von Gewalt ausgemacht wurde: Das Gewaltverhältnis der älteren zur jüngeren Generation. Es wäre zudem eine eskalierende Logik. Es müssen also, ausgelöst durch Anregungen von Montessori, alternative Vorschläge formuliert werden.

2. Pädagogische Möglichkeiten im Umgang mit Gewalt

In Begrenzung des Arbeitsfeldes der Schule auf *pädagogische* Aufgaben sollen Überlegungen vorgestellt werden, wie auf die Gewalt pädagogisch zu reagieren wäre. Therapeutische oder juristische Reaktionen werden hier nicht thematisiert, obwohl sie oft notwendig sind. Stattdessen sollen auch solche Aspekte benannt werden, die nicht immer jene Beachtung bekommen haben, die sie verdient hätten.

2.1 Gewalt differenziert wahrnehmen

Um mit gewaltbereiten Schülern pädagogisch umgehen zu können, ist es unabdingbar, die *unterschiedlichen* Typen von Gewalt zu identifizieren. Gewalt aus biographischen, sozialen Umständen, aus pathologischen Ursachen oder aus politischen Motiven kann nicht mit den gleichen Maßnahmen beantwortet werden, vielleicht nicht einmal mit pädagogischen. Soziale Missstände etwa, die Not, Hoffnungslosigkeit oder ein gewaltlatentes Klima schaffen, können nicht durch pädagogische Maßnahmen kompensiert werden. Gewalt muss in diesen Fällen mit sozialen oder therapeutischen Maßnahmen aufgefangen werden.[40] Es kann allerdings gelehrt werden, dass niemand von den sozialen Umständen seiner Herkunft her determiniert ist.

2.2 Schule als Disziplinierungs- und Sozialisationsinstrument?

Der schulischen Gewalt gegenüber sind jene pädagogischen Konzepte hilflos, die die Schule allein als Ort der *Wissensvermittlung* und gar der *Sozialisation* verstehen. Wenn schulischer Unterricht nur als Anlass zur *Wissensvermittlung* betrachtet wird, kommt die Frage nach dem richtigen Handeln nur unter dem Aspekt der *Disziplin* ins Blickfeld. Es interessiert dann lediglich, ob sich die Schüler jener Ordnung fügen, die notwendig ist, um Unterricht stattfinden zu lassen. Die erzieherische Aufgabe wird durch den Verweis auf Verhaltensnormen gelöst, und das Befolgen dieser Normen soll durch positive oder negative Sanktionen (Belohnung oder Strafe) erreicht werden. Richtiges Verhalten der Schüler erfolgt in dieser Konzeption nicht aus Einsicht, sondern aus Erwartung von Belohnung oder Angst vor der Strafe. Erziehung findet hier nicht statt. Kurzfristig mag ein Verhalten erzwungen werden, was aus fürsorglichen Gründen nötig ist; aber es wird keine Handlungsfähigkeit erworben.

Diese Verkürzung des Erziehungsauftrages auf *Disziplinierung* ist nicht in der Lage, auf die sich stellende Gewaltproblematik adäquat zu reagieren. Soziologisch wäre sogar zu fragen, ob diese Verkürzung nicht genau zu jenem Verhalten beiträgt, was als *Neue Gewalt* thematisiert bezeichnet wird - zu dem ja häufig die Faszination für eine (gewaltbereite) Gruppe gehört und die Bereitschaft, sich jeder Disziplin in dieser Gruppe unterzuordnen.

Der Gewalt können auch jene pädagogischen Konzepte nicht entgegenwirken, die die Erziehung als *Sozialisation* oder Enkulturation und

---

[40] Pühse, Uwe: „Gewalt in der Schule" - eine Herausforderung für die Schulpädagogik. In: Martial, Ingbert von; Ludwig, Harald; Pühse, Uwe (Hg.): Schulpädagogik heute. Probleme und Perspektiven. Frankfurt/M. 1994. S. 83-98. Hier S. 90f.

die Schule als vorzüglichen Ort von Sozialisation oder Enkulturation begreifen und gestalten – wie es in der deutschen Rechtsprechung vorrangig geschieht.[41] Denn wenn die Erziehung nur als Eingewöhnung in die vorgefundene Kultur erfolgt, dann übernehmen die Kinder gerade durch die Eingewöhnung nicht nur moralische Verhaltensweisen, sondern auch unmoralische:

> „Das Kind wird von einem Erwachsenen unterdrückt, [...] der über das Kind verfügt und der es dazu zwingt, sich seiner Umgebung anzupassen, mit der allzu naiven Vorstellung, dass es eines Tages als soziale Persönlichkeit darin wird leben müssen [...], wenn das Kind seinerseits ein Erwachsener ist."[42]

Da Gewalt zu den Faktizitäten unserer Gesellschaft gehört, bedeuten Sozialisation und Enkulturation auch Gewöhnung an und Einübung in Gewalt. Die genannten, aus der Soziologie entlehnten Schul- oder Sozialisationstheorien reichen demnach nicht aus, auf die sich stellende Gewaltproblematik adäquat zu reagieren. Andere Aspekte pädagogischen Handelns sind gefragt.

2.3 Umstände des Lernens

Zum pädagogisch umsichtigen Handeln gehört nicht nur die Gestaltung der Inhalte und Methoden des Lehrens und Lernens, sondern auch die Gestaltung der Umstände und Bedingtheiten. Sie müssen so sein, dass vernünftige Argumentation möglich wird und einflussfrei vonstattengehen kann. Hierzu gehört, dass die Schüler hygienisch gepflegt, gesund ernährt sind und emotional stabil begleitet werden. Es müssen also Umstände geschaffen werden, die die Entstehung von Gewalt nicht nur nicht fördern oder begünstigen, sondern vielmehr vermeiden oder im Vorfeld verhindern helfen. Die Schulkultur muss, wie es schon Itard formuliert hatte, attraktiver

---

[41] Vgl. Ladenthin, Volker: Der Begriff von Schule in der Rechtsprechung. In: Pädagogische Rundschau 75 (2022). H. 4. S. 383-403.
[42] Montessori: Das Kind in der Familie. Bd. VII, S. 5 (Ergänzung aus der Fußnote 5, die eine andere Textversion gibt).

sein als jene Lebenswelt, in der Gewalt üblich ist. Aber die schulisch gestaltete Umwelt darf nicht so weltfremd sein, dass sie keinen Bezug mehr zur Herkunftskultur ihrer Absolventen hat. Die Schule selbst muss darauf achten und *vorsorgen*, dass es nicht zu gewaltsamen Situationen kommen kann.[43] Dies bedeutet eine alte, aber selten baulich oder organisatorisch erfüllte Forderung, den Zögling

> „in Verhältnisse und Umgebungen zu bringen, die ihn von allen Seiten beachten, wo ihm von den verschiedenen Seiten her sein Betragen durch dasselbe selbst wie aus einem Spiegel, entgegen tritt, und er dasselbe leicht und schnell in seinen Wirkungen und Folgen erkenne, wo so sein wahrer Zustand *von ihm selbst* und andern leicht erkannt werden kann, und wo die Ausbrüche, das Hervortreten der innern Lebensgestörtheit am wenigsten schaden."[44]

Wenn diese vor 200 Jahren von Fröbel formulierte Aufgabe nicht angegangen wird, wird Unterricht häufig gestört stattfinden. Obwohl die Fürsorge nicht die Aufgabe der Schule ist, muss die Schule ein vitales Interesse daran haben, dass die Kinder versorgt sind.

---

[43] Ein erster Schritt wäre ein authentisches Gewalttagebuch, in dem lediglich verzeichnet wird, wo, wann, wie, wie lange welche Gewalt beobachtet wurde. Da es für Schulleitungen (gegenüber Eltern und auch der Schulaufsicht) unangenehm ist, das Vorkommen von Gewalt an der eigenen Schule einzugestehen, wird Gewalt an Schulen – wie unser Forschungsteam IQ BILDUNG (= https://www.iqbildung.de/) in zahllosen Schulberatungen feststellen musste - herabdefiniert, heruntergespielt, dem Versagen einzelner Personen zugeschrieben oder als Zufall bzw. Ausnahme dargestellt und gewertet: Diese strukturell bedingte Selbsttäuschung lässt durch Verdrängen das Problem anwachsen. Vor aller Intervention muss die authentische Diagnose stehen, wann, wo, bei wem und wie es zu welcher Gewalt kam: Man kann dann schwierige Orte und Zeiten identifizieren und Ursachen finden, die sich nicht zeigen würden, wenn man das Vorkommen von Gewalt nur allgemein bespricht.
[44] Fröbel, Friedrich Wilhelm August: Die Menschenerziehung, die Erziehungs-, Unterrichts- und Lehrkunst, angestrebt in der allgemeinen deutschen Erziehungsanstalt zu Keilhau; dargestellt von dem Stifter, Begründer und Vorsteher derselben. Bd. I: Bis zum begonnenen Knabenalter. Keilhau 1826. S. 15. Hervorheb. v. mir, V.L.

Das fürsorgliche Interesse der Schule sollte aber begrenzt sein. Es gibt eine quantitative und eine qualitative Grenze. Quantitativ kann die Fürsorge nur so weit gehen, dass die Hauptaufgabe der Schule nicht gefährdet ist: die Bildung durch Unterricht und Erziehung. Qualitativ kann die schulische Fürsorge nur soweit gehen, wie das Lehrpersonal ausgebildet ist. Es kann also im fürsorglichen Bereich nur so weit helfen, wie das Alltagswissen reicht. Lehrer sind Spezialisten für Lehre. Sie können nicht beiläufig das erledigen, wofür Spezialisten für Ernährung, psychische Gesundheit und soziale Versorgtheit eine professionelle Ausbildung brauchen. Professionalität ist daran zu erkennen, dass sie die eigenen Grenzen beachtet.

Zu fragen ist also, was an Räumlichkeiten, Einrichtungen, Handlungsabläufen im Vorfeld so gestaltet werden kann, dass Gewalt vermindert oder verhindert wird:

> „Eine vorbereitete Umgebung, ein Leben in Frieden, eine für die Meditation und geistige Betrachtung unabdingbare Konzentration, die Körperbeherrschung, das Schweigen, die gleichen Übungen, die sich von Tag zu Tag wiederholen [...]."[45]

Trotz aller Vorbereitung und vorbereitet gestalteter Umgebung kann es zu Gewalt in der Schule kommen. Der schützende Eingriff ist in diesen Fällen aus fürsorglichen Gründen nötig. Er zeigt aber zugleich ein pädagogisches Vorsorgedefizit an.

2.4 Regeln und Reglungen

Die zitierte Anregung Montessoris, Routinen, also „die gleichen Übungen [...] von Tag zu Tag [zu] wiederholen"[46] und Lernen in einer *für die anstehenden Aufgaben* vorbereiteten Umgebung stattfinden zu lassen,[47] soll

---

[45] Montessori: Das Kind in der Familie. Bd. VII, S. 63. Anm. 46.
[46] Montessori: Das Kind in der Familie. Bd. VII, S. 63. Anm. 46.
[47] Es kann pädagogisch betrachtet nicht darum gehen, eine feststehende Vorstellung davon nur noch durchzusetzen, wie eine Umgebung letztendlich auszusehen

nun genauer aufgenommen werden. Mit diesen Empfehlungen können weder Drill, noch Disziplinierung oder Eingewöhnung gemeint sein, wohl aber Einsicht in die entlastende Funktion von Institutionen. Um es im Beispiel zu sagen: Weil wir wissen, wie eine Bahnfahrt abläuft, können wir auf der Bahnfahrt lesen oder Gespräche führen. Weil wir wissen, wie ein Konzert vom Eintritt über Garderobe bis hin zu Zugabe und Auschecken abläuft, können wir handlungszwangsentlastet die Musik genießen. Jede Institution formiert sich durch Regeln. Sie helfen, wiederkehrende Abläufe zeitsparend und vernünftig so zu gestalten, dass gute Erfahrungen tradiert werden und das von der Institution Umfangene frei stattfinden kann.[48]

Regeln sind weder an sich gut noch an sich schlecht. Sie haben dienende Funktion - in einer pädagogischen Institution also eine der Bildung des Menschen dienende Funktion. Im Hinblick auf das Thema Gewalt müssen die Regeln in den Lerngruppen, in den Klassen und schließlich in der Schule so gestaltet sein, dass sie gewalttätiges Verhalten oder Handeln erschweren, auffangen, abfedern oder ausschließen, nicht aber durch ihren institutionellen Charakter befördern:

> „Wenn wir das Problem der moralischen Erziehung des Kindes ernsthaft ins Auge fassen wollen, sollten wir uns umschauen und zumindest die Welt kennen, die wir für es vorbereitet haben. Wollen wir, dass es unserem Beispiel folgt und rücksichtslos die Schwachen niedertrampelt? Wollen wir, dass es Vorstellungen

---

habe. Vielmehr richtetet sich die *pädagogische* Vorbereitung der Umgebung an den Aufgaben aus, die man mit ihr in der Vorsorge und durch Vorbereitung lösen will.

[48] Auch hier ist die Erfahrung, dass Schulpersonal oft angibt, man sei von gewaltsamen Akten „überrascht" worden – wenngleich im weiteren Gespräch erkennbar wurde, dass es sehr wohl frühere Fälle gab. Eine Aufgabe der Lehrerbildung wäre es, Schule als *Institution* begreifbar zu machen, also als Einrichtung, die bereits im Vorfeld mit allem rechnet und auf alles vorbereitet ist. (Das Gewaltphänomen an Schulen ist nicht neu – also überraschend.) Der Eindruck der Forschungsgruppe der IQB (https://www.iqbildung.de/) war, dass es den Lehrern oft am Verständnis von Schule als Institution fehlte, als Institution, die durch Vorsorge und Vorbereitung der Lernumgebung Probleme wie Mobbing, Zerstörung oder Gewalt erst gar nicht entstehen lässt.

von Gerechtigkeit hat, die den nicht berücksichtigen, der sich nicht selbst schützen kann? Möchten wir aus ihm einen halbzivilisierten Menschen machen, wenn er auf Menschen seinesgleichen trifft, und einen Halbwilden, wenn er mit den Scharen der Unterdrückten und Unschuldigen in Kontakt kommt?"[49]

In der Schule muss ein Regelsystem herrschen, das ebenso klar wie offen ist, ebenso energisch gilt, wie einsichtig begründet ist. Es bezieht sich auf Umgangsweisen in der Unterrichtsstunde und außerhalb des Unterrichts, Verhaltensweisen in der Schulöffentlichkeit, in den Pausen, bei den Mahlzeiten, auf dem Schulweg. Nicht vollständige Regulierung, sondern Einsicht in die Regeln ist das Ziel. Die baulich-sozialen Voraussetzungen, die fürsorgliche Vorsicht oder die disziplinarische Reglung sind nur Hilfsmittel, um eine Schule friedfertig zu organisieren. Letztlich zielen aller Unterricht und alle Erziehung auf die bewusste, verantwortungsvolle Entscheidung des Einzelnen.[50] Daher müssen die Bedingungen so sein, dass der Einzelne sich auch frei entscheiden kann. Genau darauf verweist Montessori.

2.5 Erziehung: Ordnen und Werten lernen

In der Erziehung geht es darum, die Schüler dazu zu befähigen, jedes Handeln vor dem Richterstuhl des eigenen Nachdenkens zu bewerten und dort den *alleinigen* Richter für die Frage nach der Sittlichkeit zu finden. Werten ist dabei ein Ordnungsvorgang, nämlich „die Position der Dinge

---

[49] Montessori, Maria: Die Mutter und das Kind [1915]. In: Montessori, Maria: Gesammelte Werke. Hg. v. Harald Ludwig, [...]. Bd. VII. Freiburg-Basel-Wien 2011. S. 119-134. Hier S. 129.

[50] Ludwig, Harald: Sittliche Erziehung in reformpädagogischen Konzepten bei Peter Petersen und Maria Montessori. In: Ladenthin, Volker; Schilmöller, Reinhard (Hg.): Ethik als pädagogisches Projekt. Grundfragen schulischer Werterziehung. Opladen 1999. S. 177-193.

zueinander"[51] festzustellen. Montessoris Bemerkungen zur Aufgabe des Ordnens lassen sich direkt übertragen auf eine Erziehung zum Werten. Dieses Verständnis von Sittlichkeit als wertendes Ordnen bringt schnell den Vorwurf bei, dass dann die Willkür subjektivistischer Interessen zum Gesetz erklärt werde. Nun ist aber die Subjektivität nicht gleichzusetzen mit Beliebigkeit. Subjektives Nachdenken über das eigene Verhalten ist daran gebunden, dass das Leben gelingen soll und zwar so gelingen soll, dass es als Variation eines gelingenden Lebens für alle gelten kann. Freilich kann diese allgemeine Frage immer nur in einem individuellen Lebenskontext durch selbstverantwortliches Denken des Handelnden eingelöst werden. Lehrerinnen und Lehrer haben hier die Aufgabe, die Frage nach der Gültigkeit getroffener Entscheidungen immer wieder zu stellen und die Schüler zu beraten. Sie können nicht *für* die Schüler sittlich handeln. Erzieher können auch ihre Zöglinge nicht zur Sittlichkeit nötigen, weil dies ein Widerspruch in sich selbst wäre. Vorstufe einer Einsicht in die Regeln des Zusammenlebens ist also eine Einsicht in die Verbindlichkeit des eigenen Denkens: „Wie kann er dem Willen anderer gehorchen, wenn er unfähig ist, sich seinem eigenen Wollen unterzuordnen?"[52]

Eine solche Vorstellung von erziehendem Unterricht verträgt sich nicht mit Konzepten, die der Gewalt dadurch begegnen, dass sie den Schülern positive Werte *vermitteln* wollen, sei es ermahnend,[53] sei es durch kollektive Handlungen in Projektwochen oder auf Klassenfahrten. Nicht Werte sollen die Schüler übernehmen. Vielmehr sollen sie Werte erkennen und dann gegeneinander abwägen lernen. Sie müssen lernen zu werten.

---

[51] Montessori, Maria: Der absorbierende Geist [1948]. In: Montessori, Maria: Gesammelte Werke. Hg. v. Harald Ludwig, […]. Bd. VII. Freiburg-Basel-Wien 2011. S. 172-187. Hier S. 185; vgl. auch S. 184.
[52] Montessori: Das Kind in der Familie. Bd. VII. S. 62f.
[53] Vgl. Montessori: Das Kind in der Familie. Bd. VII, S. 64 FN 46: „Wenn es genügen würde, das Fehlende durch Ermutigungen, Drohungen oder Befehle zu vermitteln, würde man diese Methode nicht auch bei Blinden anwenden, um ihnen zum Sehen zu verhelfen? Das wäre ein Wunder, denn ein solches Tun liegt nicht in der Macht der Menschen. Und dennoch glauben Erzieher heute immer noch an derartige Trugbilder."

Kapitel 4: Gewalt

Die Dinge *haben* keinen Wert, sondern sie erhalten ihn durch den Akt der Bewertung. Wasser kann Leben, aber auch Tod bedeuten. Es hat keinen Wert an sich. Körperlicher Einsatz bedeutet in der Straßenbahn etwas anderes als auf dem Sportplatz oder bei der Verfolgung von Straftätern. Die einzelnen Subjekte sind es, die den Gebrauchsgegenständen oder zweckhaften Handlungen einen Wert zuschreiben. Dieses „Zuschreiben" lernen zu lassen, ist die Aufgabe der Erziehung im Unterricht.

Ein Unterricht, der die Welt wertneutral vorstellt, entwertet nur die von den Schülern schon *vor* der Schule mit Wertungen belegte Welt. Er entwertet damit indirekt den Lernenden, denn nun erfährt er seine bisher gelebten Optionen als nicht diskussionswürdig oder beachtenswert. Seine Wertungen werden nicht angemessen gewürdigt und thematisiert, und dadurch wird er vom Gesprächs*partner* zum *Objekt* parapädagogischer Behandlungen.

Werten heißt Ordnen; die erfahrbare Zufälligkeit von Gegenständen und Handlungen werden im Hinblick auf ein gültiges Kriterium in einen Zusammenhang und in eine Ordnung gebracht. Ihnen wird eine Position im Umwelt- und Handlungsgefüge zugeschrieben. Sie werden gewertet.

Werterziehung bedeutet nun aber auch, denjenigen, der zu werten lernt, als ein Subjekt anzuerkennen, das in seinem Lernprozess Geltungsansprüche stellt und eben daraus seine Würde gewinnt. Der, der Gegenstände und Handlungen ordnet, schafft in diesem Werten sein *Selbstwertgefühl*. Montessori schreibt:

> „Es ist die ‚Werterfahrung' der Persönlichkeit, *die sich ihres eigenen Wertes bewusst wird*. […] Das Kind ist unabhängig, es ist sich seiner eigenen Handlungen bewusst und weiß, wie es zu handeln hat. Das sind die Grundlage und das Gesetz, auf dem die Psyche beruhen muss. Der ganze Rest, die Freundlichkeit usw., ist bei der ‚Werterfahrung' der Persönlichkeit sekundär.

> Für die ‚Werterfahrung' der kindlichen Persönlichkeit muss es
> eine sehr konkrete Grundlage in sozialen Erfahrungen geben."⁵⁴

Wertenlehren fordert nicht nur auf, die *bedeuteten* und *bedeutungsvollen* Objekte der Kultur für sich und die anderen zu *deuten* und *bedeutsam* zu machen, sondern gibt dem, der wertet, durch den Vorgang seines Wertens die Würde, sein Verhältnis zu Natur und Gesellschaft frei bestimmen zu können. Der Wertende erfährt im Werten seine Freiheit und damit Würde: „Nun gut", resümiert Montessori, „dem Menschen Wert zu verleihen, ist die allerwichtigste Arbeit"⁵⁵. Und die niederländische Fassung formuliert (nunmehr in deutscher Übersetzung) diese Textstelle erklärend: „Diese Verwirklichung aller Werte des Menschen ist die wichtigste Aufgabe, die auf uns wartet! Sie ist die Aufgabe der Erziehung."⁵⁶ Aus dem Textzusammenhang ist erkennbar, dass Wert hier im Sinne des deutschen Wortes *Würde* gemeint ist – denn der Mensch hat keinen (für einen Tausch zu aktivierenden) *Wert*, sondern die Würde, werten zu können. Und so stellt Harald Ludwig klar:

> „Gemeint ist hier nicht, dass der Mensch durch die Erziehung
> überhaupt erst einen Wert erhält. Montessori sieht vielmehr im
> Menschen vom ersten Lebensaugenblick an ein großes Potenzial
> an Fähigkeiten angelegt. Als Geschöpf Gottes hat der Mensch
> für sie immer schon einen ganz besonderen Wert und genießt
> eine Sonderstellung innerhalb der Natur. Aber diese Möglich-
> keiten, die im Menschen schlummern, müssen zur Entfaltung
> gebracht werden."⁵⁷

Gemeint ist die paradoxe Formulierung, dass die Pädagogik die Menschwerdung des Menschen betreibt, also das anzielt, was sie schon

---

[54] Montessori, Maria: Durch das Kind zu einer neuen Welt. In: Montessori, Maria: Gesammelte Werke. Hg. v. Harald Ludwig, […]. Bd. XV. Freiburg-Basel-Wien 2017 (2. korrdwd. Aufl.) S. 1-238. Hier S. 87. Hervorheb. v. mir, V.L.
[55] Montessori: Durch das Kind. Bd. XV. S. 31. Hervorheb. im Original.
[56] Montessori: Durch das Kind. Bd. XV. S. 31. Fußnote 22.
[57] Ludwig, Harald: Fußnote 22. In: Montessori: Durch das Kind. Bd. XV. S. 31.

voraussetzt: Es ist die Selbstverwirklichung, also das Bemühen, das Selbst wirklich werden zu lassen.

Der äußere Ordnungsvorgang ist analog zu jenem der Sprache, so dass eine verrohte Sprache[58] auch verrohtes Handeln indiziert – und umgekehrt. Das Ordnen-Wollen kann nicht anerzogen werden, wohl aber das Ordnenkönnen: „Wenn das Kind nicht mit dieser Sensibilität für Ordnung ausgestattet wäre, welche die Position für alles festhält, wie könnte dann die Ordnung der Sprache in unserem Geist gefestigt werden?"[59] Erziehender und sprachsensibler Unterricht muss die Dinge des Unterrichts so darstellen, dass die Schüler aufgefordert sind, sich ihre bisherigen Wertungen bewusst zu machen oder neu zu bestimmen. Niemand wird das, was ihm wertvoll ist, zerstören.

Der Unterricht darf nicht nur Wissen thematisieren, sondern er muss jedem einzelnen Schüler helfen, sich bewusst zu machen, für sich zu klären und zu bestimmen, was die thematisierten Sachverhalte speziell für ihn bedeuten können. Die Schüler müssen *Bedeutung* und *Bedeutsamkeit* von Dingen und Handlungen lernen können. Die Schüler müssen lernen können, den objektiven und subjektiven Wert der Dinge, die sie lernen sollen, herauszufinden und zu bestimmen.

Dem Gewalttätigen scheint nichts ein Wert. Er zerstört gerade deshalb Dinge, weil sie ihm nichts bedeuten. Er zerstört die Gegenstände in der Schule, weil er zwar ihre Funktion und Bedeutung, nicht aber ihre Bedeutsamkeit für *sein* Leben kennt. Für den Gewalttätigen ist nichts ein Wert

---

[58] Damit sind weder die Jugendsprache noch synthetische Sprachen wie die des Rap angesprochen; es geht nicht um Ästhetik oder schönes Sprechen, nicht um die Vermeidung diskriminierender Ausdrücke, sondern um die tatsächliche Diskriminierung. Diese kann sich manchmal besser in Euphemismen als in ungewohnten Sprachbildern verstecken, etwa wenn *Gewalt* als „Verhaltensauffälligkeit" oder *betriebliche Entlassungen* als „Freistellung" bezeichnet werden. Worte erhalten Bedeutung im Kontext des gesamten Sprechens, so dass Euphemismen sich schnell abnutzen.

[59] Montessori: Der absorbierende Geist. Bd. VII. S. 185.

- nicht einmal er selber: „Der einzig mögliche Schluß", schreibt Hans Magnus Enzensberger angesichts der Destruktivität der Neuen Gewalt,

> „ist, daß die kollektive Selbstverstümmelung nicht ein Nebeneffekt ist, der in Kauf genommen wird, sondern das eigentliche Ziel. Die [Gewalttätigen] wissen sehr wohl, daß sie nur verlieren können. [...] Sie wollen nicht nur die anderen, auch sich selber in den ‚letzten Dreck' verwandeln. [...] [Die] Kategorie der Zukunft ist verschwunden. Es zählt nur noch die Gegenwart. Konsequenzen existieren nicht mehr. Das Regulativ der Selbsterhaltung ist außer Kraft gesetzt."[60]

Die Selbstverwirklichung vollzieht sich als Zerstörung der Wirklichkeit, als negative Wertung. In der Zerstörung zeigt sich der allerletzte (aber völlig verzweifelte und destruktive) Machtanspruch, den niemand mehr nehmen kann. Vielleicht hilft eine Analyse Maria Montessoris, diese Art von Gewalt zu erklären, die in der Geschichte der Bundesrepublik zum ersten Mal in den 50er Jahren im Zusammenhang mit dem Phänomen der *Halbstarken* beschrieben wurde:

> „Das Kind möchte ohne Sinn etwas besitzen, mit Gewalt, vielleicht sogar, ohne es näher anzusehen, und zerstört die in Besitz genommene Sache [...]. Es möchte alles haben und deshalb auch die Sachen der anderen und wirft danach alles weg."[61]

Diese Art von Gewalt hat lediglich das Ziel, sich die behandelte Sache anzuverwandeln; danach ist die Sache ohne Interesse. Sie erfüllt keinen anderen Zweck als den der gewaltsamen Anverwandlung; dabei wird sie zerstört. Die Welt soll so wertlos werden, wie man selbst sich fühlt – denn dann ist man ihr überlegen, weil man selbst es ist, der sie in diesen Zustand versetzt hat. Gewalt erscheint hier als fehlgeleitete, als falsche Art der (existenziellen und existenziell notwendigen) Aneignung von Natur und Kultur, als Folge einer Verhinderung der nicht am Material ausgeführten Arbeitsbedürfnisse: Die Zerstörung ist die negative Seite der Arbeit; sie zeigt eine Arbeit, die das Nichtgelingen als Gelingen deutet. Nicht durch

---

[60] Enzensberger: Aussichten. S. 31ff.
[61] Montessori: Durch das Kind. Bd. XV. S. 128.

Therapie, sondern durch sinnvolle Arbeit ließe sich die Gewalt reduzieren.[62] Hier kündigt sich an, dass das Konzept der Arbeit in der Gewaltprävention und im pädagogischen Umgang mit jugendlicher Gewalt und Gewaltbereitschaft erfolgreich sein könnte; allerdings nicht als *Zwangsarbeit* – sondern gerade als deren Gegenteil: Als *Freiarbeit*.

Nicht also Subjektivität und Besinnung auf sich selbst sind Ursachen dieser Gewalt - sondern hier ist es der Verlust an Subjektivität und Selbstbesinnung, der zur Gewalt führt. Es ist das Fehlen der Frage, was die Dinge dem einzelnen Subjekt wert sein können und sollen, wie er sie positionieren *soll*, die zur Gleichgültigkeit gegenüber den Dingen und gegenüber Menschen führt - und damit entsteht eine nunmehr rational zu erklärende Bereitschaft zur Gewalt.

Die Aufforderung, den Bezug zu den Dingen, die im Unterricht thematisiert werden, darzustellen und aufs eigene Leben zu beziehen, bringt die Frage nach dem Ich wieder in den Horizont. Denn die Bedeutsamkeit einer Sache kann man nur subjektiv und individuell bewerten. Die Frage nach dem Wert, den etwas für jemanden hat, stellt die Frage nach dem, wer dieser jemand ist. Bewerten kann man nur, wenn man ein Kriterium hat. Dieses Kriterium ist letztlich der Lebensentwurf des Einzelnen, der sich fragt, wie sein Leben aussehen soll, damit es gelingt. Diese Frage ist so einfach, dass man sie in jeder Altersstufe stellen kann. Man muss sie nur ernsthaft stellen, und geduldig aber beharrlich die Beantwortung einfordern. Die Schule muss das *Ich* der Schüler stärken, nicht, um sie starr und rücksichtslos zu machen. Sondern um jeden einzelnen Schüler erfahren zu lassen, dass es auf ihn und seine Entscheidungen ankommt bei

---

[62] Vgl. dazu den Film und das Textbuch *Der Pauker*. (Haller, Michael: Der Jugendrichter. Der Pauker. Den gleichnamigen Filmen mit Heinz Rühmann in der Hauptrolle nacherzählt. Rastatt in Baden 1960.) Der Lehrer, Beobachter und Opfer jugendlicher, *halbstarker* Gewalt, versucht, die Spirale zwischen unmotivierter Gewalt und staatlich-polizeilichen bzw. schulisch-disziplinarischen Reaktionen dadurch zu beenden, dass er mit den Jugendlichen seiner Klasse ein für sie bedeutsames Objekt herstellt: Ein Auto. Gewissermaßen ist die sinnvolle Arbeit nicht nur Kehrseite der sinnlosen Gewalt, sondern auch therapeutisches Mittel zu ihrer Beendigung – eine Illustration der Annahme Montessoris.

allem, was er tut. Um bewusst zu machen, dass er sich selbst in seinen Taten erschaffen hat und täglich neu erschafft; dass er ein Selbst hat, das täglich neu entworfen werden muss und das sich zu entwerfen lohnt; dass er nicht Produkt dessen ist, was in der sozialen Kommunikation ausgehandelt wird - also: was andere über ihn sagen (oder liken) -, sondern das, was er sein will und *von sich sagt*. Unterricht muss in diesem Sinne individuell sein - ein Problem in der auf Kollektivität setzenden Institution Schule. Konzepte wie Projektarbeit, erfahrungsanaloger Unterricht und Freiarbeit bekommen so eine neue Gewichtung. Die Montessori-Pädagogik hält die Antworten und Konzepte schon lange bereit.

2.6 „Das kalte Herz": Nur eine Metapher?

In seiner Erzählung *Das kalte Herz*[63] schildert Wilhelm Hauff (1802-1827), dass die Vernunft zwar erfolgreiche Regeln für sittliches Handeln bestimmen, nicht aber zum sittlichen Handeln auffordern kann. Der kalte, kalkulierende Verstand sei *herzlos* gegenüber den anderen - und gegenüber sich selbst. Sich etwas *nicht zu Herzen zu nehmen*, das meint, es nicht an sich herankommen zu lassen, es nicht zu bewerten. Sich nicht freuen und ängstigen zu können, kalt zu bleiben gegenüber Not und Glück. *Hartherzigkeit* meint, sich nicht rühren zu lassen.

Theodor W. Adorno hatte die Metapher vom *kalten Herzen* in seinem Vortrag über *Erziehung nach Auschwitz* aufgenommen. Er sah in dieser „Kälte" die Voraussetzung für die Gleichgültigkeit „gegen das, was mit allen anderen geschieht". Diese „Unfähigkeit zur Identifikation"[64] mit dem Schicksal anderer gehe einher mit der Reaktion, die soziale Kälte nun

---

[63] Vgl. das Material hierzu: Rosenwald, Gabriela: Märchendichter und Märchensammler (Montessori-Reihe). (= https://www.netzwerk-lernen.de/Deutsch/Maerchendichter-und-Maerchensammler-Montessori-Reihe::31174.html).

[64] Adorno, Theodor W.: Erziehung nach Auschwitz. In: Adorno, Theodor W.: Erziehung zur Mündigkeit. Vorträge und Gespräche mit Hellmut Becker 1959-1969. Hg. v. Gerd Kadelbach. Frankfurt/M. 1975. S. 88-104. Hier S. 100.

durch Anpassung an eine beliebige Gruppe zu kompensieren. Dieser Kälte sei, wie Adorno sagt, durch Einsicht in die gesellschaftlichen Bedingungen ihres Entstehens zu begegnen. Aber diese Einsicht kann nur gelingen, wenn soziale Kälte überhaupt als etwas Defizitäres begriffen wird, als Fehlen von etwas Bedeutsamem. Das Gegenteil von sozialer Kälte erfahren Jugendliche, wenn man ihre Reaktionen ernst nimmt und nicht nur als Stichwortgeber in „Spontanphasen" aufgreift. Wenn der Lehrende Wertbezüge zu den Inhalten des Unterrichts aufbaut. „Warum soll denn ein Herz warm sein", fragt der Waldgeist in der Erzählung bei Hauff, im Winter helfe ein Kirschgeist mehr und: „wie gesagt, weder Angst noch Schrecken, weder törichtes *Mitleiden* noch anderer Jammer pocht an solch ein Herz."[65] Unterricht muss, wenn er erziehend sein soll, Antworten auf die Frage geben, warum ein Herz nicht kalt sein soll. Aber weil das Herz angesprochen ist, kann diese Antwort nicht allein durch Erklärungen gegeben werden. Das Herz muss schon selbst angesprochen werden. Das ist kein Mystizismus, sondern in einer Metapher gestaltete Vernunft, wie Montessori argumentiert: „Es reicht hingegen aus, den Normalzustand des Herzens wiederherzustellen, damit die Symptome sofort verschwinden."[66] Montessori hat diese Metaphorik mehrfach verwendet:

> „Wenn der Erwachsene das nicht beachtet, verliert er sich selber; wird nach und nach hartherzig und gefühllos [...]." Und: „Ein besseres Leben für die verirrte Menschheit, zu dem uns das Kind verhelfen wird. Wenn der Erwachsene dies nicht nutzt, so wird er sich selber immer mehr verlieren. Seine Seele wird immer unempfindlicher werden, und sein Herz wird sich mit Härte umgeben. Und eines Tages könnte eine Stimme sagen: Ich habe dich sehr geliebt, und ich bin jeden Morgen gekommen, um dich zu wecken, aber du hast mich von dir gewiesen. Es war das Kind,

---

[65] Hauff, Wilhelm: Das kalte Herz [1828]. Hg. v. Johannes Diekhans. Erarbeitet und mit Anmerkungen und Materialien versehen von Volker Ladenthin. Paderborn 2000. S. 38.
[66] Montessori: Das Kind in der Familie. Bd. VII. S. 109.

welches uns die Liebe lehrte, aber wir haben es für eine Laune gehalten, und so haben wir unser Herz verloren."[67]

Und die Hartherzigkeit verbindet Montessori mit der Metapher der Kälte:

„Und da sie sich der Aufgabe widmet, eine bessere Menschheit zu bilden, muss sie es gleich einer christlichen Vestalin lernen, das Feuer ihres inneren Lebens rein zu erhalten: Denn wenn diese Flamme erloschen ist, entsteht die Finsternis, die uns die Wahrheit verbirgt, und die frostige Kälte, die unsere besten Kräfte lähmt."[68]

Angesichts rationaler Argumentation und empirischer Psychologie mag man diese Bildsprache als eine Begrifflichkeit ansehen, die der Wissenschaft nicht ansteht: Aber die Menschen, die nicht zur Wissenschaft gehören, verstehen diese Sprache, weil sie eine kollektive, lang zurückgehende und in die Alltagssprache verwobene Bildlichkeit aufnimmt und nutzt. Diese Bildsprache erklärt, warum Montessoris Schriften immer noch und gerade von Praktikern gern gelesen werden: Gerade ihre Metaphorik hilft den Lesern dabei, sie zu verstehen und die Wirklichkeit zu erschließen.

2.7 Die Fähigkeit, mitzuleiden

Es geht nicht um einen diffusen Gefühlskult, mit dem der kalten Gewalt begegnet werden könne. Rührseligkeit und Spontaneität gehören bekannterweise zu den Begleiterscheinungen von Gewalt. Gleichwohl wäre die Empfindsamkeit der Schüler zu beachten. Es wäre zu kultivieren, was Wilhelm Hauff „Mitleiden"[69] und Adorno die „[...] Fähigkeit zur Identifikation"[70] nennen. Die Gewalttäter können sich zumeist nicht vorstellen, was ihre Taten für die Opfer bedeuten. Sie mögen die unmittelbaren Wirkungen sehen und auch herbeiführen wollen - aber sie bedenken nicht die Folgen und die Bedeutungen. Sie leben eben im Jetzt, denken nicht an die Zukunft.

---

[67] Montessori: Das Kind in der Familie. Bd. VII. S. 29 u. S. 29 FN 5.
[68] Montessori: Das Kind in der Familie. Bd. VII. S. 52f. FN 49.
[69] Hauff: Das kalte Herz. S. 36.
[70] Adorno: Erziehung nach Auschwitz. S. 101.

Lehren, sich selbst im anderen zu erkennen, ist deshalb ein wichtiger Beitrag des erziehenden Unterrichts zur Gewaltprävention. Diese Perspektivübernahme ist ein rationaler Vorgang. Sie ist Imaginationskraft. Perspektivwechsel vornehmen zu können, etwas aus der Sicht eines anderen wiedergeben zu können - all das sind nicht mechanische Schreibübungen zur Verbesserung kommunikativer Kompetenz. Ernstgenommen verlangen solche Aufgaben, Menschen und ihre Handlungen aus verschiedenen Gesichtswinkeln, mit unterschiedlichen Wertigkeiten zu betrachten, Folgen zu bedenken - kurz: das Ich im Anderen zu sehen.

Lange schon wurde formuliert, dass dieses Mitleiden (nicht das Mitleid) eine Bedingung für Moralität ist. Im 18. Jahrhundert haben Rousseau wie Lessing auf der Fähigkeit zum Mitleiden die Sittlichkeit fundiert, weil „ohne Zweifel derjenige der beste Mensch [ist], der die größte Fertigkeit im Mitleiden hat."[71] Wer fähig ist, sich im anderen zu sehen, wird sich diesem anderen gegenüber immer so verhalten, wie er sich selbst behandelt. Und wenn er gelernt hat, sich ernst zu nehmen, wenn er ein Selbstwertgefühl hat, wenn er sich „sich-selbst" gegenüber verpflichtet weiß, sein eigenes Leben vernünftig und verantwortungsvoll gelingen zu lassen, wird er sich nicht so verhalten, dass das Leben des anderen durch ihn zerstört wird. Ganz in diesem Sinne sieht auch Montessori im *Mitleiden* eine Fähigkeit, die die sozialethischen Beziehungen aufzubauen vermag. Denn:

> „es gibt eine doppelte Entwicklung, die des Individuums und die der sozialen Beziehungen. Dies ist ein Zustand der Ruhe, ein normaler Zustand des Tätigseins, und wenn er existiert, werden Gefühle enthüllt. Jetzt sieht man echte Gefühle der Liebe und des Mitleids, die sehr hoch entwickelt sind."[72]

---

[71] G. E. Lessing, zit. nach: Ladenthin, Volker: Schöne Literatur und moralische Erziehung: Ein Versuch über Gegensätze. In: Regenbrecht, Aloysius/ Pöppel, Karl Gerhard (Hg.): Moralische Erziehung im Fachunterricht. Bd. II. Münster 1990. S. 26-36.
[72] Montessori: Durch das Kind. Bd. XV. S. 86

Mitleiden: Die Erkenntnis des Ichs im Anderen und die Fähigkeit, den Anderen als mir analog zu erleben, zu erfahren und zu reflektieren.

Das Paradox einer ethischen Begründung der Ethik löst sich bei der Mitleidsethik dadurch, dass diese Ethik auf etwas verweist, was nicht eingeführt werden kann, sondern zur Grundausstattung des Menschlichen gehört: Selbstliebe (Selbstwertgefühl) und Mitleidensfähigkeit, die den anderen nicht nur als Objekt, sondern als mit einem selbst analoges Subjekt betrachten.

Gewichtig sind dabei die Einwände, dass durch die Perspektivübernahme und den folgenden Ich-Bezug die Willkür eigenen Erlebens zum Maßstab wird oder im Zuge der Empathie mit den Behandelten die Legitimität des Handelnden aus dem Blick gerät. Diesen Befürchtungen kann eine aufgeklärte Mitleids-Ethik dadurch begegnen, dass die Fähigkeit zum Mitleiden als notwendige, wenngleich noch nicht hinreichende Bedingung verstanden wird. Das Mitleid-empfindende Subjekt muss auch sich fragen, ob es zu Recht mitleidet. Es setzt zum Maßstab nicht sein empirisches, sondern sein gesolltes Ich. Und es betrachtet unter gleicher Perspektive nicht nur den Behandelten, sondern auch den Handelnden, um die Handlung zu bewerten. Beider Würde muss Gesichtspunkt des Gesollten bleiben.

3. Maßnahmen, gewissermaßen ohne Wirkungsabsicht

Die vorstehenden Überlegungen sind keine Rezepte, deren Wirkungen unmittelbar zu evaluieren sind. Sie raten nicht zu Maßnahmen, die kurzfristig und probehalber eingeführt werden können, um zu sehen, ob sie Wirkung zeitigen oder nicht. Abgesehen davon, dass sie einer sorgfältigen, weitsichtigen Planung bedürfen, eben einer vorbereiteten Umgebung, wäre solch eine Erwartung auch fatal angesichts der Menschenwürde. Pädagogen dürfen sich nicht zu jenen, die Gewalt ausüben, so verhalten, wie die gewaltsamen Menschen sich zu anderen Menschen verhalten: zwingend, gewaltsam, also verletzend. Erziehung hat keine Wirkung - sie insistiert auf der sittlichen Selbsttätigkeit des Subjekts. Sittlichkeit und Selbstbestimmung bedingen sich. Sittlichkeit ist nur als Selbstbestimmung möglich; ansonsten geht es um Disziplin. Sittlichkeit ist nur möglich, wenn wir voraussetzen, dass Menschen zu ihr fähig und bereit werden, weil sie es schon sind und immer waren. Dies ist das Erziehungsparadox:

> „Das neue Kind zeigt in der Tat *spontan* Charaktereigenschaften, die denen ähnlich sind, die man sonst durch die Erziehung hervorzubringen sich bemüht: Disziplin, Ordnung, Schweigen, Gehorsam, moralische Sensibilität [...]."[73]

Das neue Kind ist das sich selbst ordnende Kind. Sittlichkeit muss in der Natur des Menschen liegen; sie kann nicht an ihn herangetragen, sondern muss von ihm hervorgebracht werden. So kann Montessori paradox sagen, dass jeder Mensch zum „Herr[n] seiner eigenen inneren Kräfte"[74] werden soll. In diese Vorstellung eingeschlossen ist immer das Wagnis, dass sich das Subjekt anders entscheiden kann, als es objektiv betrachtet richtig wäre. Gegen Gewalt gibt es kein Rezept mit Wirkungsgarantie. Gewalt ist immer möglich. Damit müssen wir leben, ohne es zu akzeptieren. Was aber immer geleistet werden kann, ist, den Bedrohten und den Opfern zu helfen, sie zu beachten und zu unterstützen. Hier gibt es nachweislich viele Möglichkeiten.

---

[73] Montessori: Das Kind in der Familie. Bd. VII. S. 111f. FN 11.
[74] Montessori: Der Frieden und die Erziehung. S. 8.

Kapitel 5: Politik: Über falsche Worte und die Staatsnähe Montessoris

In diesem Kapitel sammeln sich Betrachtungen um die Bestimmung des Verhältnisses von Einzelnem und Ganzem, beginnend mit der Sprache. Aber auch Theorien, so zeigt sich, erschließen sich oft von einzelnen Gedanken her auf eine neue Art.

1. Das Ganze und die Teile

Die Sprache weist eine interessante Eigenheit auf: Sie *ist* immer als Ganzes vorauszusetzen, *zeigt* sich aber nur als Stückwerk und in Einzelheiten. Sie ist zeitlos und zugleich zeitgebunden, allgemein und spezifisch zugleich. Keine noch so umfangreiche Grammatik, kein Wörterbuch werden auch nur eine einzige Nationalsprache ganz oder vollständig darstellen können, da unmittelbar nach Abschluss des Projekts jemand einen neuen Satzbau (man denke an Adornos nachgestelltes „sich") oder ein bis dahin unbekanntes Wort formulieren kann, das gleichwohl als Teil jenes Sprachsystems erkenn- und künftig benutzbar ist. Termini wie Friedrich Fröbels *Kindergarten*, Maria Montessoris *casa dei bambini*, *Polarisation der Aufmerksamkeit* oder der Ausdruck, dass das Kind *Baumeister des Menschen* sei, beinhalten das Ganze, ohne das diese einzelnen Worte gar nicht verständlich wären. Das heißt aber, dass jedes Wort, und sei es noch so klein und unauffällig, die gesamte Sprache voraussetzt, wie umgekehrt die gesamte Sprache in jedem einzelnen Wort *präsent* ist, weil erst das Ganze der Sprache etwas zu dem macht, als das man es wahrnimmt, zu einem Wort. Man kann das einzelne Wort nur verstehen, wenn man das Ganze der Sprache berücksichtigt, aber das Ganze der Sprache bedarf der vielen einzelnen Worte, um sich konstituieren zu können.

Andererseits und im gleichen Maße ist jede sprachliche Äußerung (um es umgangssprachlich zu sagen) „ganz speziell". Sie ist extrem individualisiert. Selbst allgemein scheinende Worte bekommen in einer historischen oder alltäglichen Situation eine ganz spezielle, singuläre Bedeutung, die im nächsten Augenblick schon anders sein kann. Worten haftet also keine Bedeutung an, sondern sie sind aus einem Kontext zu verstehen. Die Beispiele müssen hier nicht entfaltet, sondern brauchen nur erinnert zu werden: Worte sind immer in geschichtliche Momente versenkt. Gleiche Worte können zu unterschiedlichen Epochen anderes implizieren – an den Worten *Objekt-Subjekt* kann man diese Verwandlung, ja Umwandlung nachverfolgen, denn sie bezeichnen heute das Gegenteil dessen, was sie im Mittelalter bezeichnet haben.[1]

Diese Einsicht ist nicht neu, wird aber nicht immer in ihrer vollen Bedeutung und Konsequenz bedacht. Dies gilt besonders für den Umgang mit Theorien und Texten. Denn in ihnen setzt sich, was am Großsystem der Sprache zu reflektieren ist, im Kleinen fort. Das Verständnis einer gesamten Theorie bedarf bekanntlich der Zurkenntnisnahme der einzelnen Textteile, die aber überhaupt erst einmal zu solchen werden, wenn man die gesamte Intention der Theorie kennt: Die bekannte hermeneutische Spirale. Dies hatten, um ein berühmtes Beispiel zu nennen, die Kulturfunktionäre des Nationalsozialismus nicht bedacht, und so hatten sie sich arg geirrt, als sie glaubten, in Friedrich Hölderlin (1770-1843) einen nationalistischen Gewährsmann zu entdecken, nur weil der emphatisch vom „Vaterland" gesprochen hatte,[2] ein Wort, das eben nicht nationalistisch, sondern im Kontext der Gesamtheit seiner Schriften als antifeudalistischer, ja als kritischer Begriff zu verstehen war - den die französischen Germanisten unter Pierre Bertaux fein herausarbeiteten.[3] Und wenn Walter Benjamin in Bezug auf den Reformpädagogen Gustav Wyneken 1913 hervorhob, „daß wir durch ihn in unsrer Zeit das Glück gehabt hätten, im Bewußtsein eines

---

[1] Mauthner, Fritz: Wörterbuch der Philosophie. Bd. II. Leipzig 1923 (2. Aufl.). S. 441-451.
[2] Vgl. „Lebe droben, o Vaterland, / Und zähle nicht die Toten! Dir ist, / Liebes! nicht Einer zu viel gefallen." Aus: Hölderlin, Friedrich: Der Tod fürs Vaterland. In: Hölderlin, Friedrich: Sämtliche Gedichte. Frankfurt/M. 2005. S. 216–217.
[3] Vgl. Bertaux, Pierre: Hölderlin und die Französische Revolution. Frankfurt/M. 1969.

Führers aufzuwachsen"[4], so kann hier nicht von *heutigen* Konnotationen auf den damaligen Gebrauch des Wortes „Führer" bei Benjamin zurückgeschlossen werden. Anderswo ist bei ihm zu lesen: „Und daß die Jugend erwache, daß sie teilnehme an dem Kampfe, der um sie geführt wird"[5]. Dies ähnelt, auch von der Emphase, jenem „Deutschland erwache!", das typisch für die Propaganda des Nationalsozialismus war. Ein Biograph Benjamins stellt klar: „Auch Benjamin war das Vokabular von Führer und Gefolgschaft durchaus geläufig, ohne dass es jedoch Anklänge an den späteren Mißbrauch des Inhalts dieser Begriffe gegeben hätte."[6] So schrieb Benjamin noch nach seinem radikalen Bruch mit Wyneken anerkennend an diesen: „[W]ir durften erfahren, was Führung ist"[7], womit er hier die besondere nichthierarchische Führung der Pädagogik meinte. Dieser Wortgebrauch ist auch zu berücksichtigen, wenn Peter Petersen vor 1933 vom „Führer" schrieb; im Kontext seiner Überlegungen liegt eine ganz spezifische Bedeutung vor.

Die Homonymie kann interpretatorisch in die Irre führen, wenn man meint, ein Wort trage an sich Bedeutung. An Beispielen wie *Bank* oder auch *sich trauen* oder *rasten* (im Infinitiv einmal rasen und einmal rasten) kann man das leicht illustrieren. Worte erklären sich nicht „an sich", sondern nur aus dem Kontext. Ja, ob etwas Akustisches überhaupt Sprache ist, entscheidet sich im Kontext: Wer einen Plätzchenkrümel im Hals spürt und sich räuspert, meint nichts; wenn ein Schüler etwas gefragt

---

[4] Ich gebe bei Benjamins Briefen Adressat und Datum an, dann Band und Seite der Briefausgabe (mit dem Kürzel „Briefe"): Benjamin, Walter: Briefe (2 Bde.). Hg. u. m. Anm. versehen von Gershom Scholem und Theodor W. Adorno. Frankfurt/M. 1978. Hier also: Benjamin: An Herbert Belmore. 30.07.1930. Briefe. Bd. I. S. 83.
[5] Benjamin, Walter: Das Dornröschen [1911]. In: Benjamin, Walter: Gesammelte Schriften. Unter Mitwirkung von Theodor W. Adorno und Gershom Scholem hg. v. Rolf Tiedemann und Hermann Schweppenhäuser. Bd. II,1. Frankfurt/M. 1991. S. 9-12. Hier S. 9.
[6] Fuld, Walter: Walter Benjamin. Zwischen den Stühlen. Eine Biographie. München-Wien 1979. S. 36-38.
[7] Benjamin: An Gustav Wyneken. 09.03.1915. Briefe. Bd. I. S. 121.

wird, und er bei der Antwort sich erst einmal räuspert, deutet der Lehrer dies: Der Schüler zögert, er muss sich sammeln, ihm ist etwas unangenehm. Ja, selbst das Schweigen kann beredt sein. Wenn ein Lehrer nämlich nach einer Schülerantwort erstmal schweigt – und damit sagt: „Denk doch noch einmal nach!" Auch Worte können ihre Bedeutung verschieben, anders akzentuieren. An der abenteuerlichen Entwicklung von *Frau* wäre dies zu reflektieren. *Frau* ist die aktualisierte Schreibung von *frouwe*, mit der in mittelhochdeutscher Zeit nur eine adelige Person weiblichen Geschlechts gemeint war; das Wort ist abgeleitet von *frô*, das nun allerdings Herr bedeutet (vgl. Fronleichnam ‚Leib des Herrn'; Frondienst ‚Dienst für den Herrn'). *Frauenwahlrecht* meint aber heute nicht das Wahlrecht für adelige Personen weiblichen Geschlechts. Die Geschichtlichkeit von Begriffen enthebt nicht davon, Traditionen des Denkens in der Sprache aufzuzeigen – aber im Kontext. Lexikalische Analysen haben Sinn erst unter Beachtung des Kontextes – das war eine der zentralen Erkenntnisse der Sprachtheorie nach Ludwig Wittgenstein.

In Missachtung dieses recht allgemeinen Wissens kamen einige Forscher bei Montessori von unhistorisch verstandenen Termini schnell zur biografischen Analyse:

> „Ausgehend von diesem Befund diskutiert Leenders die interessanteste Frage: nach Distanz und Übereinstimmung der Montessori-Methode von bzw. mit der faschistischen Bildungspolitik und Pädagogik, beziehungsweise ob Anpassung und Werbung nur einem Kalkül der eigenen Durchsetzung oder einer grundsätzlichen Kongruenz entsprangen."[8]

Nach Übereinstimmungen zu suchen, ist allerdings ein müßiges Geschäft, weil diese nicht strukturell sein müssen, sondern akzidentell sein können. So lässt sich der Gedanke eines den Einzelnen bestimmenden Kollektivs,

---

[8] Osterwalder, Fritz: [Rez.:] Helene Leenders: Der Fall Montessori. Die Geschichte einer reformpädagogischen Erziehungskonzeption im italienischen Faschismus. Bad Heilbrunn: Klinkhardt 2001 (276 S.) In: Erziehungswissenschaftliche Revue (EWR) 1 (2002) (=https://www.klinkhardt.de/ewr/78151100.html).

wie er sich dem Vorwurf nach bei Montessori andeuten solle, sowohl in der marxistischen Pädagogik[9] nachweisen, als auch in den Vorboten[10] und Vertretern[11] einer explizit nationalsozialistischen Pädagogik. Ebenso aber findet sich dieser Gedanke in christlichen Kontexten oder in der (bündischen) Jugendbewegung, die sich kritisch zum Nationalsozialismus stellte.

---

[9] „Der aufgeklärtere Teil der Arbeiterklasse begreift jedoch sehr gut, daß die Zukunft seiner Klasse und damit die Zukunft der Menschheit völlig von der Erziehung der heran wachsenden Arbeitergeneration abhängt. [...] Das kann nur erreicht werden durch die Verwandlung *gesellschaftlicher Einsicht* in *gesellschaftliche Gewalt*, und unter den gegebenen Umständen kann das nur durch *allgemeine Gesetze* geschehen, durchgesetzt durch die Staatsgewalt. Bei der Durchsetzung solcher Gesetze stärkt die Arbeiterklasse keineswegs die Macht der Regierung. Im Gegenteil, sie verwandelt jene Macht, die jetzt gegen sie gebraucht wird, in ihre eigenen Diener. Sie erreicht durch einen allgemeinen Gesetzesakt, was sie durch eine Vielzahl isolierter individueller Anstrengungen vergeblich erstreben würde." (Marx, Karl: Instruktionen für die Delegierten des provisorischen Zentralrates zu den einzelnen Fragen [1867]. In: Marx, Karl; Engels, Friedrich: Werke. Bd. XVI. Berlin 1962. S. 190–199. Hier S. 194.) (Hervorheb. v. mir, V.L.) Das entspricht doch der Argumentationsfigur, die bei Montessori vorliegt. Wäre Montessori nun marxistisch?

[10] Vgl. die noch 1970 von Karl Christoph Lingelbach (Erziehung und Erziehungstheorien im nationalsozialistischen Deutschland. Weinheim-Berlin-Basel 1970. S. 69) als „beachtliche[r] wissenschaftliche[r] Entwurf" bewertete formative Erziehung bei Ernst Krieck, der – in marxistischem Vokabular – 1935 schreibt: „Solidarität bewirkt im Verhältnis des Gesamtverbandes zu den Gliedern [...] den unlöslichen Zusammenhalt." (Krieck, Ernst: Menschenformung. Leipzig 1935. S. 31.)

[11] Vgl. Montessoris Beschreibung: „*Es ist bemerkenswert, dass wir in letzter Zeit auch ein* neues geschichtliches Beispiel vor Augen haben. Mussolini und Hitler waren sich als erste darüber klar, daß man die Individuen von ihrer ersten Kindheit an vorbereiten muß, wenn man eine sichere Eroberung anstrebt. Sie erzogen die Kinder und Jugendlichen über Jahre hinaus und flößten ihnen ein Ideal ein, damit es sie vereine. Hierbei handelte es sich um ein neues logisches und wissenschaftliches Vorgehen, *was immer auch der moralische Wert gewesen sein mag.*" (Montessori, Maria: Das kreative Kind (Der absorbierende Geist). Hg. v. Paul Oswald und Günter Schulz-Benesch. Freiburg-Basel-Wien 1996 (11. Aufl.). S. 214.) (Hervorheb. v. mir, V.L.) Der letzte Halbsatz zeigt, dass Montessori hier kein Lob ausspricht, sondern einen sozialpsychologischen Mechanismus *beschreibt*, der dann in seiner Realisation politisch oder moralisch - wie sie schreibt - bewertet werden müsse.

Kapitel 5: Politik

Schließlich ist diese Auffassung Grundlage jener juristischen Entscheidungen von heute, die der Schule vor allem sozialisierende (und nicht persönlichkeitsstärkende) Bedeutung als Automatismus zuschreiben.[12] Solche Übereinstimmungen sind, bis in den Wortgebrauch, leicht herzustellen, besagen aber ohne Analyse des Kontextes wenig bis gar nichts.

Bedeutsam für die Geschichte der Pädagogik ist es auch nicht, biographisch die Nähe oder Ferne einer Person zu politischen Organisationen zu bestimmen: Ist Aristoteles' pädagogisches Denken diskreditiert, weil er der Lehrer des aggressiven Eroberers Alexander war? Bedeutsam für die Geschichte der Pädagogik ist es, die Struktur einer Konzeption auf Geltung hin zu prüfen.

Gerne wird im Falle Montessori folgendes Zitat des Erziehungs-Ministers Pietro Fedele von 1926 benutzt, um ihre Nähe zu faschistischem Denken zu belegen:

> „Die Besonderheit der Montessori-Methode besteht darin, dass sie die Aktivität nutzt, die jedes Kind hervorbringt und einüben möchte; folglich wird sie auch nicht eine Schule von Widerwilligen, in Gedanken Verlorenen, Faulen, Undisziplinierten und Fahrigen hervorbringen, sondern ist die Grundlage einer frohen Werkstätte von Aktiven, die in der Aktion die Disziplin und die Freude an der Arbeit finden. Diese bilden dabei die eigene Persönlichkeit, die zu höchstem Wert kommt, sie dienen dem Ziel des gesellschaftlichen Zusammenlebens, der produktiven Tätigkeit, des Bewusstwerdens des Wertes und der Stärke unseres Volkes. Damit entsteht nicht eine platonische Liebe zu unserm Vaterland und zum Gehorsam, sondern ein wahrer Stolz und folglich eine Leidenschaft, sich selbst italienisch zu fühlen. Und was will der Faschismus anderes?"[13]

---

[12] Vgl. Ladenthin, Volker: Der Begriff von Schule in der Rechtsprechung. In: Pädagogische Rundschau 75 (2022). H. 4. S. 383-403.
[13] Zit. nach: Osterwalder, Fritz: [Rez.:] Hélène Leenders: Der Fall Montessori. Zit. nach: http://www.klinkhardt.de/ewr/78151100.htm). Rechtschreibung im Original.

Aber selbst in diesem Zitat werden die Ziele der Pädagogik nicht *aus* dem politischen System abgeleitet. Nun bestätigt man das der Pädagogik Montessoris durchaus, macht es ihr aber wiederum zum Vorwurf: Sie habe, so Hélène Leenders „ihren jeweiligen Sprachgebrauch immer an diejenigen an[ge]passt, an die sie sich wendet, ohne jedoch ihre eigene Konzeption Preis zu geben."[14] Passt sie sich nun an – oder besteht sie auf ihrer eigenen Position? Da müssten sich die Kritiker schon entscheiden, was sie kritisieren wollen. Und hätte sie sich besser *nicht* an die Grundregel der Kommunikation gehalten, die heute überall schon an Schulen gelehrt wird, nämlich adressatengemäß zu sprechen? Bildungspolitisch gewendet: Wäre es besser gewesen, wenn Montessori auf ihre Pädagogik verzichtet und sich aus Italien sofort zurückgezogen hätte, um so die Kinder nunmehr der Pädagogik des italienischen Faschismus ganz zu überlassen?

Pädagogik findet *in* einer Wirklichkeit statt, die nicht allein von Pädagogen gestaltet werden kann. Und Erzieher können nicht mit ihrer Tätigkeit so lange warten, bis die politischen Verhältnisse ideal oder nach eigenem Wunsch gestaltet sind: Auch die Kinder in der Phase des italienischen Faschismus' hatten ein Recht darauf, die eigene Persönlichkeit zu entwickeln. Da Kindererziehung heute nicht mehr privat gestaltet wird – und von den Gegnern der Reformpädagogik auch immer gefordert wird, dass dies nicht sein *soll* – müssen sich Eltern, Lehrer und Erzieher *immer* mit dem Staat ins Benehmen setzen, sei er, wie er sei. Um es mit Heinz-Elmar Tenorth zu sagen:

> „[Der] Bildungsanspruch hat seine eigene Legitimität, und er wird von der Pädagogik auch nur verwaltet, ohne daß sie ihn regieren könnte, weil sie selbst gesellschaftlich kontrolliert wird. Auch darüber, daß die Erziehung in der Moderne *zu Recht*

---

[14] Leenders, Hélène: Der Fall Montessori. Die Geschichte einer reformpädagogischen Erziehungskonzeption im italienischen Faschismus. Bad Heilbrunn: Klinkhardt 2001. S. 71.

gesellschaftlich kontrolliert wird, belehrt uns deshalb die Geschichte [...]."[15]

Angesichts dieses Maßstabs hätte Montessori demnach völlig korrekt, ja geradezu vorbildlich gehandelt. Man könnte zur Rechtfertigung des Verhaltens Montessoris auch die Autoren jenes Gutachtens heranziehen, das helfen soll, das Bildungssystem in Deutschland grundlegend umzubauen:

> Der Konsens über die Ziele der Pädagogik „bezieht sich [...], gesellschaftlich gesehen, auf die Erwartung, dass das Bildungssystem mit daran arbeitet, auf die Staatsbürgerrolle vorzubereiten"[16]. „Die historisch-gesellschaftlich zu beobachtende Definition von Lehrplänen war deshalb auch Gegenstand öffentlicher, bildungspolitischer, rechtlicher, administrativer und schulpraktischer Auseinandersetzungen. *Die dominierende Rolle des Staates in diesem Prozess blieb dabei im Grunde unbestritten (Biehl u.a. 1998).*"[17] Und: „Die so verstandene Fremdsprachenkompetenz drückt sich [...] in der Intention und Motivation [aus,] sich offen und *akzeptierend* mit anderen Kulturen auseinander zu setzen."[18]

Hier wird genau jene Haltung gefordert und als „unbestritten" begründet, die Montessori vorgeworfen wird. Das Argument, dass es sich im letzten Fall um einen demokratischen Staat und nicht um eine Diktatur handle und *deshalb* die staatliche Vorgabe akzeptiert werden könnte, ist eine politische Entscheidung, nicht eine pädagogische. Die zitierten Aussagen erheben zudem Allgemeinheitsanspruch: Sie sollen immer („im Grunde") gelten. Sie machen die Pädagogik zum verlängerten Arm der Politik und entscheiden

---

[15] Tenorth, Heinz-Elmar: Walter Benjamins Umfeld. Erziehungsverhältnisse und pädagogische Bewegungen. In: Doderer, Klaus: Walter Benjamin und die Kinderliteratur. Aspekte der Kinderkultur in den zwanziger Jahren. Weinheim-München 1988. S. 31-67. Hier S. 65. Hervorheb. von mir, V.L.
[16] Bundesministerium für Bildung und Forschung (Hg.): Zur Entwicklung nationaler Bildungsstandards. Eine Expertise. Berlin 2003. S. 62.
[17] Bundesministerium für Bildung und Forschung (Hg.): Zur Entwicklung nationaler Bildungsstandards. S. 91. Hervorheb. v. mir, V.L.
[18] Bundesministerium für Bildung und Forschung (Hg.): Zur Entwicklung nationaler Bildungsstandards S. 73. Hervorheb. v. mir, V.L.

über die Güte von Pädagogik nach politischen Vorgaben und Maßstäben. Die Autoren des zitierten Gutachtens äußern sich positiv zu den Bildungsprozessen in China, einem Staat, der doch heute noch ähnliche Strukturen aufweist wie das Italien von 1926 und demokratische Bemühungen in Hongkong mit Gefängnisstrafen ahndet:

> „Ausgezeichnete naturwissenschaftliche Kompetenzen[19] werden außerdem von den OECD-Partnerstaaten Hongkong (China) mit 555 Punkten […] erzielt."[20]

Es wäre also im Sinne der oben geäußerten Kritik an Montessori nur konsequent, nunmehr auch nach „Distanz und Übereinstimmung" der PISA-Kriterien mit der eigentümlichen autoritären Bildungspolitik und Pädagogik in China zu fragen.

Entweder also wirft man moralisierend Montessori vor, dass sie sich mit einer realen Macht ins Benehmen gesetzt hat; dann wäre die Haltung des zitierten Gutachtens mit dem gleichen Vorwurf und der gleichen Empörung zu überziehen – denn es schlägt nichts anderes vor, als sich den herrschenden politischen Verhältnissen anzupassen und ihre Politik zum Maßstab für pädagogisches Handeln zu machen. Oder man lässt die Dominanz der Politik gelten – dann aber auch bei der Beurteilung des Verhaltens von Montessori.

---

[19] Kompetenzen enthalten laut Gutachten (Bundesministerium für Bildung und Forschung (Hg.): Zur Entwicklung nationaler Bildungsstandards. S. 21) „die bei Individuen verfügbaren oder von ihnen erlernbaren kognitiven Fähigkeiten und Fertigkeiten, bestimmte Probleme zu lösen, sowie die damit verbundenen Bereitschaften und Fähigkeiten, die Problemlösungen […] verantwortungsvoll nutzen zu können." Offensichtlich besteht die Verantwortung darin, die Werte des Chinesischen Staates zu akzeptieren – denn sonst könnten die Werte nicht als „ausgezeichnet" beurteilt werden.
[20] Prenzel, Manfred; Sälzer, Christine; Klieme, Eckhard; Köller, Olaf (Hg.) PISA 2012. Fortschritte und Herausforderungen in Deutschland. Münster, New York, München, Berlin 2013. S. 198. (= https://www.pedocs.de/volltexte/2020/18838/pdf/Prenzel_et_al_2013_PISA_2012_Fortschritte_und_Herausforderungen.pdf). Hervorheb. v. mir, V.L.

Nun könnte man weiter einwenden, dass die heute an Schulen in Deutschland vermittelten *Kompetenzen* rein formal seien.[21] So wäre es zumindest zu erklären, dass sich die Verfasser so positiv über die Schulqualität in China äußern: Sie betrachten die *formal* verstandenen Kompetenzen chinesischer Prüflinge. Im Fall Montessori wird aber gerade aus dieser Begründung ein Vorwurf: „Die Montessori-Pädagogik ist also aus theorieimmanenten Gründen, *nämlich dem Fehlen von jeglicher näheren Anleitung zu Art und Inhalt des Lehrplans*, nicht widerstandsfähig gegen ihren Missbrauch in einer faschistischen Staatspädagogik."[22] Das gilt allerdings für die von Manfred Prenzel in China gelobten Kompetenzen auch. Obwohl „ausgezeichnet" (Prenzel), sind sie „nicht widerstandsfähig" (Leenders) gegen das undemokratische Handeln der chinesischen Staatsregierung. Demnach wären sie ungeeignet? Der Missbrauch durch Dritte diskreditiert die missbrauchte Sache? Wenn ein Dieb mit einem Schraubenzieher in eine Wohnung einbricht, ist es die Schuld desjenigen, der den Schraubenzieher produziert hat? Die Politik entscheidet also über die Güte der Pädagogik?

Auch hier: Entweder müsste man die Chinabegeisterung einiger PISA-Pädagogen mit gleichem Aufwand kritisieren, mit dem man Montessori kritisiert; oder man müsste sehr zurückhaltend mit dem Vorwurf des Formalismus gegenüber Montessori sein. Aber selbst das Insistieren darauf, dass sie und ihre Pädagogik nicht vereinnahmt werden möchten, wird nun als Vorwurf formuliert: „Die Verbindung der Montessori-Methode mit anderen Methoden ist aus Maria Montessoris Perspektive undenkbar, da sie überzeugt ist, dass allein ihre Methode das Kind retten kann."[23] Was

---

[21] Und dies, obwohl das Gutachten (wie gezeigt) diesen Eindruck vermeiden will, denn Kompetenzen sollen so formuliert sein, dass ihre Überprüfung zeigt, dass man sich „*akzeptierend* mit [Sachverhalten] auseinander zu setzen" vermag (Bundesministerium für Bildung und Forschung (Hg.): Zur Entwicklung nationaler Bildungsstandards S. 73). Hervorheb. v. mir, V.L.
[22] Leenders: Der Fall Montessori. S. 173, ebenso S. 232 u. 234. Hervorheb. v. mir, V.L.
[23] Leenders: Der Fall Montessori. S. 92.

denn nun: Wenn sie sich anpasst ist es ebenso falsch, wie wenn sie sich nicht anpasst?

Wir fassen die Kritik zusammen: Wenn sich Montessori mit der politischen Realität ins Benehmen setzt, sei das falsch; wenn sie es nicht tut, auch. Wenn sie eine eigene Pädagogik formuliert, sei das falsch; wenn sie anschlussfähig ist, auch. Was genau hätte sie tun sollen? Montessori jene Haltung vorzuwerfen, die offensichtlich heute in Teilen der deutschen Pädagogik akzeptiert wird, entbehrt gedanklicher Konsequenz und Konsistenz. Hier wird mit zweierlei Maß gemessen. Montessori dagegen blieb konsequent. In mehrfacher Überarbeitung und Umgehung der Zensur[24] schrieb sie:

> „Jetzt – und das ist der entscheidende Punkt – ist die Reform der Gesellschaft das, worauf es allein ankommt. Solange man sie nicht verwirklicht, wird man sich nicht um das *Kind* kümmern. Es wird nach wie vor als das *erste Opfer* dahingerafft, da es ja schwach ist und ohne die Kraft zu protestieren, ohne die Möglichkeit sich zu organisieren, ohne wirtschaftliche Mittel um sich zu retten. Wenn man aber dem Kind Beachtung schenkt – wie dies heute in den totalitären Ländern der Faschisten und der Kommunisten der Fall ist –, so geschieht das nur, um es auszubeuten, um es als zukünftiges Instrument für die nationalen Zwecke *vorzubereiten*, wobei man die *Entwicklungsbedürfnisse* und die *Rechte des Kindes* übergeht. Niemals zuvor gab es ein so schreckliches kollektives Verbrechen wie das, den zarten Arm des Kindes mit Gewehren zu bewaffnen, um ihm beizubringen, damit seine Mitmenschen zu töten – als Sinnerfüllung seiner Bestimmung."[25]

---

[24] Zur genaueren Textgeschichte vgl. die Fußnoten 7-12 in: Montessori, Maria: Durch das Kind zu einer neuen Welt. In: Montessori, Maria: Gesammelte Werke. Hg. v. Harald Ludwig, [...]. Bd. XV. Freiburg-Basel-Wien 2017 (2. korr. Aufl.). S. 23-25.

[25] Montessori, Maria: Durch das Kind zu einer neuen Welt. In: Montessori, Maria: Gesammelte Werke. Hg. v. Harald Ludwig, [...]. Bd. XV. Freiburg-Basel-Wien 2017 (2. korr. Aufl.). S. 1-238. Hier S. 23f.

Aber mehr noch: Wie ist denn der Faschismus mit der Pädagogik Montessoris umgegangen? Alfred Rosenberg, der Chefideologe des Nationalsozialismus, schrieb 1936:

> „Wir entsinnen uns der Montessori-Kindergärten, die gestern und heute noch ihr Dasein haben. In ihnen lebt der Geist der Einzelerziehung. Jedes Kind hat seinen Tisch, schaltet und waltet nach eigenem Wollen, alle Momente der Gemeinsamkeit [...] finden hier kaum Beachtung. Wer diese Erziehung fordert und trägt, empfindet nicht deutsch und – nicht natürlich."[26]

Offensichtlich wusste man sehr genau im deutschen Faschismus, wer der Gegner des eigenen Systems war. Und vielleicht ist es wichtiger, die *aktuelle* Gestaltung und Ausgestaltung der Montessori-Pädagogik zu betrachten, um gegebenenfalls Kritik zu formulieren, als aus einer Situation politischer Gefahrenlosigkeit eine Vergangenheit unterkomplex zu rekonstruieren und sich selbst moralisch zum Richter zu erklären. Erfahrungen der Vergangenheit mögen sensibel machen für die Gegenwart; aber die Vergangenheit einer Person ist kein *Geltungsgrund*, um gegenwärtiges Handeln zu bewerten. Menschen sind lernfähig. Mit der Kritik der Ereignisse der Vergangenheit ist nicht die Beurteilung der Gegenwart geleistet. Nicht

---

[26] Rosenberg, Alfred: Haben die Montessori-Kindergärten heute noch eine Daseinsberechtigung? In: Westdeutscher Beobachter. 23.01.1936. Zit. nach: Schulz-Benesch, Günter: Ein NS-Pamphlet gegen die Montessori-Pädagogik. In: Fischer, Reinhard; Heitkämper, Peter [...] Hg.: Montessori Pädagogik: aktuelle und internationale Entwicklungen. Münster 2005. S. 177-179. Hier S. 178.

biografische[27] oder unterstellte strategische Entscheidungen[28] sollten Gegenstand pädagogischer Systematik sein, sondern Gegenstand der Kritik kann nur sein, ob ein pädagogisches System in sich schlüssig ist, sein Ziel erreicht[29] und ethisch zu vertreten ist.

---

[27] Vgl. Leenders Kritik: „Signifikant ist dabei, dass sie [Montessori] unmittelbar Kontakt zu Mussolini selbst findet, nicht allein wegen kluger Verkaufsrhetorik in Bezug auf ihre Theorie, sondern auch, weil sie machtpolitisch und international nützlich ist und sich mithin selbst funktionalisiert. Montessori kann Mussolini dafür gewinnen, den Ehren-Vorsitz in den opera Montessori zu übernehmen, ihre Arbeit in der italienischen und internationalen Montessori-Bewegung (AMI) aktiv zu stützen, für die Vorschulerziehung und die Grundschule die Schulreform in Italien in ihrem Geiste zu organisieren und in der Scuola di Metodo selbst die Idee einer ‚Montessori-Universität' umzusetzen" (in: Tenorth, Heinz-Elmar: [Rez.:] Hélène Leenders: Der Fall Montessori. Die Geschichte einer reformpädagogischen Erziehungskonzeption im italienischen Faschismus. (Aus dem Niederländischen von Petra Korte.) Bad Heilbrunn: Klinkhardt 2001, 276 S. In: Zeitschrift für Pädagogik 48 (2002) H. 3. S. 435-438. Hier S. 436f.

[28] Vgl. Ternorth: [Rez.:] Hélène Leenders. S. 436: „All das belegt, dass sie theorie-‚strategisch' (S. 48) arbeitet, zugleich daran interessiert, ihre eigene Theorie in den Referenzen zu modernisieren und politisch akzeptabel zu machen, aber in der Sache als unverändert darzustellen, jedenfalls die Deutungshoheit über ihre Konzepte zu behalten." Die Option, dass Montessori die Problematik oder Unzulänglichkeit früherer Methodiken selbst eingesehen hat, wird gar nicht erst erwogen. Momente des Lernens und der systemlogischen Entwicklung auch bei Theoretikern werden nicht bedacht.

[29] Am Ende warnt daher Tenorth ([Rez.:] Hélène Leenders. S. 438) zu Recht auch vor allzu schnellen Konsequenzen: „Schließlich sollte man, wie in der Debatte über Petersen auch, diese Zuschreibungen politischer Indienstnahme und Unterwerfung nicht für hinreichend halten, solange nicht die pädagogische Praxis selbst mit untersucht worden ist und ihre scheinbar unverändert mögliche Nutzung unter unterschiedlichen ideologisch-politischen Formationen wirklich nachgewiesen ist."

2. Einige weiterführende Überlegungen

Hilfreicher als eine wissenssoziologische Analyse ist daher die genaue Lektüre der Texte Montessoris. Dazu ein kleines Beispiel: In einer Sammlung kurzer Texte von Montessori[30] stößt man auf folgenden Satz:

> „Gern möchte ich berichten, wie die Kinder mir ihre Offenbarungen machten, aber ich muss gestehen, dass ein solcher Bericht Schwierigkeiten macht. Denn es fehlt die passende Sprache dafür. Das Hindernis, Kinder zu verstehen, liegt in uns selbst."[31]

Man erinnert eine verzweifelte Stelle aus Hermann Hesses Erzählung über die *Kinderseele*:

> „Hätte ich ihm das sagen können, so hätte er mich verstanden. Aber auch Kinder, so sehr sie den Großen an Klugheit überlegen sind, stehen einsam und ratlos vor dem Schicksal. [...] Vielleicht zum erstenmal in meinem kindlichen Leben empfand ich *fast bis zur Schwelle der Einsicht und des Bewußtwerdens,* wie namenlos zwei verwandte, gegeneinander wohlgesinnte Menschen sich mißverstehen und quälen und martern können, und wie dann alles Reden, alles Klugseinwollen, alle Vernunft bloß noch Gift hinzugießt, bloß neue Qualen, neue Stiche, neue Irrtümer schafft [...]."[32]

Aber Montessori geht noch weiter als Hesse, der im kindlichen Gefühl eine Wahrheit der Welt verborgen sieht, eben weil es kindliches Gefühl ist, vor dem rationalisierenden und ordnenden Verstand, der gleichwohl notwendig ist, um nachträglich Verständnis zu erzeugen: Maria Montessori indessen stellt fest, dass nicht ihr zufällig die passende Sprache fehle, sondern,

---

[30] Montessori-Perlen. Hg. von Harald Ludwig und Michael Klein-Landeck. Erschienen sind die Bände: „Das Kind", „Kosmische Erziehung", „Kinderrechte", alle Freiburg-Basel-Wien 2020.
[31] Montessori, Maria: Das Kind. Baumeister des Menschen. Hg. u. m. e. Nachwort versehen von Harald Ludwig. Freiburg/Br. 2020. S. 34.
[32] Hesse, Hermann: Kinderseele. In: Hesse, Hermann: Gesammelte Werke. Bd. V: Demian. Klingsor. Siddhartha. Frankfurt/M. 1970. S. 167-203. Hier S. 202f. Hervorheb. v. mir, V.L.

dass die Sprache derlei Kommunikation nicht möglich mache. Das wirkt geradezu postmodern in der Voraussetzung, dass es Sprachen geben kann, die sich nicht gegenseitig ineinander übersetzen lassen. Nicht alles Gesagte kann anders gesagt und damit verstanden werden. Offensichtlich gibt es Diskurse, die nicht leicht oder gar nicht ineinander überführbar sind - und zwar aus sprachlichen und damit systematischen Gründen. Es könnte sein, dass wir nur zu verstehen *glauben*, aber nichts anderes als unsere Vorstellung von dem, was unserer Auffassung nach hätte gesagt werden sollen, formulieren - also unsere Erwartung in das Gesagte projezieren. Ein Problem all jener empirischen Forschung, die mit Befragungen arbeitet: Sagen die Befragten eigentlich, was sie sagen, oder sagen sie etwas, von dem sie meinen, dass erwartet wird, dass sie es sagen sollten? Und verstehen die Befragenden, was gesagt wurde, oder nur, wonach sie ihrem Verständnis nach gefragt haben *sollten*? Projizieren sie ihre Erwartungen in die Antworten hinein – so dass jede Befragung zirkulär ist? Lesen wir in Texten, was wir finden wollen, oder können wir etwas finden, was unsere Absicht irritiert?

„Wir sind alle Menschen mit einer Maske", sagt Montessori zur Erklärung, und auch der Interviewer in einer Befragung hat immer so eine Maske auf - die Maske seiner Profession und die Maske seiner Institution, die ihn losschickt. Auch der Befragte trägt eine Maske.

Damit jedoch müsste der kleine Text von Montessori enden, denn auch seine Verstehbarkeit wäre in Frage gestellt, weil auch wir eine Maske tragen, die uns gebietet, wie wir den Text verstehen sollen oder dürfen. Aber der Text endet nicht; im Gegenteil: Er *beginnt* mit dieser Überlegung. Und tatsächlich, fundamental *kann* das Missverstehen zwischen Kindern und Erwachsenen nicht sein: Wir verstehen immerhin, dass die Kinder sich sprachlich artikulieren, übrigens bevor sie sprechen können. Das meint nun gerade nicht, dass sie sich *vorsprachlich* äußern („Kommunikation"), sondern umgekehrt, dass die nicht sprechsprachlichen Artikulationen gleichwohl *genuin* sprachlicher Ausdruck sind und sprachliche Intention haben, so wie es Kant einmal formuliert hatte:

„Eine ähnliche Wirkung dieses Triebes sieht man auch noch an Kindern [...], die durch Schnarren, Schreien, Pfeifen, Singen, und andere lärmende Unterhaltungen [...] den denkenden Teil des gemeinen Wesens stören. Denn ich sehe keinen anderen Bewegungsgrund hiezu, als daß sie ihre Existenz weit und breit um sich kund machen wollen."[33]

Und genau hier scheint ja eine Lösung der paradoxen Situation möglich, deren Paradoxie darin liegt, dass wir zumindest verstehen, dass wir Kinder nicht einfach verstehen können, aber somit immerhin wissen, dass sie zu verstehen sind und sich auch dann sprachlich äußern, wenn sie noch nicht sprechen. Montessori geht noch weiter: Die Fremdheit der kindlichen Handlungen und erwachsenen Sprache hebt sich darin auf, dass beides Sprachen sind. *„In der Tat macht das Kind, das mit Hilfe von Symbolen in Form von Gegenständen, die es handhaben kann, seine eigenen Wörter schreibt, eine selbstständige Untersuchung."*[34] Das bedeutet doch, dass das Umgehen mit Sachen, das Begreifen von Gegenständen als sprachlicher Vorgang (als Sprechen) aufgefasst wird, nicht als außersprachliches Handeln. Sprache wäre dann kein „Akt" (*Sprechakttheorie*) und durch Handlungstheorien zu erklären, sondern umgekehrt: Ein Akt wäre als symbolischer Ausdruck von Sprache aufzufassen (und durch Sprachtheorien zu erklären).

Wir verstehen demnach Kinder (trotz aller Nichtverstehbarkeit), weil sie Gegenstände (Schnuller, Puppe, Bär, Auto) wie sprachliche Zeichen benutzen, aber eben als *sprachliche* Zeichen, so wie ein Laut, ein Schriftbild oder ein Knoten im Taschentuch (oder in Schnüren wie in der Quipu- oder Khipu-Schrift der Inkas) auch sprachliche Symbole und nicht Handlungen sind. Die kleine Textpassage von Montessori führt so in die Problematik der Sprachtheorie Montessoris ein, die meines Wissens nach noch nie im Zusammenhang dargestellt wurde. Sich in Kleinigkeiten zu

---

[33] Kant, Immanuel: Mutmaßlicher Anfang der Menschengeschichte. In: Immanuel Kant. Werke in zehn Bänden. Hg. v. Wilhelm Weischedel. Bd. IX. Darmstadt 1983. S. 83-102. Hier S. 87.
[34] Montessori: Das Kind. S. 67. Hervorheb v. mir, V.L.

versenken, kann auf die Spur größerer Fragen führen. Dazu nun die beiden nächsten Kapitel.

Kapitel 6: Geschichte: Über Montessoris Konzept des Umgangs mit Geschichte

1. Gewissheiten im Umgang mit Geschichte?

Welche Bedeutung hat die Beschäftigung mit Geschichte im Bildungsprozess des Menschen? Nach Friedrich Nietzsches Kritik an der konservierenden oder heroisierenden Geschichtsschreibung (Historie) kann es zur Beantwortung dieser geschichtsdidaktischen Frage nicht nur darum gehen, in Bildungsprozessen die Ereignisse der Geschichte aufzunehmen und zu tradieren: sondern auch historische Bildung sollte dem Leben dienen.[1] Aber wie kann die Beschäftigung mit der Vergangenheit dem künftigen Leben dienen? Wohl nicht dadurch, dass man in der gesamten Vergangenheit eine Norm sieht, die man zu erreichen sucht. Wohl auch nicht dadurch, dass man die Vergangenheit dazu benutzt, um sich von ihr völlig abzugrenzen und über sie mit dem Wissen von heute zu Gericht zu sitzen.

Gewiss, man benötigt die Historie, um die berichteten Erfahrungen zu nutzen; sei es, um schlechte Erfahrungen nicht zu wiederholen, sei es, um gute Erfahrungen zu bewahren und zu tradieren. Was aber sind schlechte und gute Erfahrungen? Das Kriterium hierfür kann man nicht in der Geschichte finden oder aus der Geschichte lernen; man muss das Kriterium vielmehr systematisch entwickeln. Damit würde die Systematik den Umgang mit Geschichte regulieren. Geschichte würde zum austauschbaren Beispiel für systematische Überlegungen.

Gewiss, es ermutigt zu bemerken, wie schnell (in nicht einmal 100 Jahren, also drei Generationen) Frauen und Männer im Hinblick auf Bildungsabschlüsse im deutschen Sprachbereich gleichgestellt worden sind.

---

[1] Nietzsche, Friedrich: Vom Nutzen und Nachteil der Historie für das Leben. In: Nietzsche, Friedrich: Werke. Frankfurt/M. 1999. [Nachdruck der zweibändigen Ausgabe der Hanser Bibliothek, auf Grund der im Carl Hanser Verlag erschienenen dreibändigen Ausgabe von Karl Schlechta herausgegeben von Ivo Frenzel]. Bd. I. S. 113-174.

Die Gegenwart kann sich abgrenzen von der als ungerecht bewerteten Vergangenheit. Aber ist alles Vergangene schlecht, nur weil es vergangen ist? Gewiss, manches in der Gegenwart kann man nicht systematisch rechtfertigen, sondern man kann es nur historisch erklären: Warum die Unterrichtsstunden an Regelschulen, für Sechsjährige und Neunzehnjährige gleich lang, ja selbst für die Veranstaltungen an der Universität 45 Minuten oder ein Vielfaches davon dauern. Auch der sonntägliche *Tatort* dauert 2 x 45 Minuten. Warum? Ist die Dauer eines Fernseh- oder Kinofilms ein Naturgesetz?[2]

Gewiss, man kann sich selbst erkennen, wenn man weiß, dass man manches macht, weil man es sich einmal angeeignet hatte, ohne zu wissen, dass man es gelernt hatte, ohne sich entschieden zu haben, es bedeutsam zu finden oder lernen zu wollen: Geschlechterrollen, Essgewohnheiten, Wohn- und selbst Lebensformen oder die Berufswahl können Ergebnis solcher *Traditionen* sein, können dem unreflektierten Weiterwirken früherer (und vielleicht damals sinnvoller) Entscheidungen geschuldet sein. Solche Traditionen (Mädchen spielen mit Puppen, Jungen mit Autos) wirken machtvoll weiter, und man kann sie mittels Geschichtsforschung erkennen, kann herausfinden, wann sie entstanden sind und warum. Geschichtsschreibung wird so zur Anamnese unreflektierter Verhaltensanteile, allerdings mit dem Ziel, sich von ihnen zu befreien. Geschichtsforschung als Forschung dafür, sich von Überliefertem lösen zu können?[3]

Gewiss, es stärkt die Selbst-Sicherheit, es festigt die eigene Identität, wenn man Vorbilder findet, die das, was man zu leben beabsichtigt, bereits gelebt haben, und zwar erfolgreich gelebt haben: „Für Generationen von Frauen war Simone de Beauvoir Vorbild und Wegbereiterin: als eine Frau, die Emanzipation praktisch lebte und zugleich mit ihren Büchern die

---

[2] Lübbe, Hermann: Was heißt: „Das kann man nur historisch erklären"? In: Schieder, Theodor / Gräubig, Kurt (Hg.): Theorieprobleme der Geschichtswissenschaft. Darmstadt 1977. S. 148-163.
[3] Ladenthin, Volker: Geschichte und Bildung? In: Geschichte in Wissenschaft und Unterricht 43 (1992) H. 4. S. 209-219.

theoretischen Grundlagen dafür lieferte."[4] So heißt es, dieses geschichtsdidaktische Konzept nutzend, in der Verlagsankündigung eines Textbandes. Die Rekonstruktion der Geschichte erweist so die *Tunlichkeit* oder sogar Vorbildlichkeit systematisch begründeter Entscheidungen: Die Geschichtsschreibung gibt Hinweise oder sogar Belege dafür, dass das, was wir uns vorgenommen haben, einmal möglich gewesen ist und daher wieder möglich sein müsste. Aber dies beschreibt ausschließlich die motivierende Funktion der Geschichte: Denn das, was man vorhat, *begründet* man nicht mit der Geschichte, sondern es zeigt sich nur in der Geschichte. Eben die *Tunlichkeit* systematischer Entscheidungen.

Geschichtsschreibung (Historie) als Bewahren und Bereitstellung guter Erfahrungen, als Vergegenwärtigung und Bewusstmachung des Wandels oder Fortschritts, als Erklärung des Gewordenseins, als Anamnese von Traditionen, als Hilfe zur Identitätsstiftung und Ermutigung - all das sind bewährte und lange übliche Funktionen der Geschichtsschreibung. Aber das Verhältnis kann komplexer bestimmt werden.

2. Geschichte und Gegenwart lassen sich nur auseinander erklären

In einem kleinen Exkurs innerhalb eines Textes aus dem Jahre 1936 äußerte sich Maria Montessori zur Funktion der Geschichte im Bildungsprozess. Dem flüchtigen Leser mag es scheinen, als plädiere sie für eine radikale Geschichtsvergessenheit und überantworte jedem Subjekt eine geschichtslose Kraft, sich selbst zu schaffen. Bei kritischem Lesen jedoch

---

[4] Schwarzer, Alice (Hg.): Simone de Beauvoir. Ein Lesebuch mit Bildern. 2008 (= https://www.rowohlt.de / buch / alice-schwarzer-simone-de-beauvoir-978 349 962 418 6) In einem Artikel aus dem Jahre 1986 hatte Alice Schwarzer gefordert, die monumentale Art der Geschichtsschreibung (Nietzsche) nun für die Frauenbewegung nachholen zu wollen: „Menschen brauchen Vorbilder. Keine vernebelnden, entmündigenden Idole. Aber mitreißende Vorbilder. Solche, die vorleben, dass widerständiges, integres Denken und Leben möglich ist, mehr noch: erfüllend sein kann. Männer haben solche Vorbilder." Schwarzer, Alice: Simone de Beauvoir: Unser aller Vorbild. In: Emma (1986) H. 6 (Juni). S. 12.

stellt sie ein hochkomplexes Verhältnis von Vergangenheit und Gegenwart dar. Hier zuerst die gesamte Textpassage:

> „Es gibt einen bekannten italienischen Dichter, der beim Tod eines legendären Helden, der ohne Zweifel für einen bleibenden Platz in der Geschichte bestimmt war, es nicht wagte, ihn zu beurteilen, und daher folgenden Satz ausruft: ‚Den Nachfahren überlasse ich das schwierige Urteil!'. Das heißt, nur die Nachwelt wird diese schwierige Frage lösen können. Wer sind diese Nachfahren, die das beurteilen werden, was wir nicht beurteilen können, und die intelligenter und abgeklärter als wir sein werden, um das zu verstehen, was uns dunkel bleibt? Es sind die vielen Kinder, die uns umgeben. Bei den unzähligen Entdeckungen und Erfindungen der letzten Zeit, die uns einen so raschen Fortschritt in der Wissenschaft haben machen lassen, handelt es sich nicht um etwas, das ein Erwachsener einem Kind beigebracht hat. Im Gegenteil, die Kinder einer Generation waren die, welche dazu ausersehen waren, das zu erkennen und zu erfinden, was den Erwachsenen, von denen sie abstammten, noch nicht bekannt war. So spricht man auch vom Menschen als Genie. Seine Kraft kommt nicht von seinem Vater, sondern aus seiner eigenen Tiefe. Wenn man von allen großen Entdeckern und Künstlern sagt, dass sie sich aus sich selbst heraus geschaffen hätten, drückt man eine universelle Wahrheit aus, die in diesem besonderen Fall nur durch die Intensität des Phänomens Klarheit und Deutlichkeit gewinnt. Aber alle Menschen sind aus sich selbst geschaffen, jeder Mensch wird vom Kind geschaffen. Alle sind wir das Ergebnis unserer Kindheit."[5]

Geschichte wird in diesem kleinen Text anders gedeutet und verwandt, als wir es gewohnt sind, wenn wir Geschichte als Argument in kommunikativen Situationen verwenden.

---

[5] Vgl. das Kapitel mit dem thesenartigen Titel: Montessori, Maria: Das Kind als Vater des Menschen [1936]. In: Montessori, Maria: Durch das Kind zu einer neuen Welt. Hg., textkritisch bearb. u. komment. v. Harald Ludwig. (= Gesammelte Werke. Hg. v. Harald Ludwig. Bd. XV) Freiburg-Basel-Wien 2017 (2. korr. Aufl.). S. 94-113. Hier S. 106.

Kapitel 6: Geschichte

Zumeist dient „Geschichte" in systematischen Texten
- zur kritischen *Abgrenzung* (‚Damals hat man noch – heute aber…'),
- zur *Affirmation* (‚Schon damals…') oder
- zur *Anamnese* (‚Seit damals…').

Montessori nutzt die Geschichte auch in diesen Funktionen. In der Metapher der „Ruine" ist dies anschaulich fassbar:

> „Ich würde mir aber für die Lehrer […] wünschen, dass die majestätischen Ruinen […] zu Leben erweckt […] werden, um einen Hauch des Geistes zu verbreiten, der alle materiale Macht erobert."[6]

Die Geschichte soll zur „Quelle von Vitalität und Tatkraft"[7] werden, es muss in der Rekonstruktion darum gehen, „aus den Ruinen der Antike Stärke zu gewinnen"[8]. Montessori spricht hier nicht von *Tradition*, also dem unbewussten und unreflektierten Fortwirken der Vergangenheit in der Gegenwart, sondern versteht *Geschichte* als explizite Konstruktion der Vergangenheit (als „Reinigung"[9]). Die *Rekonstruktion* kann nur systematisch sein – aber genau dadurch entstehen Probleme im Umgang mit der Vergangenheit: Geschichtliche *Rekonstruktion* ist immer auch *Reduktion* der Vergangenheit, sei es in der Verwendung der Geschichte als Vorgeschichte (*Kritik*), als Vorbild *(Affirmation)* oder als Kontinuum (*Anamnese*). So verweist Montessori darauf, dass uns Geschichte als Vorbild dienen mag;[10] aber dann hätte die Gegenwart bestimmt, was von der

---

[6] Montessori, Maria: Plan für ein internationales Institut [1913]. In: Montessori, Maria: Gesammelte Werke. Hg. v. Harald Ludwig [u.a.]. Bd. III. Freiburg-Basel-Wien 2011. S. 358-367. Hier S. 366.
[7] Montessori: Plan für ein internationales Institut. Bd. III. S. 366.
[8] Montessori: Plan für ein internationales Institut. Bd. III. S. 366.
[9] Montessori, Maria: Die Sexualmoral in der Erziehung [1908]. In: Montessori, Maria: Gesammelte Werke. Hg. v. Harald Ludwig [u.a.]. Bd. III. Freiburg-Basel-Wien 2011. S. 185-208. S. 192.
[10] „So würden wir alle […] zu neuen Phidias werden" – d.h. die Nachahmung der Vorbilder macht uns diesen ebenbürtig – aber nur durch bewusste Aneignung,

Überlieferung aus welchem *systematischen* Grund Vorbild sein soll: Das Vorbild wird damit zur *Methode* für die *Verbreitung* von Wahrheit, nicht zum *Grund* von Wahrheit. Auch als Vorbild benutzt geht der Geschichte die *Systematik* voraus. Ebenso bei der „Anamnese"[11], die versucht, nicht Gründe für Geltung, sondern Ursachen der Entstehung zu benennen.

All dies sind gängige Vorstellungen von der Funktion von Geschichte in kommunikativen Prozessen – aber sie alle funktionalisieren Geschichte zur Beispielsammlung, zum *Steinbruch* (so, wie man Ruinen früher zum Steinbruch für den Neubau eines Hauses benutzt hat). In all diesen Fällen geht Geschichte in Systematik auf, belegt sie, lässt sich auf sie reduzieren. Eigentlich bräuchte man sie nicht.

Das Zitat enthält aber mehr als die üblichen Auffassungen von der Funktion von Geschichte. Montessori behauptet, dass sich Vergangenheit überhaupt erst entfalte, wenn sie explizit gemacht und angeeignet wird, aber so, dass etwas entdeckt wird, was der Vergangenheit weder bewusst war, noch in der Gegenwart ohne diese Vergangenheit erkannt werden könnte:

> Die „Kinder einer Generation waren die, welche dazu ausersehen waren, das zu erkennen und zu erfinden, was den Erwachsenen, von denen sie abstammten, noch nicht bekannt war."[12]

Die Geschichte ist weder nur vergangen noch nur Mittel, die Genese von etwas zu erklären. Sie *entsteht* erst in der Rekonstruktion – aber so, dass die Gedankenbewegung der *Rekonstruktion* viel mehr und anderes erfährt, als sie aus *Interesse* an der Vergangenheit aus dieser lediglich gespiegelt zu bekommen glaubte: Die Geschichte gibt Antworten, zu denen wir in der

---

durch „die Reinigung des Umfeldes und der Welt" In: Montessori: Die Sexualmoral in der Erziehung. Bd. III. S. 192 (Anm. 165).
[11] Montessori, Maria: Noch einmal zu den minderjährigen Delinquenten – Die Liebe [1906]. In: Montessori, Maria: Gesammelte Werke. Hg. v. Harald Ludwig [u.a.]. Bd. III. Freiburg-Basel-Wien 2011. S. 312-318. Hier S. 314.
[12] Montessori: Das Kind als Vater des Menschen. Bd. XV. S. 106.

Gegenwart zuerst einmal die Fragen suchen müssen – denn die sind uns verloren gegangen oder wir haben sie nie besessen.

Erst unter dieser Perspektive vermag sich der zweite Teil des Textes besser zu erschließen. Es mag scheinen, als fordere hier Montessori eine Geschichtslosigkeit, weil die Welt nicht durch Tradition entsteht: „Seine Kraft kommt nicht von seinem Vater, sondern aus seiner eigenen Tiefe."[13] Aber zur Fähigkeit, sich „aus sich selbst zu schaffen"[14], bedarf es der Vergangenheit – freilich weder einfach als Stichwortgeber noch als zu überwindende Vorgeschichte („Ruine") oder als nachzuahmende Geschichte („Vorbild"). Vielmehr wird die Vorgeschichte zur Herausforderung des Ichs, das aus ihr Antworten erhält, zu denen es sich kraft des eigenen Vermögens („Genie") die Fragen erst suchen muss. Das Ich muss also nicht nur in der Zukunft „unsere Probleme mit neuen Kenntnissen lösen"[15], sondern zu den Kenntnissen der Vergangenheit erst noch die Fragen finden. Die Vergangenheit gibt die Antwort; die Frage zu ihr müssen wir erst noch formulieren, um überhaupt die Antwort als solche zu verstehen.

Das Subjekt, das mit eigener Kraft über die Geschichte urteilt, ist zudem nichts anderes als die Vorgeschichte für die ihm folgenden Subjekte, so dass für das gegenwärtige Subjekt das gilt, was über das vergangene gesagt wurde: Es kennt sich nicht; es entfaltet sich erst in der ihm nachfolgenden Geschichte. Weder also ist das *Genie* nichts als die Summe der Überlieferung, noch kommt es ohne die ihm nachfolgende Geschichte aus. Es ist selbst Geschichte, versteht sich also weitgehend gar nicht: „Den Nachfahren überlasse ich das schwierige Urteil!"[16]

Das gegenwärtige Subjekt kommt zu sich, weil die Gegenwart erst in der Zukunft überhaupt verstanden und so zur (Vor-)Geschichte werden wird. Geschichte ist nicht nur geschehen; sie ist auch noch Geschehen – sie wird erst präsent, *man wird ihrer überhaupt erst gegenwärtig*, wenn

---

[13] Montessori: Das Kind als Vater des Menschen. Bd. XV. S. 106.
[14] Montessori: Das Kind als Vater des Menschen. Bd. XV. S. 106.
[15] Montessori: Das Kind als Vater des Menschen. Bd. XV. S. 107.
[16] Montessori: Das Kind als Vater des Menschen. Bd. XV. S. 106.

man sich um sie bemüht – aber bei diesem Bemühen erfährt man das vergangene Geschehen besser, als dieses sich selbst verstehen konnte. *Erst im Urteil der Nachfahren lässt sich die Vorgeschichte verstehen; aber ohne diese Vorgeschichte hätten die Nachfahren ihre Kraft nicht bilden können.* Im „Urteil der Nachfahren" wird das zu Beurteilende besser verstanden als dieses sich selbst verstehen konnte. Dazu fordern die Taten der Vorfahren die Nachfahren zu „Urteilen" heraus, die die Vorfahren selbst nicht hatten entfalten können.

Die Gegenwart wird dergestalt relativiert, dass sie sich erst in der Zukunft in ihrem Verständnis erschließen wird. Die aktuelle Systematik versteht sich erst in der späteren Rückschau. Es bedarf der „Nachfahren, die das beurteilen werden, was wir nicht beurteilen können"[17], weil wir nicht alles an der Gegenwart verstehen und sie uns daher „dunkel bleibt". Und die eigene „Kraft" bedarf der Vorgeschichte, um sich überhaupt bilden zu können. Gegenwart und Geschichte lassen sich nicht *affirmativ* oder *kritisch* ineinander überführen oder auflösen, sondern bleiben in einem Verhältnis, in dem die Gegenwart mehr enthält als die Vergangenheit, aber – so ist zu betonen – die Vergangenheit auch mehr als die Gegenwart. Und was die Gegenwart auszeichnet, entfaltet sich erst, wenn wir nicht mehr in ihr sind. Wir sind Geschichte, die sich letztlich nicht zu begreifen vermag.

3. Funktionen der Aneignung von Geschichte

Montessori beschreibt hier einen Umgang mit Geschichte, der die Vorstellung schlichter Linearität des *Fortschritts* oder *Verfalls* einerseits und eines wertungsfreien *Historismus* andererseits aufhebt und Vergangenheit, Gegenwart und Zukunft in ein wechselseitiges Verhältnis setzt: *Die Vergangenheit ist erst zu verstehen, wenn sie aus der Gegenwart rekonstruiert wird; und die verstehende Gegenwart ist herausgefordert von einer*

---

[17] Montessori: Das Kind als Vater des Menschen. Bd. XV. S. 106.

Vergangenheit, die sich noch gar nicht verstanden hatte und aus einer Gegenwart verstanden wird, die sich erst in Zukunft entfaltet.

Hier sind *Prinzipien* zu finden, die als Maß für einen angemessenen Umgang mit Montessoris Schriften zu verstehen sind. Ihre (und alle) pädagogische Theorie der Vergangenheit ist dann zu verstehen, wenn sie weder als eine erledigte *Vorgeschichte* für die Gegenwart noch als ein *Zitatenschatz* für auch ohne sie zu formulierende systematische Absichten angeeignet wird, oder aber als eine geniale Vorwegnahme der Gegenwart, so dass man sie wie heilige Schriften auslegt. Die Vorgeschichte kennt sich selbst nicht; sie bedarf unserer Systematik. Aber unsere Systematik ist ihr gegenüber defizitär, weil Vergangenheit und Zukunft immer mehr enthalten, als wir systematisch überhaupt rekonstruieren können, und unsere Rekonstruktion der Vergangenheit sich erst in der zukünftigen Auslegung selbst versteht.

So wären Montessoris Schriften erst einmal mit den Fragen der Gegenwart besser zu verstehen, als sie sich selbst haben verstehen können; dann aber und zugleich wären sie als Antworten zu lesen auf Fragen, die wir in der Gegenwart erst noch suchen und formulieren müssten.

Eine Geschichte der Pädagogik zu schreiben kann also weder nur als normorientierte *Problemgeschichte* gelingen noch als historistische *Chronik*: Sie gelingt im Sinne Montessoris erst dann, *wenn die Gegenwart an der Vergangenheit das herausarbeitet, was jener an sich selbst nicht bekannt war, und diese Gegenwart mit der Vergangenheit an sich entdecken kann.*

Voraussetzung eines solchen Umgangs mit Geschichte sind Texte, die nicht zum (unantastbaren) *Kanon* reduziert werden oder nur noch als *Steinbruch* für passende *affirmative* oder *kritische* Zitate in einer allem vorangehenden Theorie dienen. Texte enthalten stets mehr als ihre systematische Erfassung. Die Texte müssen – immer wieder – ihrer bekannten Tradierung entzogen und in eine Komplexität zurückübersetzt werden, die sie in ihrer Zeit gar nicht bemerkten oder bemerken konnten. Dies ist der Sinn *kritischer Textausgaben*. Historisch-kritische Ausgaben sind, um der

Geschichte willen, gegen die übliche *Tradition* der Textgestalt gerichtet. Sie fordern eine Lektüre heraus, die die Differenz von Tradition und Geschichte aufdeckt, der Vergangenheit zu ihrer eigenen Erkenntnis verhilft und die Gegenwart darüber in Staunen versetzt, was sie an Antworten vergessen hat, weil sie die Fragen gar nicht mehr formuliert, zu denen es doch schon Antworten gab. Eine kritische Ausgabe ist weder Hagiografie noch Abrechnung: Sie nimmt die Geschichte Wort für Wort, Buchstabe für Buchstabe ernst. Aber sie macht sie nicht zur Antiquität und poliert sie glatt. Vielmehr bemüht sie sich, die Vergangenheit besser zu verstehen als diese sich selbst verstanden hatte, ohne schon zu behaupten, dass dieses Verständnis die letztmögliche oder zeitlose Systematik sei.

„Wer sind diese Nachfahren, die das beurteilen werden, was wir nicht beurteilen können, und die intelligenter und abgeklärter als wir sein werden, um das zu verstehen, was uns dunkel bleibt?"[18]

Mit dieser Frage versetzt Montessori die Gegenwart in die Geschichtlichkeit, ohne sie der Relativität zu überantworten: Denn wir sind es, die mit unserer Gegenwart diese künftige Gegenwart provozieren, eine Zukunft, die uns besser versteht und uns daher zur Demut veranlassen sollte, wenn wir glauben, wir wären jetzt weiter als die Vergangenheit. *Jede Systematik ist nur die Vorgeschichte zu ihr.*

Systematik und Geschichte lassen sich nicht ineinander überführen: *Gründe* können den Ablauf der Geschichte nicht erklären und der Ablauf der *Geschichte* kann Begründungen nicht ersetzen. Das Kind rekonstruiert die Geschichte kraft eigener Vernunft, die aber aufgrund von Geschichte provoziert wurde.

---

[18] Montessori: Das Kind als Vater des Menschen. Bd. XV. S. 106.

Kapitel 7: Sprache: Über Montessoris Theorie pädagogisch angemessenen Sprechens

Eine umfassende Darstellung der Sprach*theorie* Maria Montessoris ist bisher ein Forschungsdesiderat.[1] Das überrascht, denn auch für Maria Montessori ist die Sprache von grundlegender Bedeutung, verursache sie doch „jene Veränderung der Umwelt, die wir als Zivilisation bezeichnen"[2]. Ja, Sprache sei „so bedeutend für das soziale Leben […], daß wir sie als seine *Basis* ansehen können"[3]. Was aber ist Sprache?

Im folgenden Text soll es nicht um Sprech- oder Spracherziehung, um Grammatikunterricht oder Schreibunterricht nach Montessori gehen – Untersuchungsaspekte, die zahllose gründliche Bearbeitungen erfahren haben, sondern darum, einigen Gedanken nachzugehen, die Maria Montessori zum Verständnis der Sprache in pädagogischen Prozessen entwickelt hat.[4] Dabei soll ein Aspekt herausgehoben werden, der innerhalb einer Geschichte des Verhältnisses von Pädagogik und Sprache eine große Bedeutung hat, nämlich die Frage nach dem *Spracherwerb* - ein Aspekt innerhalb der Sprachtheorie Montessoris, der vielleicht zur Basis ihrer gesamten

---

[1] Es gibt allerdings zahlreiche Arbeiten, die wichtige Aspekte beleuchten: vgl. z.B. Ludwig, Harald; Fischer, Christian; Fischer, Reinhard; Klein-Landeck, Michael (Hg.): Musik - Kunst - Sprache: Möglichkeiten des persönlichen Ausdrucks in der Montessori Pädagogik. Berlin 2006; Neff, Judith: Pädagogik aus Religion? Theologische Sprache und Religion bei Montessori und in der religionspädagogischen Montessorirezeption (2 Teilbände) Berlin 2016. Zahllos sind die Beiträge zum Spracherwerb oder Sprachunterricht: vgl. etwa: Schmitz, Marion: Das unbewusste Erlernen der Muttersprache nach Montessori. (= https://montima.de/das-unbewusste-erlernen-der-muttersprache-nach-montessori/).
[2] Montessori, Maria: Das kreative Kind. Der absorbierende Geist. Hg. u. eingel. v. Paul Oswald u. Günter Schulz-Benesch. Freiburg-Basel-Wien. 1972 (11. Aufl.). S. 100.
[3] Montessori: Das kreative Kind. S. 100. Hervorheb. v. mir, V.L.
[4] Vgl. neuerdings: Montessori, Maria: Sprachliche Bildung. Schlüssel zur Welt. Hg. u. m. e. Nachwort versehen von Michael Klein-Landeck. Freiburg/Br. 2021. Der Text dieses Kapitels ist vor dem Erscheinen der Anthologie geschrieben worden.

Sprachtheorie werden könnte. Ich werde zuerst zwei Textstellen kurz vorstellen und interpretieren. Dann werde ich die herausgearbeitete Theorie in einen größeren historischen Zusammenhang stellen. Schließlich werde ich versuchen, Konsequenzen für den pädagogischen Umgang mit Sprache zu formulieren.

1. Zwei Bemerkungen Maria Montessoris zur Sprache

Im Alltag stellt man sich den Spracherwerb als Benennungsprozess vor: Die Älteren zeigen auf die Dinge und benennen sie anschließend mit jenen Worten, auf die sie sich vorab untereinander geeinigt haben. Sie kleben gewissermaßen den Dingen die Worte wie vorgefertigte Etiketten auf. Sprache ist Konvention. Ludwig Wittgenstein hat diese Vorstellung in seinen *Philosophischen Untersuchungen*, einem für den *linguistic turn* der Philosophie epochemachenden Werk, einleitend an einem Zitat von Augustinus vorgeführt.[5]

Wittgenstein zeigt aber dann, dass diese Alltagsvorstellung nicht erklären kann, wie wir abstrakte Begriffe lernen. Denn auf Worte wie *Glück* oder *Nichts* können wir nicht zeigen. Vor allem aber kann eine solche, auch im pädagogischen Alltag beliebte Theorie des Spracherwerbs nicht erklären, wie Spracherwerb *überhaupt* möglich ist – ja, wie die Sprache entstanden ist. Denn um die ersten Worte zu lernen (z.B. Papa/Mama), stehen dem Kind logischerweise noch keine weiteren Worte zur Verfügung, so dass es weder die erklärenden Worte „Ich bin…(Papa)" verstehen, noch *sich selbst* erklären (d.h. denken) kann, was mit dem gemeint ist, was der andere gerade sagt. Das Modell der Benennung oder Etikettierung von Sachverhalten mit Sprache setzt also bereits das Beherrschen einer Sprache voraus – es kann nur erklären, wie derjenige eine *neue* Sprache lernt, der

---

[5] Wittgenstein, Ludwig: Philosophische Untersuchungen. Kritisch-genetische Edition. Herausgegeben von Joachim Schulte. Wissenschaftliche Buchgesellschaft. Frankfurt 2001.

bereits über eine *erste* Sprache verfügt. Aber wie gelangt man zu jener *ersten* Sprache?

Die moderne Spracherwerbstheorie zieht zur Erklärung dieses Problems die Annahme eines vor der Sprache liegenden *sozialen* Mechanismus' heran, der zu Sprache führe, z.B. durch den sozialen Umgang: Um uns zum Handeln zu verabreden, müssten wir sprechen. Doch auch diese Lösung ist nur eine Scheinlösung, weil nur derjenige, der schon über ein Verständnis (und damit Sprache) verfügt, verstehen oder ahnen kann, dass im sozialen Umgang etwas bezeichnet werden soll. Woher soll er wissen, was ein sprachlicher Laut ist, wenn er noch keine *sprachlichen* Laute kennt? Woher soll er wissen, was ein sozialer Umgang ist?

Beide Male findet ein Hiatus statt, so dass genau das nicht erklärt wird, was eigentlich erklärt werden soll, nämlich der Übergang vom Zeigen zum Sprechen oder vom Handeln zum Sprechen. Das Sprechen kann nicht durch Zeigen oder Handeln gelernt werden, sondern nur … durch Sprechen. Es setzt daher nicht nur jemanden voraus, der spricht, sondern auch jemanden, der bereits Sprache versteht, bevor er sprechen lernen kann. Die entwicklungspsychologische Beschreibung des Spracherwerbs erklärt nicht das logische Verhältnis der Sprachlichkeit zur Nichtsprachlichkeit.

Maria Montessori stößt auf dieses Problem:

„Wie kann das Kind die Laute der gesprochenen Sprache von all den anderen Lauten und Geräuschen der Umgebung unterscheiden? Warum gibt es nicht auch das Bellen von Hunden wieder oder das Pfeifen der Dampflokomotiven, wenn es in der Nähe eines Tierheims lebt oder neben einer Bahnstation?"[6]

In der Tat kann das Kind nicht aus Zeichen (aus dem „Zeigen", jenes von Wittgenstein kritisierte Augustinus-Modell,) Sprache lernen, weil das Zeigen (also der Zeichengebrauch) ja bereits als Sprechakt verstanden und aus

---

[6] Montessori, Maria: Durch das Kind zu einer neuen Welt. In: Montessori, Maria: Gesammelte Werke. Hg. v. Harald Ludwig […]. Bd. XV. Freiburg-Basel-Wien 2017 (2. korr. Aufl.). S. 1-238. Hier S. 111.

zufälligen Bewegungen der Erwachsenen herausge*lesen* werden muss. Warum ist das *Zeigen* etwas anderes, als sich die Haare aus der Stirn zu streichen? Genau diese Frage stellt Montessori.

Und wie ihre Überlegung erkennen lässt, kann auch jene Auffassung nicht stimmen, nach der das Kind die Sprache dadurch erwirbt, dass es sie hört. Denn das Kind hört viel: Warum ahmt es aber gerade die Sprache in ihrer hochkomplizierten lautlichen und grammatischen Struktur nach? *Das Kind muss also, so die gedanklich zwingende Konsequenz, die Montessori provoziert, die Sprache beherrschen, bevor es zu sprechen lernt.* Das Kind muss bereits ein Vermögen haben, aus Lauten dasjenige herauszuhören, was im Unterschied zum Geräusch *sprachlich* ist, also Bedeutung artikuliert. Wie ist das zu erklären? Montessori illustriert eine mögliche Antwort in einem schönen Bild:

> „So wie eine verliebte Person im Gewirr vieler anderer Stimmen die Stimme des geliebten Partners erkennt, weil ihre Liebe sie befähigt, diese Stimme und keine andere herauszuhören, so – oder noch mehr - liebt das Kind die menschliche Stimme, solange dieser Impuls andauert, der die sensitive Periode für den Erwerb der Sprache kennzeichnet. Aber im Kind ist die Liebe noch größer. Die Laute der Sprache sind wie eine Flamme, und irgendetwas in ihm glüht und ist bereit, sich zu verwandeln. Die feinen Muskeln der Stimmbänder und einige Muskeln der Zunge und der Wange beginnen zu vibrieren und dann mit einer bewundernswerten Disziplin zusammenzuwirken, sich anzustrengen und sich zu vervollkommnen. Das Kind gibt diese Laute wieder, *es reproduziert die Sprache*. Das Kind ist dabei, eine der den Menschen auszeichnenden Fähigkeiten *zu schaffen*, eine Fähigkeit, welche die Übermittlung der Gedanken und die menschliche Vereinigung ermöglicht."[7]

Nicht aus dem Zeigen oder dem sozialen Handeln entstehe (irgendwie) die Sprache im Kind, sondern umgekehrt: Eine bereits vorhandene Fähigkeit

---

[7] Montessori: Durch das Kind zu einer neuen Welt. Bd. XV. S. 111. Hervorheb. v. mir, V.L.

"schaffe" Sprache und ermögliche so das Denken und das soziale Handeln – so scheint es Montessori an dieser Stelle vorauszusetzen. Aber "schafft" das Kind die Fähigkeit oder schafft die vorhandene Fähigkeit des Kindes die Sprache? Wir werden sehen, dass Montessori zur zweiten Ansicht neigt.[8]

Wäre also Spracherwerb so zu denken, dass das im Kind bereits vorhandene Sprachvermögen in der Lage ist, Sprache als solche zu erkennen und zu verstehen und dieses bildsame Vermögen dann so auszubilden, dass es die Sprache der älteren Generation (also seiner Umgebung) übernimmt und reproduziert? Auch dies ist eine gängige und empirisch scheinbar leicht zu belegende Alltagsvorstellung vom Spracherwerb. Freilich ist es nicht die ganze Auffassung Maria Montessoris. Denn die vorhandene Theorie kann nicht erklären, wie etwas Neues in die Sprache kommt. Um es einfach zu sagen: Warum sprechen Italiener nicht noch immer das alte Latein ihrer Region? Verallgemeinert: Wenn Sprache identisch mit ihrer Tradition und Reproduktion wäre, dann würden alle Menschen heute nur eine Sprache, und zwar die der Urmenschen sprechen, denn nur diese kann ja tradiert und reproduziert worden sein. Wir machen aber die Erfahrung, dass Sprache sich verändert, dass aus dem Latein „irgendwie" Italienisch geworden ist – eine Beobachtung, die mit der Nachahmungstheorie nicht erklärt werden kann.

Montessori entwickelt nun einen Gedanken, der eine Antwort auf diese historische Erfahrung möglich macht und zugleich das (auch pädagogische) Verständnis von Sprache und Spracherwerb entscheidend erweitert. Entsprechend verdient es diese Passage, ausführlich zitiert zu werden. Montessori schreibt:

---

[8] Vgl. „Aber die Natur hat dem Kind die Möglichkeit gegeben, dies zu tun. Weil nun die Natur das Kind mit dieser Fähigkeit ausgestattet hat, […]". Aus: Montessori, Maria: Die sensitiven Perioden [1938]. In: Montessori, Maria: Gesammelte Werke. Hg. v. Harald Ludwig […]. Bd. XV. Freiburg-Basel-Wien 2017 (2. korr. Aufl.). S. 279-288. Hier S. 285. Der Textzusammenhang im nächsten längeren Zitat.

„Wir schulden dem Kind jegliche Überlegenheit, die wir besitzen mögen. Wir müssen in ihm aber auch nach den großen Fehlern suchen, welche die Menschheit schwächen. Im Kind liegt der Ursprung des Menschen. Aus diesem Grund haben wir ein wissenschaftliches Konzept, das durch die Worte ausgedrückt wird: ‚Das Kind ist der Vater des Menschen.' […]

Vielleicht kann ein Beispiel helfen, dies klar zu machen. Denn weil es sehr wichtig ist, müssen wir es verdeutlichen. Wir sagen, die Sprache werde von der Mutter gelehrt; wir nennen sie die ‚Muttersprache'. Hier sehen wir, dass der Erwachsene gerne alles Lob für Dinge, die das Kind tut, für sich beanspruchen möchte! *Stattdessen ist es nämlich so, dass der Erwachsene über seine Sprache nur verfügt, weil das Kind sie für ihn aufgebaut hat. Wenn es jemanden gibt, der erbt, so ist es der Erwachsene, der vom Kind die Sprache erbt, die er spricht! Es stimmt, dass in der Natur die Sprache vererbt wird, aber die analytische Arbeit wird vom Kind verrichtet.* […]

Das ist zurückzuführen auf eine der sensiblen Perioden des Kindes, und es erlaubt uns, eine Sprache perfekt zu beherrschen: unsere Muttersprache. *Wir können leicht erkennen, dass wir eine neue Sprache nicht mit der Perfektion eines Kindes erwerben können, obwohl wir vollkommenere Organe haben und eine größere Verstandeskraft.* Schauen Sie, wie viele Sprachlehrer es gibt, wie viele mechanische Hilfen, Grammophon, Linguaphone, etc. Dennoch kann der Erwachsene diese Arbeit niemals so gut wie das Kind leisten, das sie während der sensiblen Periode ausführte. *Man kann sogar sagen, wenn jede Sprache heute ihre eigene charakteristische Grammatik und Aussprache aufweist, dann ist das so, weil das Kind diese bewahrt hat.* Also ist das Kind von großer sozialer Bedeutung, da es einen Ort darstellt, wo Besonderheiten fixiert und festgehalten werden, so dass jede Nation ihre eigene Sprache hat.

Lassen Sie uns das weiter verdeutlichen. Wenn das Erlernen der Sprache auf die Tatsache zurückzuführen wäre, dass die Sprache um das Kind herum existiert, und es Laute nur reproduzierte, weil es sie hörte, würde es zum Beispiel den Signalton einer

Kapitel 7: Sprache

Straßenbahn nachahmen. Warum tut es das nicht? Es hört einen Hund bellen und eine Katze miauen. Warum gelingt es ihm nicht, diese Laute zu reproduzieren? Sie sind doch leichter zu reproduzieren als die feinen, zarten Laute, welche die menschliche Sprache bilden. *Es gibt eine Periode in seinem Leben, in der es die Laute der Sprache beeindrucken. Es ist für diese sensibel.* Dies ist eine sensible Periode, da es leidenschaftlich nach den Lauten der menschlichen Sprache sucht. Sogar schon mit vier Monaten sucht es – wie wir beobachten können – voll Eifer nach diesen Lauten. Diese Entwicklung erfolgt still und ruhig, weil es die Menschen um sich herumsprechen hört. Dennoch müssen wir uns konsequenterweise klar machen, dass der Erwachsene helfen muss. Also ist der Erwerb der Sprache im Alter von vier Monaten eine Frage der Erziehung. Deshalb rückt die Erziehung näher an die Geburt heran.

Nun folgt auf die Leidenschaft, Laute zu hören, nicht unmittelbar die Fähigkeit, diese auch zu reproduzieren. Denn um die Laute zu reproduzieren, *müssen die Organe geübt sein*. Nun sind die Organe des Kindes möglicherweise in einem schlechteren Zustand als unsere eigenen. Die Organe müssen angeregt werden. Deshalb müssen die Organe sich auch anregen lassen, und sie müssen wachsen, indem sie einer inneren Tätigkeit folgen, einem sehr feinen Mechanismus, wie alle gut wissen, welche die Tauben und Stummen das Sprechen lehren. Sie kennen die Schwierigkeit, zu lehren, wie man die speziellen Bewegungen mit der Zunge durchführt und wie man den Stimmbändern hilft, die Tonhöhe zu reproduzieren. Und jene, die das nicht wissen, werden sich bewusst, dass es bestimmte Organe gibt, die in ihrer eigenen Sprache nie benutzt werden: zum Beispiel, die Organe, die benutzt werden, um *the* auszusprechen, was für uns Lateiner sehr schwierig ist. Wer von uns kann unsere Muskelfasern so steuern, dass sie so exakt vibrieren. Aber die Natur hat dem Kind die Möglichkeit gegeben, dies zu tun.

Weil nun die Natur das Kind mit dieser Fähigkeit ausgestattet hat, ist es zwingend erforderlich, dass sie in der richtigen Periode entwickelt wird. Wenn der Erwerb einmal erfolgt ist, *kann das*

> *wachsende Wesen ihn vervollkommnen. Der Erwachsene kann durch Übung, Wiederholung und Verstand den Erwerb des Kindes vervollkommnen. Aber ehe der Erwerb vervollkommnet werden kann, muss er durch das Kind erfolgt sein. Wir können die Sprache erhalten, weil das Kind sie bereits erworben hat. Wir können sagen, dass das Kind all das grundgelegt hat, was wir besitzen. Das Kind bringt uns durch seine Arbeit, seine Mission, aus dem Nichts heraus zu den Anfängen."*[9]

Nicht die Tradition allein bestimme, was Sprachnorm („Vervollkommnung") sei; sondern aller Spracherwerb gewinne seine Kriterien auch aus dem Sprachbemühen der nachfolgenden Generation, das damit zur „Grundlage" für die lehrende Generation werde. Soll das bedeuten, dass der Maßstab für das Lateinische im Italienischen läge oder sich die Sprache der Wissenschaften an den Normen der Säuglingssprache orientieren sollte? Das ist unvorstellbar. Mag der Gedanke einer Pädagogik vom Kinde aus im alltäglichen Umgang noch denkbar sein, so scheint er ungeeignet, den Vorgang des Spracherwerbs zu begründen.

1.1 Die kindliche Methode

Man könnte diese sehr gedrängte und komplexe Gedankenfolge dadurch entschärfen und in die Alltagsvorstellungen über Sprache integrieren, dass man sie so interpretiert, als spräche Montessori hier ausschließlich von der *Methode*, mit der die Erstsprache erworben wird. Die Methode des umgangssprachlichen Spracherwerbs in den sprachsensiblen Phasen ist bekanntermaßen den Methoden des Spracherwerbs im Erwachsenenalter überlegen, so dass in der Tat der moderne Sprachunterricht von der Art, wie Kinder Sprache lernen, gelernt hat, Sprachunterricht zu gestalten:

> „Wir könnten uns fragen, warum das Kind die Laute der Muttersprache so gut lernt, während dann später der erwachsene Mensch, der aus ihm geworden ist, nicht so leicht eine fremde

---

[9] Montessori: Die sensitiven Perioden. Bd. XV. S. 284f. Hervorheb. v. mir, V.L.

Kapitel 7: Sprache

Sprache lernt, nicht einmal mit Anstrengung und mit Hilfe von ausgezeichneten Lehrern."[10]

Die Vorstellung, dass wir die alltägliche Sprache im Fremdsprachenunterricht am besten durch systematischen Grammatikunterricht lernen, wird ja längst durch die Erfahrung konterkariert, dass einsprachiger Unterricht oder der Aufenthalt in dem Land der Zielsprache - bezogen auf das alltägliche Sprechen - zu überzeugenden Ergebnissen führt. Dort vollzieht sich ein Lernen, das - nach wie vor nicht erklärbar - vom Subjekt gar nicht als solches erfahren wird.[11] Insofern hatte Montessori damals etwas beobachtet, was inzwischen zum Standard modernen Sprachunterrichts geworden ist.

1.2 Spezielle kindliche Fähigkeiten

Oder man könnte dem oben zitierten Abschnitt aus dem Text über *Die sensitiven Perioden* dadurch die Brisanz nehmen, dass man ihn mit der folgenden Textpassage interpretiert, in der Montessori erklärt, dass Kinder –

---

[10] Montessori: Durch das Kind zu einer neuen Welt. Bd. XV. S. 111.
[11] Vgl. die schöne Erinnerung in: Kerr, Judith: Als Hitler das rosa Kaninchen stahl. Deutsch von Annemarie Böll. Ravensburg 1980: „Und dann war eines Tages ihre ganze Welt verändert. Es war an einem Montagmorgen, und Colette traf Anna am Schultor. ‚Was hast du am Sonntag gemacht?' rief sie - und statt sich die Frage im Geist ins Deutsche zu übersetzen, sich eine Antwort auszudenken und sie ins Französische zu übersetzen, rief Anna zurück: ‚Wir sind unsere Freunde besuchen gegangen.' *Die Worte schienen aus dem Nichts zu kommen*, sie kamen in vollendetem Französisch, *ohne daß sie überhaupt nachdenken mußte*. Sie war so erstaunt, daß sie ganz still stehen blieb und nicht einmal Colettes nächste Frage hörte. […] ‚Nein, es war zu naß', sagte Anna - wieder in perfektem Französisch und ohne nachzudenken. *Es war wie ein Wunder*. Sie konnte nicht glauben, daß es dauern würde. Es war, als hätte sie plötzlich herausgefunden, daß sie fliegen konnte, und sie erwartete jeden Augenblick, wieder auf die Erde zu stürzen. Mit schneller pochendem Herzen als sonst betrat sie das Klassenzimmer - *aber ihre neue Fähigkeit blieb*. […] Ein Paarmal zögerte sie noch, und natürlich machte sie noch Fehler. Aber die meiste Zeit konnte sie französisch so sprechen wie sie deutsch sprach - *automatisch und ohne nachzudenken.*" (S. 141f.; Hervorheb. v. mir, V.L).

wie jede Alltagserfahrung zeige – in bestimmten Fähigkeiten (der Herausgeber Harald Ludwig nennt das *Memory-Spiel*[12]) der älteren Generation überlegen ist, so dass die Älteren von den Jüngeren lernen sollten:

> „Wir haben auf dem Pfad der Erziehung immer wieder herausgefunden, dass Dinge, die für die älteren Kinder schwierig waren, den jüngeren leicht fielen. Außerdem ist in vielen Fällen das, was für den Erwachsenen schwer ist, nur deshalb schwierig für ihn, weil es sich um etwas Grundlegendes handelt, das für das Kind geeignet ist. Zum Beispiel sind alle Dinge, die eine Gedächtnisleistung oder sinnliche Wahrnehmung erfordern, für den Erwachsenen sehr schwierig und mühsam, aber sehr leicht für das Kind. Das Kind verfügt über eine positive Motivation für Arbeit mit den Sinnen und eine ausgeprägte Gedächtnisfähigkeit, sodass in dieser Periode die Basis für die höhere Bildung gelegt werden kann."[13]

1.3 Besonderheiten des Verstehensprozesses

All das ist bekannt und akzeptiert. Aber die oben zitierte Textstelle aus *Die sensitiven Perioden*, die sich etwas tastend (so, als wäre der Gedanke erst im Laufe des Formulierens gefunden worden) zu dem vorarbeitet, was schließlich gesagt werden soll, enthält gerade in den ersten Formulierungsversuchen bedenkenswert mehr. Es ist nichts weniger als die pädagogische Umkehrung (oder sagen wir vorsichtiger: Ergänzung) der Sozialisationstheorie.

Vorstellungen traditioneller Kulturpädagogik, vieler Theorien des Spracherwerbs und allemal der Sozialisationstheorie besagen, dass die ältere Generation Konventionen, Normen oder Selbstverständlichkeiten festlegt und lebt, die entweder über das Handeln oder aber über explizite Lehre tradiert werden. Und auch Montessori teilt diese Ansicht zuerst einmal:

---

[12] Montessori: Sensitive Perioden. S. 286, Fußnote 59.
[13] Montessori: Die sensitiven Perioden. Bd. XV. S. 286.

„Denn das Kind spricht mit zwei Jahren und lernt die Sprache, die in seiner Umgebung gesprochen wird, unabhängig von den Schwierigkeiten, die sie bietet, ohne dass sich ein menschlicher Lehrer darum kümmert, ihm diese beizubringen."[14]

Aber diese Auffassung kann nicht erklären, warum es zu Differenzen zwischen dem Gelehrten und dem Gelernten kommt (warum aus dem Lateinischen das Italienische wurde…): Kein Output entspricht dem Input – was die Psychometrie sogar als Mangel beurteilt und korrigieren will.

Nicht so Montessori. Sie zeigt, dass es gerade die Eigenart pädagogischen Handelns ist, dass in ihm der Output erstens *anderes* und zweitens *mehr* enthält als jeder Input. In guter Lehre wird beim Lernenden *mehr* thematisiert als das explizit Gelehrte – und zwar *Besseres*. Wenn nämlich die Sprache nicht als Kommunikationsmittel verstanden wird, welches das vom Sender Abgesandte übermittelt und dieses so zum Ideal macht, also nicht so, dass der Empfänger möglichst etwas so decodiert, wie es codiert wurde, dann geschieht zwischen Lehren und Lernen etwas anderes. Es geschieht das, was in der Sprache überhaupt geschieht: Sie muss verstanden werden. Verstehen heißt aber,

- dass nicht alles, was gesagt wurde, auf einmal verstanden werden kann,
- dass nicht alles, was gemeint war, gesagt werden kann
- und schließlich, dass mehr verstanden werden kann, als gesagt wurde.

Das Verstehen ist ein unendlicher Prozess und eine Leistung desjenigen, der versteht. Er decodiert keine Nachrichten, sondern er *erzeugt* („schafft") mit seiner angeborenen Sprachfähigkeit dasjenige, was er zu hören oder zu lesen bekommt. Verstehen ist also gerade keine Decodierung, keine

---

[14] Montessori, Maria: Der vergessene Bürger – Botschaft an die UNESCO [1951]. In: Montessori, Maria: Gesammelte Werke. Hg. v. Harald Ludwig […]. Bd. XV. Freiburg-Basel-Wien 2017 (2. korr. Aufl.). S. 305-312. Hier S. 310.

Reproduktion oder Aufnahme, sondern eine aktive Leistung.[15] Dies zeigt etwa die Literaturgeschichte mit ihren bedeutungsoffenen Texten. Sie zeigt z.B., dass einerseits nie alles verstanden wird, was im literarischen Werk gesagt wird, andererseits aber etwas immer wieder neu herausgefunden wurde und wird, was dem Autor selbst nicht deutlich war.

Wenn familiale Erziehung und Schule sich wesentlich sprachlich ereignen, dann gilt dieses grundlegende Sprachverhältnis natürlich auch für den pädagogischen Sprachgebrauch: Nicht alles, was Eltern und Lehrer sagen (oder tun), wird schon verstanden, dafür wird aber mehr verstanden als das, was Eltern oder Lehrer meinten gesagt zu haben. Auch im schulischen Lehr-Lernprozess, auch im Fachunterricht werden also nicht einfach Informationen weitergeben wie bei einem Funkgerät, bei dem es darauf ankommt, dass das Signal so decodiert wird, wie es abgesendet wurde. Vielmehr wird auch im Fachunterricht durch Sprache Bedeutung hervorgebracht, welche die Schüler aus *ihrem* bereits vorhandenen Horizont verstehen. Zudem verändert sich das vorhandene Sprachsystem indirekt. Lehre bezieht sich also immer auf eine Sache *und* die Bedingung der Möglichkeit dieser Sache: Das Sprachsystem, das im Hören aktiviert und beim Verstehen verändert wird. Jeder Unterricht in jedem Fach ist sprachbildungsrelevant. So ergibt sich in jedem Unterricht (oder: in jedem pädagogischen Akt) *nie* ein Verhältnis von 1:1 zwischen Lehrer und Schüler, sondern die hermeneutische Grundregel gilt auch für den Fachunterricht, dass zwei Sinnfelder in eine dauerhafte und immer wieder neue Interferenz geraten, bei der nicht nur die Inhalte, sondern die Fähigkeiten zum Hervorbringen der Inhalte aktiviert und verändert werden.

---

[15] PISA misst also gerade kein „Textverständnis", sondern lediglich, ob Leser in einem Text das finden, was man ihnen zu suchen in Auftrag gegeben hatte. Das ist aber kein sprachaffines Lesen und kein Verstehen. Im Verstehen ereignet sich ein komplexer Dialog zwischen Geschriebenem und Lesenden unter den drei genannten Regeln. PISA testet nur den konservativen Bereich des Spracherwerbs, und damit gerade das nicht, was Zivilisation auszeichnet – Selbstbestimmung, Fortschritt, Perfektibilität, also Bildung. Sie testet, ob die tradierte Kultur passiv angeeignet wurde, nicht aber, ob jemand fähig ist, künftig Kultur zu schaffen.

Kapitel 7: Sprache

Es geht nicht um eine Idealisierung des Kindes in dem Sinne, dass dieses schon alles kann und es besser weiß. Zumindest an dieser Stelle betont Montessori ja ausdrücklich die bedeutsame lehrende und zum Üben auffordernde Arbeit der Eltern, Erzieher oder Lehrer:

> „Dennoch müssen wir uns konsequenterweise klar machen, dass der Erwachsene *helfen* muss. Also ist der Erwerb der Sprache im Alter von vier Monaten eine Frage der Erziehung. Deshalb rückt die *Erziehung* näher an die Geburt heran. Nun folgt auf die Leidenschaft, Laute zu hören, nicht unmittelbar die Fähigkeit, diese auch zu reproduzieren. Denn um die Laute zu reproduzieren, müssen die Organe *geübt* sein."[16]

Aber Hilfe, Erziehung und Übung sowie „Wiederholung und Verstand"[17] führen nicht zu einer identischen Reproduktion des Gelehrten, Vorgemachten oder Vorgelebten, sondern zu einer individuellen Aneignung. Diese Aneignung differiert zu dem, was als Anzueignendes vorgegeben wurde. Was also in der Kommunikationstechnik oder der Psychometrie als Mangel bewertet wird, ist gerade die Eigenart und (wie wir sehen werden) der Gewinn des menschlichen Verstehens- und damit Bildungsprozesses. Erziehung und Unterricht erreichen daher nie eine Reproduktion der vorhandenen Kultur im Kind; sondern sie geben in Auftrag, Kultur zu *schaffen*. Bildung ist nicht Weitergabe von Kultur, sondern Befähigung, Kultur erst noch zu schaffen. Genau dies kann man vom Verstehensprozess der Kinder lernen. Insofern lehrt das Verstehenlernen seitens der Kinder die Erwachsenen, wie Sprache funktioniert.

Wie dieser Auftrag erfüllt wird, hängt nun gerade nicht nur von den Maßnahmen des Auftragsgebenden ab – auch nicht nur von einer immer feiner steuernden Psychologie oder von organisatorischen Disziplinierungsmaßnahmen; sondern es hängt auch von dem ab, der zu verstehen sucht. Da aller Unterricht und alle Erziehung sprachliche Vorgänge sind, unterliegen sie den Eigenheiten und Grenzen von Sprache. Und daher kann

---

[16] Montessori: Die sensitiven Perioden. Bd. XV. S. 285. Hervorheb v. mir, V.L.
[17] Montessori: Die sensitiven Perioden. Bd. XV. S. 285.

man folgern und formulieren: Nur dasjenige unserer Tradition und Gegenwart wird überhaupt in Zukunft zur Kultur, was von den Kindern in der Rezeption eigenständig *geschaffen* wird. Die Kultur entsteht erst in der erzeugenden Rezeption der nachwachsenden Generation. Die nachfolgende Generation ist es, die durch ihr Handeln über die Güte unserer pädagogischen Arbeit entscheidet.

1.4 Bedeutung wird geschaffen

Dieser Gedanke mag um die Wende zum 20. Jahrhundert in der Tat ungewöhnlich gewesen sein. Unpassend in der Hochzeit der Auffassung, dass Bildung Traditionsweitergabe sei, so dass der Herausgeber des Bandes zu Recht kommentiert:

> „Es ist nicht ganz klar, was an dieser Stelle gemeint ist. In ihrem Spätwerk ‚The Absorbent Mind' (1949) geht Montessori noch einmal sehr ausführlich auf den Sprachaufbau durch das Kind ein. Der Mensch erbt danach nicht die Sprache, sondern nur das Vermögen, die Sprache aufzubauen, was das kleine Kind in der sensiblen Phase für Sprache durch das Absorbieren aus seiner (sprachlichen) Umwelt leistet und später vervollkommnet. Natürliche Dispositionen, Umwelteinflüsse und Eigenaktivitäten des Kindes wirken hier zusammen."[18]

In der Sprache amalgamieren offensichtlich drei Größen oder Kräfte, die alle vorhanden sein müssen, damit Sprache erworben werden kann: „Natürliche Dispositionen, Umwelteinflüsse und Eigenaktivitäten".

Es gab die Vorstellung von einer Tradition, die durch Belehrung weitergegeben wird und für die nächste Generation immer bedeutsam bleibt. (In den Reproduktionen des Belehrten fand diese Auffassung ihre ideale Prüfungsform.) Montessori dreht die Logik um, und provoziert so ein grundlegend anderes Verständnis für die sprachlich bedingte Eigenart

---

[18] So die Fußnote des Herausgebers in: Montessori: Die sensitiven Perioden. Bd. XV. S. 284. Fußnote 56.

des pädagogischen Prozesses. An der Sprache zeigt sie, dass unsere Gegenwartssprache nur insoweit bedeutsam ist, wie sie von der nachfolgenden Generation aufgegriffen wird: Was die nachfolgende Generation nicht sprachlich aktiv hält, ist verloren für immer oder aber so lange, bis es eine spätere Generation an- oder aufnimmt. Pädagogisch betrachtet ist keineswegs dasjenige Lernergebnis, was der Lehrende vorschreibt und der Schüler reproduziert, sondern das, was der Lernende daraus Neues schafft und für sich versteht oder rekonstruiert: „Man kann sogar sagen, wenn jede Sprache heute ihre eigene charakteristische Grammatik und Aussprache aufweist, dann ist das so, weil *das Kind* diese bewahrt hat."[19] Nur das wurde tatsächlich gelehrt, was *schaffend* aufgenommen wurde. Alles andere ist eitle Freude des Lehrers, aber keine Lehre.

1.5 Sprechen heißt Ordnen

Der Sprachvorgang benennt nicht die bereits geordnete Welt, sondern umgekehrt, er ordnet die Welt. Zwar muss es die Welt, die geordnet wird, geben und in ihr unterscheidbare Gegenstände, aber was das Sprechen zusammenfasst oder trennt, obliegt dem Sprecher – nicht der Welt. Ein einfaches Beispiel: Wir halten Wasser und Feuer für etwas, was in der Welt getrennt ist. In der Metapher *Feuerwasser* wird aber beides verbunden: es gibt etwas, das ist wie Wasser, brennt aber zugleich wie Feuer. Wir können in einem Raum Lebewesen, Menschen, Tiere und Pflanzen, aber auch Frauen oder Männer, Kleine oder Große, Gesunde oder Kranke wahrnehmen – immer ordnet die Sprache eine vorausgesetzte Welt. Nicht die Welt gibt uns die Ordnung vor, sondern wir ordnen sie. Montessori fragt: „Was nimmt das Kind auf? Was hält das Kind fest?" Aufnehmen und Festhalten sind Ordnungsvorgänge. Und weiter:

> „Über welche andere Besonderheit verfügen wir alle noch? Über die Reihenfolge der Wörter, wie sie einander folgen, um unserem Reden Sinn zu verleihen. Das Kind nimmt diese

---

[19] Montessori: Die sensitiven Perioden. Bd. XV. S. 284.

Reihenfolge auf. Die Ordnung verleiht der Sprache Sinn. Wenn man in einer bestimmten Sprache das Adjektiv vor das Nomen setzen muss, muss man das auch tun. Jedes Wort muss seine eigene Position in der Sprache besetzen. Ansonsten ergibt unsere Rede keinen Sinn. Diese Genauigkeit verleiht den Wörtern ihren Sinn. Deshalb muss der Artikel, das kleine Wort, vor das Nomen gesetzt werden. Wenn das Kind nicht mit dieser Sensibilität für Ordnung ausgestattet wäre, welche die Position für alles festhält, wie könnte dann die Ordnung der Sprache in unserem Geist gefestigt werden? So ist diese Ordnung bei großen und bei kleinen Gegenständen festgelegt."[20]

1.6 Verstehen als Spiegelung des Sprechers

Nur das aktiv Verstandene und selbst Rekonstruierte der nachfolgenden Generation kann uns sagen, was von uns und unserer Kultur übrigbleiben wird – was demnach Zukunft wird. Zukunft ist Leistung der Kinder. *Vom Kinde ausgehen* heißt also, pädagogisches Handeln so zu arrangieren, dass Kinder befähigt werden, Zukunft selbst schaffen zu können. Ihre Zukunftsfähigkeit muss Maßstab unseres pädagogischen Handelns werden.

Zudem können wir an der Sprache unserer Kinder erkennen, wie wir sind – und noch mehr. Wir selbst sehen uns immer nur, wie wir uns sehen wollen; wie wir scheinen oder wirken wollen – oder zu scheinen oder zu wirken fürchten. An der Sprache unserer Kinder aber können wir besser erkennen, wie wir *tatsächlich* gesprochen oder gewirkt haben, ohne dieses „tatsächlich" je ganz evaluieren zu können. Wir können von der Sprache unserer Kinder lernen, uns neu zu sehen. *Die Kindersprache hält uns den Spiegel vor, aus dem wir lernen können, wie wir uns gegeben haben.* Damit ist mehr gemeint als jene Volksweisheit, die weiß, dass „Kindermund Wahrheit kund tut", oder als das Märchen von des Kaisers neuen Kleidern,

---

[20] Montessori, Maria: Der absorbierende Geist [1948]. In: Montessori, Maria: Gesammelte Werke. Hg. v. Harald Ludwig […]. Bd. VII. Freiburg-Basel-Wien 2011. S. 172-187. Hier S. 185.

an dessen Ende es Kinder sind, die rufen: „Aber er (also die ältere Generation, VL) hat ja gar nichts an"[21].

Die Kindersprache ist ein Spiegelbild unserer Existenz – und je besser die Kindersprache wird, desto mehr können wir von ihr lernen, wer wir sind. Montessori betont ja beides: „Es stimmt, dass in der Natur die Sprache vererbt wird, *aber die analytische Arbeit wird vom Kind verrichtet.*"[22] Die Kinder finden das heraus, was wichtig ist. Es fragt sich: Wichtig wofür?

1.7 Die je Einmaligkeit des Sprechers

In einer von den Erwachsenen als „falsch" bezeichneten Kindersprache spiegelt sich daher zuerst die Fehlleistung der Erwachsenen als Erzieher – aber nicht nur das. Zugleich besitzt das kindliche Sprachvermögen die „analytische" Fähigkeit, Fehler auszugleichen: Denn Sprache ist auch selbstursprünglich; sie wird zwar angesichts vorhandener Sprache erworben, aber sie entsteht *dabei* in jedem Menschen aus eigenem Vermögen *neu*. Verstehen heißt, *neue* Geltungsansprüche zu stellen.

Das Sprachvermögen entsteht nicht durch den Erwerb der Sprachtradition. Es ist vielmehr in jedem Menschen aktiv. *In der Sprache des Kindes artikuliert sich ein neues Selbst, das mehr und anderes ist als die Summe der Einflüsse auf das Selbst.* Dieses Selbst hat einen Eigensinn, es sucht nach Lebenssinn oder aber (um es in der Alltagssprache zu formulieren) nach *Glück*.

---

[21] Andersen, Hans Christian: Märchen. Mit 100 Bildern nach Aquarellen von Ruth Koser-Michaëls. Berlin 1938. S. 89-93 Hier S. 93: Die Bemerkung des Kindes wird ganz im vorgestellten Sinne kommentiert: „'Hört die Stimme der Unschuld!', sagte der Vater [...]; und der eine zischelte dem anderen zu, was das Kind gesagt hatte. ‚Aber er hat ja gar nichts an!' rief zuletzt [!, VL] das ganze Volk." Das Volk lernt vom Kind.

[22] Montessori: Die sensitiven Perioden. Bd. XV. S. 284. Hervorheb. v. mir, V.L.

Die *vorgefundene,* die konventionelle Sprache enthält diesen *Eigensinn* der nachfolgenden Generation nicht, sie kann ihn gar nicht enthalten. Denn jeder Mensch ist anders. Jeder Mensch ist daher einmalig, jedes Neugeborene ist anders als alle Menschen zuvor. Jeder Mensch ist folglich in einem streng logischen Sinne einmalig, d.h. *neu.* (Wenn es nicht so wäre, würden wir alle gleich sprechen.)

Für die nachwachsende Generation ist die vorgefundene Sprache immer nur konventionell. Sie mag alles Mögliche enthalten, aber Eines ganz bestimmt nicht: nämlich ihr „Ich". Die tradierte Sprache *kann* ihr Ich nicht enthalten, weil dieses neue Ich die konventionelle Sprache noch nicht bereichern konnte. Das neue Ich findet sich nicht in der vorgefundenen Sprache; kann sich nicht in ihr befinden; es ist anders, weil es eben ein neues, unverwechselbares, einmaliges ich-bewusstes Ich ist. Die vom neuen Ich vorgefundene Sprache, die Sprache der Alten, erscheint konventionell oder sogar von Konvention in ihrem Wahrheitssinn zerstört - wie Nietzsche es formuliert:

> „Ein bewegliches Heer von Metaphern, Metonymien, Anthropomorphismen, kurz eine Summe von menschlichen Relationen, die, poetisch und rhetorisch gesteigert, übertragen, geschmückt wurden und die nach langem Gebrauch einem Volke fest, kanonisch und verbindlich dünken: die Wahrheiten sind Illusionen, von denen man vergessen hat, daß sie welche sind, Metaphern, die abgenutzt und sinnlich kraftlos geworden sind, Münzen, die ihr Bild verloren haben und nun als Metall, nicht mehr als Münzen, in Betracht kommen. (…) [W]ahrhaft zu sein, das heißt die usuellen Metaphern zu brauchen, also moralisch ausgedrückt: von der Verpflichtung, nach einer festen Konvention zu lügen, herdenweise in einem für alle verbindlichen Stile zu lügen."[23]

---

[23] Nietzsche, Friedrich: Ueber Wahrheit und Lüge im aussermoralischen Sinne. Zit nach: Nietzsche, Friedrich: Digitale Kritische Gesamtausgabe. Werke und Briefe. [Friedrich Nietzsche, Digital critical edition of the complete works and letters, based on the critical text by G. Colli and M. Montinari, Berlin/New York, de Gruyter 1967-, edited by Paolo D'Iorio]. (= http://www.nietzschesource.org/#eKGWB/WL-[Titel]) Zuletzt abgerufen am 15.02.2022.

Das sei es, was die ältere Generation unter „Wahrheit" verstehe.

Angesichts des dreifachen Sprachzusammenhangs bei Kindern (Natur, Tradition, Eigensinn) liegt daher in der neuen Sprache des Kindes das Vorbild, wie denn zu sprechen sei, wenn die Welt nicht mit der gegenwärtigen Generation beendet sein soll. Im Kind wächst die Zukunft, nicht in den Überlieferungsabsichten der alten Generation. Als die „Neuen" fragen Kinder anders nach den Konventionen als jene, die die Konventionen bewahren. (Guter Unterricht muss also diese neue Frage nicht nur zulassen, sondern fördern.)

Ich fasse zusammen: Es lassen sich, wie vom Herausgeber festgestellt, drei Beteiligungsbedingungen des Spracherwerbs unterscheiden: ein ursprüngliches Sprachvermögen, das vor allem Erwerb historischer Sprachen bereits als System vollständig vorhanden sein muss; jenes kognitive System, dass die historisch vorhandene, tradierte und benutzte Sprache aufnimmt – und jene Kraft, die es erlaubt, mit der Tradition eigenwillig umzugehen, wenn etwas formuliert und sogar wenn etwas (und das ist wichtig:) verstanden wird. Dieser dreifach bedingte Sprachaufbau ist die Eigenheit *menschlichen* Sprechens[24] und somit eine seiner existenziellen Daseinsbedingungen – ja die schlechthin entscheidende, der „zentrale Punkt [...], der die Menschheit von anderen Arten unterscheidet."[25]

2. Historischer Kontext

Man kann Montessoris Theorie des „Lernens der Älteren von den Jüngeren", das zugestandenermaßen vielen alltäglichen Vorstellungen von Pädagogik widerspricht, im historischen Abstand differenzierter erkennen,

---

[24] Und damit auch die Unterscheidung zu allen Tier-„Sprachen" bestimmt, wie Montessori meint: „Bevor der Mensch erschien, gab es keine Sprache auf der Erde." Montessori: Das kreative Kind. S. 100.
[25] Montessori: Das kreative Kind. S. 100.

wenn man zeitgleiche Überlegungen mitdenkt. Ich wähle als Beispiel einen Philosophen und Schriftsteller aus.

2.1 Ein philosophischer Kontext

Friedrich Nietzsche war u.a. einer der bedeutenden Schulkritiker des 19. Jahrhunderts. Seine Kritik richtete sich besonders auf jene Vorstellung von Bildung, die später als „Enkulturation" verstanden werden sollte – also als Weitergabe von vorhandener oder als Eingewöhnung in die vorhandene Kultur. Nietzsche zeigt auf, dass Bildung am Ausgang des 19. Jahrhunderts zur institutionalisierten Tradierung von ehemaligen Bildungsinhalten verkümmert, also zu einem umfassenden, alle Fächer strukturierenden Geschichtsunterricht geworden sei, der impliziere, dass in der Tradierung und Reproduktion der Vergangenheit Lösungen für die Probleme der Zukunft zu finden seien. Nun fragt Nietzsche provokant nach dem „Nutzen und Nachteil" einer solchen allesumfassenden „Historie fürs Leben". Er findet nur einen vagen Nutzen:

> „Gewiß, wir brauchen Historie, aber wir brauchen sie anders, als sie der verwöhnte Müßiggänger im Garten des Wissens braucht […]. Das heißt, wir brauchen sie zum Leben und zur Tat, nicht zur bequemen Abkehr vom Leben und von der Tat, oder gar zur Beschönigung des selbstsüchtigen Lebens und der feigen und schlechten Tat. Nur soweit die Historie dem Leben dient, wollen wir ihr dienen […]."[26]

Nicht die Tradition, sondern das Leben und die künftige Tat sollen die Bildungsprozesse regulieren: Nietzsche will nach wie vor *gebildete* Menschen, aber eben auf eine besondere Art gebildet (und so spricht er zwei der genannten drei Sprachschichten an): Der

---

[26] Nietzsche, Friedrich: Vom Nutzen und Nachteil der Historie für das Leben. In: Nietzsche, Friedrich; Werke. Aufgrund der dreibändigen Ausgabe von Karl Schlechta herausgegeben von Ivo Frenzel. Bd. I. München 1999. S. 113-174. Hier S. 113.

Kapitel 7: Sprache

> „Blick in die Vergangenheit drängt sie [die wahrhaft Gebildeten] zur Zukunft hin, feuert ihren Mut an, es noch länger mit dem Leben aufzunehmen, *entzündet die Hoffnung*, daß das Rechte noch komme, daß *das Glück* hinter dem Berg sitze, auf den sie zuschreiten. Diese historischen Menschen glauben, daß der Sinn des Daseins im Verlaufe seines *Prozesses* immer mehr ans Licht kommen werde, sie schauen nur deshalb rückwärts, um an der Betrachtung des bisherigen Prozesses die Gegenwart zu verstehen und die Zukunft heftiger begehren zu lernen; *sie wissen gar nicht, wie unhistorisch sie trotz aller ihrer Historie denken und handeln,* und wie auch ihre Beschäftigung mit der Geschichte nicht im Dienste der reinen Erkenntnis, sondern des Lebens steht."[27]

Lernen heißt neu Entwerfen. Es wird deutlich, wie notwendig der Mensch, neben der monumentalischen (verehrend-nachahmenden) und antiquarischen (bewahrenden) Art, die Vergangenheit zu betrachten, eine *dritte* Art nötig hat, die *kritische*. Denn erst sie dient dem Leben.

> „Er muß die Kraft haben und von Zeit zu Zeit anwenden, eine Vergangenheit zu zerbrechen und aufzulösen, um leben zu können: dies erreicht er dadurch, daß er sie *vor Gericht zieht*, peinlich inquiriert und endlich verurteilt: *jede Vergangenheit aber ist wert, verurteilt zu werden* – denn so steht es nun einmal mit den menschlichen Dingen"[28].

Was ist nun das Leben? Das Leben muss ein *begrifflich unfassbarer Begriff* sein, denn die herrschenden Begriffe entspringen der Tradition, der Konvention, kurz: der *monumentalistischen* Geschichte, die alles zudeckt, erdrückt und abtötet. Das Leben ist unbegrifflich, wie die Tat. Bildung solle nun Be-Urteilung („Gericht"[29]) der Tradition sein, um Neues zu schaffen:

---

[27] Nietzsche: Nutzen. S. 119f. (Hervorheb. v. mir, V.L.).
[28] Nietzsche: Nutzen: S. 129. (Hervorheb v. mir, V.L.).
[29] Nietzsche verwendet zwei Bilder: „vor Gericht zieh(en)" und „verurteilt werden". Aber ein Gericht „verurteilt" nicht nur, es beurteilt zuvor. Man müsste also „verurteilen" so verstehen, dass es zu einem Urteil kommt, einer Prüfung also.

> „Das Wissen *muß* seinen Stachel gegen sich selbst kehren – dieses [...] *Muß* ist der Imperativ des Geistes der ‚neuen Zeit', falls in ihr wirklich etwas Neues, Mächtiges, Lebensverheißendes und Ursprüngliches ist."[30]

Damit sind das geordnete, das traditionelle Wissen und das Wissen der Tradition nicht Ziele von Bildung: „Überstolzer Europäer des neunzehnten Jahrhunderts, du rasest! Dein Wissen vollendet nicht die Natur, sondern tötet nur deine eigne."[31]

Aber woher kommen die Maßstäbe der Kritik an der Tradition, der Überlieferung, der Konvention? Woher kommt die erst noch zu schaffende Kultur – denn das, was ist, sei Tradition, nicht aber Kultur: „Der Deutsche [hat] keine Kultur [..], weil er sie auf Grund seiner Erziehung gar nicht haben kann. Er will die Blume ohne Wurzel und Stengel: er will sie also vergebens. Das ist die einfache Wahrheit, eine unangenehme und gröbliche, eine rechte Notwahrheit."[32]

Die Kritik an der Tradition könne nicht formuliert, sondern sie müsse gelebt werden – und sie werde bereits gelebt, nämlich in der jungen Generation:

> „In dieser Notwahrheit muß aber *unsere erste Generation* erzogen werden; sie leidet gewiß an ihr am schwersten, denn sie muß durch sie sich selbst erziehen, und zwar sich selbst gegen sich selbst, zu einer neuen Gewohnheit und Natur, heraus aus einer alten und ersten Natur und Gewohnheit: so daß sie mit sich altspanisch reden könnte: ‚*Defiendame Dios de my*', Gott behüte mich vor mir, nämlich vor der mir bereits anerzognen Natur. [...] [J]eder einzelne dieser Generation muß sich überwinden, von sich zu urteilen, was er als allgemeines Urteil über eine ganze Zeit schon leichter ertragen würde: wir sind ohne Bildung, noch mehr, wir sind zum Leben, zum richtigen und einfachen Sehen und Hören, zum glücklichen Ergreifen des Nächsten und

---

[30] Nietzsche: Nutzen. S. 155. (Hervorheb i. Original).
[31] Nietzsche: Nutzen. S. 160.
[32] Nietzsche: Nutzen. S. 170.

Natürlichen verdorben und haben bis jetzt noch nicht einmal das Fundament einer Kultur, weil wir selbst davon nicht überzeugt sind, ein wahrhaftiges Leben in uns zu haben."³³

Nicht Tradition und Reproduktion gewährleisteten Bildung und damit Leben, es sei umgekehrt: Die Lebenspraxis der jungen Generation, die *Taten* der jüngeren Generation sollen die Kriterien der Bildung bestimmen. Von ihr solle die ältere Generation lernen:

> „Schenkt mir erst Leben, dann will ich euch auch eine Kultur daraus schaffen! – so ruft jeder einzelne dieser ersten Generation, und alle diese einzelnen werden sich untereinander an diesem Rufe erkennen."³⁴

Bildung könne also nicht durch Reproduktion der Tradition geschehen, sondern nur durch die Kraft dessen, was noch ohne Kultur ist, die neue Generation: „Kein Gott und kein Mensch: nur ihre eigne *Jugend*: entfesselt diese und ihr werdet mit ihr das Leben befreit haben. Denn es lag nur verborgen, im Gefängnis, es ist noch nicht verdorrt und erstorben – fragt euch selbst!"³⁵ Die alle Konventionen abwehrende Jugend sei das Ideal, dem die Bildung nachgestaltet werden muss:

> „Und hier erkenne ich die Mission jener *Jugend*, jenes ersten Geschlechtes von Kämpfern und Schlangentötern, das einer glücklicheren und schöneren Bildung und Menschlichkeit voranzieht, ohne von diesem zukünftigen Glücke und der einstmaligen Schönheit mehr zu haben als eine verheißende Ahnung. Diese Jugend (…) glaubt (…) einer kräftigeren Gesundheit und überhaupt einer natürlicheren Natur sich berühmen zu dürfen als ihre Vorgeschlechter, die gebildeten ‚Männer' und ‚Greise' der Gegenwart. *Ihre Mission aber ist es, die Begriffe, die jene Gegenwart von ‚Gesundheit' und ‚Bildung' hat, zu erschüttern* und Hohn und Haß gegen so hybride Begriffs-Ungeheuer zu erzeugen; und das gewährleistende Anzeichen ihrer eignen kräftigeren Gesundheit soll gerade dies sein, daß sie, diese Jugend

---

[33] Nietzsche: Nutzen. S. 170. Hervorheb. i. Original.
[34] Nietzsche: Nutzen. S. 171.
[35] Nietzsche: Nutzen. S. 171. Hervorheb i. Original.

> nämlich, *selbst keinen Begriff, kein Parteiwort aus den umlaufenden Wort- und Begriffsmünzen der Gegenwart zur Bezeichnung ihres Wesens gebrauchen kann,* sondern nur von einer in ihr tätigen kämpfenden, ausscheidenden, zerteilenden Macht und von einem immer erhöhten Lebensgefühle in jeder guten Stunde überzeugt wird."[36]

Unschwer ist hier jenes Denkmuster zu erkennen, das wir auch bei Montessori gefunden hatten: Die Norm der Bildung liegt nicht in der Tradition, sondern bei jenen, die sich zur Tradition kritisch, urteilend, prüfend ins Verhältnis setzen. Die sie verstehen wollen und dadurch verändern. Dieses Verändernkönnen ist Ziel der Bildung. *Jugend* (*Kindheit*), *Leben* und *Tat* sind die Metaphern für den Menschen vor der Kultur (es sind Synonyma); Jugend ist die Bedingung für das Entstehen einer besseren Kultur. Die Analyse der vorkulturellen Jugend würde aufzeigen, was die allgemeinen und auch für Erwachsene gültigen Bedingungen dafür sind, dass Kultur entstehen kann. Vom Lernenden könnten die Lehrer lernen, wie zu lehren sei.

2.2. Der literarische Kontext

Wir hatten allerdings gesehen, dass Montessori das pädagogische Verhältnis im Hinblick auf Sprache differenzierter fasst und sprachliche Bildung als Prozess sieht, der mit drei Größen operiert: Dem angeborenen Sprachvermögen, der Ausbildung des Vermögens durch erzieherische Unterstützung und dem selbstursprünglichen Sprachwillen des Verstehenden.

Wir wollen diesem Sprachverständnis, das gegen die landläufige Auffassung von Erziehung als Weitergabe kultureller Standards steht, noch näher kommen, indem wir nun fragen, ob es empirische Belege für die radikale und nun noch einmal zugespitzte Vorstellung gibt, dass die folgende Generation den Maßstab für die Bildung abgeben kann.

---

[36] Nietzsche, Nutzen. S. 172f. Erste Hervorheb. i. Original, alle weiteren von mir, V.L.

Einen Beleg mag die Literaturgeschichte hergeben, und zwar die neuere, weil sie besser dokumentiert ist als jene der älteren Zeiten. Seit etwa 250 Jahren ist dabei ein Mechanismus zu beobachten, der immer wiederkehrt und somit geeignet ist, die These Montessoris und indirekt Nietzsches zu illustrieren. Denn immer wieder gibt es Werke ganz junger Autoren, die durch ihre Sprache den bis dahin gültigen Literaturbegriff revolutionieren und in einer neuen Sprache, die sie nirgends gelernt haben *können*, Standards setzen, die von nun an gelten und die ältere Literatur als Vorgeschichte erscheinen lassen. Goethes Roman über *Die Leiden des jungen Werther* von 1774 wäre als berühmtestes Beispiel zu nennen[37] – Goethe war 25 Jahre alt, als er den Text in nur 6 Wochen schrieb. Mit 21 hatte Friedrich Schiller ebenso ein epochemachendes und unkonventionelles Schauspiel verfertigt: *Die Räuber*. Georg Büchner war 23 Jahre alt, als er – nach dem Schauspiel *Dantons Tod*, der Novelle *Lenz* (beide 1835) und dem Lustspiel *Leonce und Lena* (1836) das neue Maßstäbe setzende Drama *Woyzeck* verfasste. Thomas Mann schrieb mit 22 Jahren die *Buddenbrooks*, einen Roman, der mit seiner narrativen Ironie eine neue Gestaltungsart präsentierte. Die Liste ließe sich beliebig verlängern, über Peter Handke, der mit 24 Jahren in Princeton einen gesamten Schriftstellerverband der veralteten Sprache wegen kritisierte und letztendlich seine Auflösung mit verursachte[38], bis heute.[39] Übrigens international: In England hießen einige

---

[37] Vgl. etwa (mit zahlreichen Literaturangaben): Jäger, Georg: Die Wertherwirkung. Ein rezeptionsästhetischer Modellfall. In: Historizität in Sprach- und Literaturwissenschaft. Vorträge und Berichte der Stuttgarter Germanistentagung 1972. In Verbindung mit Hans Fromm und Karl Richter herausgegeben von Walter Müller-Seidel. München 1974. S. 389-409.
[38] Vgl. Die Gruppe 47. Bericht, Kritik, Polemik. Ein Handbuch. Hg. v. Reinhard Lettau. Neuwied-Berlin 1967. S. 218-247.
[39] Vgl. die einschlägigen Beiträge in: Neuhaus, Stefan; Holzner, Johann (Hg.): Literatur als Skandal. Fälle-Funktionen-Folgen. Göttingen 2007.

der Neuerer „Angry Young Men"[40] in den USA „Beat Generation"[41], um nur einige Hinweise zu nennen.

Aber geht es in diesen literarischen Beispielen noch um Kinder? Nun ja, es geht um die nachfolgende Generation - immerhin. Denn es fragt sich, wo sie die neue Sprache gelernt haben konnten, die nun zum Maßstab für die ältere Generation wird. Doch nicht aus der überlieferten Kultur! Und man mag dies für eine Geschichte von literarischen Sonderbegabungen halten, für Sonderfälle. Aber ein solches Urteil hieße, den pädagogischen Schatz ungehoben zu lassen, der in diesen Schicksalen verborgen liegt. Es ist ein allgemeiner Prozess, der hier prominent an der Oberfläche erscheint: In der nächsten Generation wird ein Anspruch gestellt, der noch nicht zur Konvention geworden ist, der sich auch nicht konventionell ausdrücken kann, sondern der sich gegen die Konvention behauptet. Eine andere, und in diesem Fall eine neue Perspektive auf die Welt. An der Art dieser Aneignung ist zu lernen, dass Aneignung jenseits von Tradition und Kultur vorgestellt werden muss und gelingen kann. Zu lernen ist von Kindern, dass Bildung nicht als Aneignung der Kultur erfolgt, sondern die zu fördernde Fähigkeit ist, Kultur erst zu schaffen. Bei dieser Einsicht muss eine *Pädagogik vom Kinde aus* ansetzen. Maßstab zur Beurteilung der literarischen Kultur ist also die Fähigkeit, eine neue Literatur zu schaffen, nicht aber, die alte reproduzieren zu können. Es ist das Prinzip der Avantgarde.

Es soll nicht versucht werden, einzelne Autoren zu idealisieren und das Solitäre zur Norm zu erklären. Es geht vielmehr um den Versuch, an etwa zeitgleichen Beispielen anschaulich werden zu lassen, was Montessori mit der Vorstellung einer von Kindern gegen die Tradition aufgestellten Sprach- (und damit Handlungs-)norm zu erfassen suchte. Und es ist zu sehen, dass von ihr ein im Bildungskontext viel zu wenig beachtetes

---

[40] Vgl. Wilson, Colin: The Angry Years. The Rise and Fall of the Angry Young Men. London 2007.
[41] Vgl. Paetel, Karl O. (Hg.): Beat. Die Anthologie. Augsburg 1993 (2. Aufl.).

Prinzip der Sprache herausgehoben und für den pädagogischen Umgang freigelegt wurde.

3. Zusammenschau

Versuchen wir, den hier erfassten Vorgang zusammenzufassen – und dabei auf jede Mystifizierung oder Idealisierung des Kindes (als gottgleichem Wesen), die der Reformpädagogik als Dogma unterstellt wird, zu verzichten.

Am Lernen der Kinder ist zu erkennen: Im Verstehen eignen wir uns nicht nur das zu Verstehende an, sondern wir denken es, aber eben neu und auf unsere Art. Jedes Verstehen ist ein Innovationsprozess von hypothetischer Gültigkeit. Aber wie auch immer er in der nachträglichen Reflexion zu bewerten ist, er fügt zuerst einmal dem zu Verstehenden etwas hinzu, was dieses selbst nicht intendiert oder gar bemerkt hat. So bereichert der Verstehende *immer* das zu Verstehende – selbst im Missverständnis.

Im Akt des Verstehens wird das zu Verstehende unter den Bedingungen desjenigen neu geschaffen, der zu verstehen sucht. Er konstruiert, was der andere sagt, mit seinen Möglichkeiten, unter seinen Bedingungen und mit seinen (Sinn-) Erwartungen. Er unterwirft das zu Verstehende einem Verständnis aus der Perspektive des eigenen Lebenssinns. Er beurteilt es, indem er zu verstehen sucht.

Keine Nationalsprache gleicht der anderen, das gilt auch für individuelles Sprechen. Wir sagen alles aus unserer Lebensgeschichte heraus, und daher verstehen wir auch alles aus unserer Lebensgeschichte. Wir müssen uns um Objektivität bemühen, aber sie wird immer beschränkt bleiben vom Horizont unseres Verständnisses. Die gleichen Sätze bedeuten jeweils etwas anderes, je nachdem, wer sie zu verstehen sucht. Für die einen eröffnet der Mathematikunterricht eine neue Welt, für den anderen ist schon die Mathematik verschlossen. Aber ist es die gleiche Mathematik? Und jedes Mal muss der, der sie lehrt, sich fragen, wie es zu dem an seinen Schülern wahrgenommenen Verständnis gekommen ist – und muss sich korrigieren, so dass er sich besser verstanden wähnt. Er richtet sein Sprechen am Schaffensprozess des Verstehenden aus.

Damit strahlt das Verstandene auf den zurück, der verstanden werden will. *Er erfährt vom anderen, dass der Versuch, ihn zu verstehen, einerseits nicht alles enthält, was er gemeint hatte, andererseits aber mehr, als er selbst gewusst hatte.* Insofern kommt jedem Verstehensakt ein innovatives (vielleicht sogar utopisches[42]) Moment zu, weil das Verstehen über das, was der Sprechende selbst verstanden haben will, hinausgeht. Und insofern erfahren wir mehr *über uns*, wenn wir uns verstehen lassen, d.h. wenn wir uns um Verständnis beim anderen bemühen. Das ist der Sinn von Öffentlichkeit. Durch das Verstandenwerden erhellt sich, was wir gedacht hatten, ohne es bewusst zu haben. *Im Versuch des Anderen, uns zu verstehen und uns dieses Verständnis mitzuteilen, hebt der Andere Aspekte an uns hervor, die über das hinausgehen, was wir selbst an uns verstanden haben können.* Wir erfahren in der *Rezeption* des von uns Gesagten mehr über uns, als wir bisher wussten.

Dieses hermeneutische Grundgesetz trifft sogar auf jene angeblich vorsprachlichen Prozesse zu, mit denen uns ein Kleinkind oder ein Säugling zu verstehen sucht. So erklärt Montessori:

> „Kleine Kinder drücken sich nicht nur über Sprache aus, sondern mit allen Mitteln, die ihnen zur Verfügung stehen; und schon bevor sich die Sprache entwickelt hat, haben sie ein ausgeprägtes Seelenleben, dem große Bedeutung zukommt."[43]

Aber diese Mittel müssen sprachlich sein, weil Bedeutung anders als in Sprache nicht artikuliert werden kann, wie Montessori betont:

---

[42] Vgl. zur Idee des utopischen Verstehens: Raulet, Gérard: Subversive Hermeneutik des ‚Atheismus im Christentum'. In: Seminar: Zur Philosophie Ernst Blochs. Hg. u. eingel. v. Burghart Schmidt. Frankfurt/M. 1983. S. 50-74.
[43] Montessori, Maria: Die Beobachtung sehr kleiner Kinder [1923/1924]. In: Montessori, Maria: Gesammelte Werke. Hg. v. Harald Ludwig, […]. Bd. VII. Freiburg-Basel-Wien 2011. S. 147-154. Hier S. 148.

„Diese Beobachtungen zeigen offenbar, dass es bedeutsame innere Verarbeitungsprozesse im Kind gibt. Es drückt sich selbst aus, so gut es kann, nicht nur in Worten, sondern auch in Bewegungen; und sobald es ein paar Wörter lernt, gebraucht es diese, um Dinge auszudrücken, die passiert sind, schon bevor es die Wörter kannte."[44]

Der letzte Satz hat weitreichende Implikationen:

„Ihre Erinnerung an Dinge, und an das, was stattgefunden hat, ist sehr genau, sogar bevor sie es in Sprache ausdrücken können. Ein Kind, das noch nicht sprechen konnte, war einmal bei einer Geschichte dabei, die älteren Kindern erzählt wurde. Niemand dachte, dass es zuhörte, aber einige Zeit später, als es ein paar Worte sprechen konnte, verwies es auf diese Geschichte und bestand darauf, dass diese bevorzugt vor jeder anderen wiederholt werde."[45]

Das Kind verstand also Sprache, bevor es selbst sprechen konnte. Das Schreien des Säuglings, das nicht endet, obwohl wir ihn beruhigend in die Arme nehmen und ihn zutraulich ansprechen, zeigt uns auf sprachliche Weise,[46] dass der Trost des Erwachsenen nicht ausreicht, dass die Worte nicht die richtigen sind, um jene tiefe Daseinsruhe zu evozieren, die Menschen brauchen, damit sie sich zuhause, heimisch und behütet fühlen („Bindung"). Das Nichtverstehen, das sich im Schreien äußert, zeigt die

---

[44] Montessori: Die Beobachtung sehr kleiner Kinder. Bd. VII. S. 150.
[45] Montessori: Die Beobachtung sehr kleiner Kinder. Bd. VII. S. 150. So im Original.
[46] Das ist altes pädagogisches Wissen, die Sprachlichkeit der Gesten: „Mit dem Gesichte findet sich auch das Vermögen zu lachen und zu weinen. Wenn das Kind nun in diesem Zustande ist, so schreit es *mit Reflexion*, sie sei auch noch so dunkel, als sie wolle. Es meint dann immer, es sei ihm etwas zu Leide gethan. Rousseau sagt: Wenn man einem Kinde, das nur ohngefähr sechs Monate alt ist, auf die Hand schlägt: so schreit es in der Art, als wenn ihm ein Feuerbrand auf die Hand gefallen wäre. Es verbindet hiermit schon wirklich *den Begriff* einer Beleidigung." Immanuel Kant: Über Pädagogik [1803]. In: Immanuel Kant. Werke in zehn Bänden. Hg. v. Wilhelm Weischedel. Bd. X. Darmstadt 1983. S. 694-761. Hier S. 718. Hervorheb. v. mir, V.L.

Unzulänglichkeit unserer Worte und Handlungen und provoziert den Erwachsenen gegenüber die Frage danach, wie sie einen Säugling denn ansprechen müssten, damit er sich geborgen fühlt und beruhigt. Seine Aktion weitet die Konventionalität des erwachsenen Sprechens aus.

Freilich muss man an einer Stelle nachfragen. Montessori schreibt nicht, dass man die Sprache der Kinder lernen soll, sondern dass man sie „erbt":

> „Wenn es jemanden gibt, der erbt, so ist es der Erwachsene, der vom Kind die Sprache erbt, die er spricht!"[47]

(Die Konditionalform verweist noch einmal darauf, dass Montessori hier ein Gedankenspiel spielt; sie erprobt im Schreiben einen Gedanken: Sie überlegt, wie eine Metapher zu verstehen wäre, wenn man sie benutzte... aber sie sagt nicht, dass man es so machen *muss*. Lassen wir uns auf das Gedankenspiel ein!) Was heißt nun „erben"? Für den deutschsprachigen Kulturkreis stellt sich eine berühmte Stelle aus Goethes *Faust* ein: „Was du ererbt von deinen Vätern hast, / Erwirb es, um es zu besitzen!"[48] In diesem Sinne, den wir freilich nicht unterstellen dürfen und daher nur hypothetisch heranziehen, wäre das *Erben* ein aktiver Vorgang, ein Lernakt („erwirb es"). Wenn nun Erwachsene die Sprache von den Kindern erben, also lernen sollen, dann trifft auf die Struktur dieses Lernaktes vieles von dem zu, was über die Struktur des kindlichen Lernaktes gesagt wurde: Auch im erwachsenen Lernen der kindlichen Sprache erfolgt das Lernen aus dem Horizont und dem Sinnbestreben eigenen Sprechens und Erlebens. Wenn wir die Aussagen Montessoris über die Sprache umfassend verstehen und vielleicht weiterdenken wollen, dann doch in dem Sinne, dass der dreifache Sprachzugang (Natur, Geschichte, Glücksstreben) auch für den Erwachsenen geöffnet ist. Im erwachsenen Verstehen spiegelt sich folglich auch das kindliche Sprechen. Im Sprechen des Erwachsenen

---

[47] Montessori: Die sensitiven Perioden. Bd. XV. S. 284.
[48] Goethe, Johann Wolfgang: Faust. Der Tragödie erster und zweiter Teil. Hg. u. komm. v. Erich Trunz. München 1981. (= Goethes Werke. Bd. III. Textkritisch durchgesehen und kommentiert von Erich Trunz. (Hamburger Ausgabe) München 1976. 10. Aufl.) S. 29 (= Vers 682f.).

erkennt sich auch das Kind besser, als es sich ohne Verständnis durch den Anderen selbst verstehen würde.

Folglich ist ein wechselseitiger Prozess zu beobachten, bei dem nicht der eine oder der andere das letzte Wort spricht (und die letzte Sprachnorm festsetzt), sondern dasjenige, was von beiden angesprochen ist. Nehmen wir an, es wären Wahrheit, Sittlichkeit und Sinn (Glück). Wahrheit, Sittlichkeit und Sinn können nach den Eigenheiten der Sprache, wie Montessori sie beschreibt, nie vollständig in einer Sprache erscheinen, weil Eltern von Kindern erben, diese aber von den Eltern erben und so immer weiter. Denn aus Kindern werden ja Eltern, so dass das, was für ihre Eltern galt, einst für sie gelten wird: Sie müssen von ihren Kindern lernen. Dann aber ist zu schließen, dass kein Sprechen, weder das konventionelle der Eltern noch das originelle der Kinder, schon Ausdruck des Ganzen ist, dessen also, was *überhaupt* zu sprechen wäre. Auch das kindliche Sprechen trifft nicht das *Ganze* des Aussprechbaren, sondern hat nur Teil an ihm. (Allerdings im Generationsverhältnis den innovativen Anteil.[49]) Beiden gemeinsam ist, dass sie auf dieses vorausgesetzte *Ganze* hin sprechen. Es werden also nicht Generationen gegeneinander verrechnet – Sprache als Erbe der Eltern versus Sprache als Erbe der Kinder. Vielmehr zeigt Montessori auf, dass das Ziel der Erziehung weder auf der einen, der elterlichen Seite liegt (was die Kulturpädagogik ihrer Zeit annahm), noch auf der Seite der Kinder (was sie ja hypothetisch erwägt), sondern zwischen beiden unaussprechbar vorausgesetzt ist. Die Bedeutung ihres Beitrages zur Sprachtheorie liegt darin, *die Kindesseite* dieses wechselseitigen Verstehens herausgehoben und bis zur Grenze reflektiert zu haben.

Wenn wir Montessoris zentrale Aussage nicht trivial im Hinblick auf Grammatik und Wortschatz auslegen, sondern sprachkritisch betrachten, dann hebt ihre Beobachtung etwas hervor, was die Menschen seit jeher

---

[49] Wenn vorausgesetzt wird, dass jeder Mensch anders ist, kann die bestehende Welt nur, vergleichen mit der künftigen Generation, konventionell verharren. Die neue Generation bring qua Definition einen bisher unbekannten Blick auf die Welt hervor – eben weil sie (wie zuvor vorausgesetzt) anders ist, als die vorhergehenden Generationen.

bestimmt hat, ohne dass es ihnen immer bewusst gewesen wäre: dass Sprache nicht allein tradiert werden kann, sondern angesichts von Tradition zugleich und immer wieder neu erzeugt werden muss, und dass diese neue Sprachform jener Sprache, die bisher gesprochen wurde, etwas Bedeutsames hinzufügt. Um es im Bild zu sagen: Die Nachfahren der Römer in Italien sprechen nicht Latein, sondern Italienisch – obwohl ihre Ur-Ur...Großeltern Latein gesprochen haben. Die Sprachgeschichte erklärt sich aus genau diesem Prozess der individuellen Aneignung der Tradition im Lichte eigener Erfahrungen und eigenen Sinnbemühens. *Insofern liegt die künftige, die hypothetische Norm der Sprache (das Prüfen des Gesagten) nicht allein im zu Verstehenden, sondern im Verstehen.* Im Akt des kindlichen Verstehens liegt der Fortschritt, weil er unser Sprechen (und Handeln) spiegelt – und insofern bestätigt oder kritisiert und, was das Bedeutsame ist, – weil etwas Neues, bisher Ungesagtes hinzukommt. Es ist bisher unausgesprochen und ungedacht, denn unter der Annahme der je-Einmaligkeit des Menschen *kann* es noch nicht ausgesprochen worden sein. In jedem Fall müssen wir es bedenken; unsere Konventionen werden herausgefordert durch das Verstehen des Kindes. Und dies auch dann, wenn Syntax und Semantik noch nicht denen der Erwachsenen gleich sind. Von Kindern können die Erwachsenen lernen, ihr Sprechen besser zu bedenken, es in ihrem Gelingen anspruch zu beurteilen. Oder, wie es Nietzsche schrieb: Sprechen und Lehren sind Traditionen, die man „vor Gericht zieht". Bildende Lehre hieße dann, zum Beurteilen aufgeben, um die Fähigkeit zu evozieren, das, was wir Kultur nennen, erst noch zu schaffen.

Kapitel 8: Praxis: Über die Vorläufigkeit des pädagogischen Handelns

1. Eine Beobachtung und eine Frage

Das Modell Maria Montessori ist weltweit erfolgreich und in dieser Hinsicht konkurrenzlos. Einer der Gründe für diesen globalen Erfolg wird in dem zu suchen sein, was Schleiermacher die „Dignität der Praxis"[1] genannt hat. In Bezug auf die Pädagogik Montessoris lautet die These: Das Modell Montessori hat sich weniger theoretisch denn vielmehr als Praxis exportiert. Geht das? Und was hieße dann „Dignität von Praxis"?

Dignität ist, wörtlich aus dem Lateinischen *dignitas* übersetzt, die eigene, uneinholbare Würde, die spezifische Bedeutung von etwas. Hat also die Praxis eine eigene, von der Theorie uneinholbare Dignität? Gibt es sogar ein Primat von Praxis – oder zumindest eine *Vorläufigkeit* der Praxis, in den Bedeutungen etwa, dass Praxis *immer* vorläufig gilt oder *nur* vorläufig gilt – oder allem Denken *vorausgeht*?

2. Vorüberlegungen

Dignität von Praxis? Wieso eigentlich? Ist Praxis nicht immer *intendiertes* Handeln – also der Theorie nachgängig, von ihr abhängig? Verlangt Praxis nicht vorab eine theoretische Bestimmung, um welche Art von Praxis es sich handelt? Woher weiß man z.B., dass die Konzepte der *Ärztin* Maria Montessori eine *pädagogische* und nicht etwa eine *therapeutische* Praxis konstituieren? Woher weiß man, dass eine Praxis eine *gute* Praxis ist? Doch auf Basis eines Urteils, das *vorab* seine Begriffe und Kriterien gebildet haben muss. Man hat zuerst Begriffe von Pädagogik und Therapie und

---

[1] Schleiermacher, Friedrich: Die Vorlesungen aus dem Jahre 1826 (Nachschriften). In: Friedrich Schleiermacher. Pädagogische Schriften. Unter Mitwirkung von Theodor Schulze hg. v. Erich Weniger. Bd. I. Düsseldorf, München 1957. S. 11.

kann dann aufgrund der vorausgesetzten Begriffe beurteilen, welche Art von Praxis vorliegt: eine pädagogische oder eine psychologische Praxis. Oder: Man legt vorab fest, was *gute* pädagogische Praxis sein soll, und kann einen Fall von Pädagogik im Nachhinein auf seine Güte hin überprüfen. Vorläufigkeit hieße hier, dass natürlich erst etwas stattfinden (vor-laufen) muss, bevor man es beurteilen kann. Aber *vorläufig* heißt auch, dass es dann *bis auf Weiteres*, also vorläufig, gilt.

Besitzt derjenige, der die Montessori-Pädagogik als *gelungene* pädagogische Praxis ansieht, nicht schon vorab ein System an Begriffen? Muss er nicht *vorab begründet* über einen Begriff dessen verfügen, was Pädagogik sei? Und setzt er nicht voraus, sogar zu wissen, was *gelungene* Pädagogik sei? Und muss er dies nicht theoretisch rechtfertigen? Kurz: Sind Begriffe nicht *logisch* früher als alle Erfahrung? Und muss man nicht, wenn man etwas begründet plant, sowohl ein Ziel wie einen Grund haben, bevor man es plant – Aristoteles spricht von Zweckursache.[2]

Zweifellos wird man in all diesen Fällen vom Primat des Begriffs sprechen müssen. Wer Praxis systematisch beschreibt, plant und bewertet, muss erstens vorab einen Begriff von dem haben, was er beschreiben will. Er muss zweitens vorab Kriterien ausweisen, an denen er bemessen will, was er als die Güte des Beobachteten beschreibt. Wer *pädagogisches* Handeln plant, muss dies drittens im Hinblick auf *pädagogische* Prinzipien tun – weil er andernfalls gar nicht wüsste, ob er Pädagogisches plant oder Medizinisches oder Politisches. Begriffe kann man nicht in der Praxis finden. Man findet vielmehr Praxis erst, wenn man einen Begriff von dem hat, was man sucht. Man kann Praxis erst beurteilen, wenn man Kriterien für die Beurteilung vorhält.

Das sind die Voraussetzungen pädagogischen Handelns. Damit ist die Frage nach der Dignität von Praxis allerdings noch nicht entschieden.

---

[2] Aristoteles unterscheidet *causa finalis* (Zweckursache), *causa formalis* (Formursache), *causa materialis* (Stoffursache) und *causa efficiens* (Wirkursache). Bei der Zweckursache geht der Begriff der Handlung (ihr Zweck) dieser logisch voraus.

Denn das Primat des Begriffs betrifft nicht alle denkbaren Fälle und Aspekte pädagogischen Handelns.³

3. Einige Probleme

3.1 Das Ableitungsproblem

Zuerst einmal gibt es keine pädagogische Praxis, die *unmittelbar* einer Theorie folgte, die der Theorie gehorchte. Die Wirklichkeit fügt sich nicht völlig unseren Intentionen. Praxis hat offensichtlich ihren Eigensinn. Das war der Anlass für Rousseau, seine systematische Pädagogik als *Prinzipien*lehre, nicht aber als Aufstellen von Handlungs*normen* zu verfassen. Wer versucht, pädagogische Handlungen aus Prinzipien stringent abzuleiten, wird feststellen, dass das nicht geht. Denn immer auch entscheidet das aufnehmende Milieu mit seiner komplexen Mechanik über die Aufnahme dessen, was man ihm anträgt. Lehrer wissen z.B., dass man nie die gleiche Unterrichtsstunde ein zweites Mal identisch hält.

Eine Ursache dafür ist der *Zufall*. Aber nicht nur. Eine weitere Ursache hierfür ist die *Komplexität* von Praxis. Aber ebenfalls auch nicht nur. Sondern die (*pädagogisch* bedeutsame) Ursache ist der *Eigensinn* derer, die handeln, Lehrender wie Lernender. Dieser ihr Eigensinn verweigert sie

---

[3] Auch im *politischen* Handeln gibt es Beispiele dafür, dass nicht der Zweck einer Handlung diese hervorbringt, sondern diese selbst sich nachträglich befragen muss, welchen Zweck sie denn eigentlich *hatte*. (Vgl. Ladenthin, Volker: Destinatives und auratisches Handeln. Anmerkungen zur Handlungstheorie, nebst einigen aktuellen Applikationen anlässlich terroristischen Handelns. In: Helsper, Werner; Hillbrandt, Christian; Schwarz, Thomas (Hg.): Schule und Bildung im Wandel. Anthologie historischer und aktueller Perspektiven. Wiesbaden 2009. S. 235-253; FS für Wilfried Breyvogel.) Man spricht auch von Eigendynamik oder Domino-Effekt, so dass Handlungen andere Handlungen ohne Reflexion nach sich ziehen: Hierzu gehört etwa kollektives Verhalten in der Masse, das Gustave Le Bon (Psychologie der Massen. Aus dem Französischen von Rudolf Eisler, 2. Auflage Leipzig 1912. Nachdruck Köln 2016) beschrieben hat.

der intentionalen Behandlung oder Lenkung. Menschen wollen nicht immer so, wie man ihnen will. Das unterscheidet sie von Marionetten oder Statuen – und deshalb kann man Bildungsprozesse nicht so planen, wie man die Produktion von Marionetten oder die bildhauerische Schöpfung von Statuen plant. Bildung ist nicht die Formung von Material. Bildung geschieht nicht analog zur Herstellung von Marionetten oder Statuen, analog zur Bildhauerei, bei welcher der Bildhauer seine Absichten an willenlosem Material verwirklicht. Wer im Hinblick auf Schulen von *Qualitätsmanagement* spricht und dabei handwerkliche oder industrielle Fertigungsprozesse im Blick hat, hat nicht bedacht, dass ein Mensch nicht Produkt der Umstände oder Einflüsse ist, sondern „Produkt seiner selbst" (Pestalozzi sagte: „Werk seiner selbst").[4]

Dieser Eigensinn, der sich einer output-gesteuerten Planung versagt, ist nun nicht etwa bedauernd einzukalkulieren. Er ist vielmehr pädagogisch wertvoll und daher gerade zu fördern. Ihn zu stärken ist sogar das Ziel pädagogischen Handelns. Pädagogische Handlungen intendieren in der Moderne ironischerweise Unvorhergesehenes. Natürlich nicht Willkür. Sondern Mannigfaltigkeit.

Ein erster Grund hierfür ist die unantastbare individuelle Würde der Einzelperson. Pädagogische Führung will die Autonomie des Anderen bestärken. Pädagogisches Handeln will die Unverfügbarkeit des Anderen auslösen. Am Paradox der modernen (nach-handwerklichen) Kunsterziehung wird deutlich, was allgemein gilt: Ein Kunstwerk ist nicht die stringente Folge von Normen. Kunst lehrt man nicht, indem ein Meister seinen Lehrling auffordert, das nachzuahmen, was er ihm vormacht oder anderen vorschreibt. Vielmehr muss Kunst heute so gelehrt werden, dass der Schüler etwas machen kann, was der Lehrer nicht vorgemacht hat – sonst nämlich wäre das Kunstwerk des Schülers ein Plagiat. Sonst wäre es möglich, eine beliebige Anzahl von z.B. Mozarts, Goethes oder Picassos zu

---

[4] Genauer: Ladenthin, Volker: Qualitätssicherung an Schulen in freier Trägerschaft. Vortrag auf der Jahresversammlung der Arbeitsgemeinschaft freier Schulen in Hessen. Frankfurt/M. o.J. [2001].

produzieren. Andererseits: Ohne das Studium der Werke von Mozart, Goethe oder Picasso (oder anderen Künstlern) wüsste niemand, was Kunst ist. Kunst, obwohl erlernt, lebt vom Eigensinn gegenüber der Lehre. Kultur übrigens auch – und damit komme ich zum zweiten Grund.

Ein zweiter Grund dafür, dass das Ziel pädagogischer Intentionen eine „nicht-intentional- herstellbare Mannigfaltigkeit" ist, liegt in der Offenheit unserer Gesellschaft. Unsere Gesellschaft findet erst im Verfertigen ihre Normen. Sie verfertigt – ich denke an Heinrich von Kleist und seinen Aufsatz über das Verfertigen von Gedanken beim Reden – beim Handeln die Normen für dieses Handeln. Das ist der Sinn von politischen Wahlen. Normen angesichts von Prinzipien erst noch zu finden. So arbeiten auch erfolgreiche Unternehmen: Sie stellen sich flexibel auf verändertes Kaufverhalten der Konsumenten ein. Sie betreiben Marktforschung am Verhalten der Kunden, so dass ihre Praxis dem vorhergeht, was die Unternehmen als Nächstes planen wollen. Pädagogisches Handeln kann und darf deswegen nicht einfach in die bestehende Kultur einführen, sie statisch tradieren, sondern muss die nächste Generation befähigen, mit der überlieferten Kultur eigenständig prüfend umzugehen und sie dadurch neu zu gestalten – also sie genau genommen erst zu schaffen. Die nachfolgende Generation schafft die Kultur; die ältere gibt sie nicht einfach weiter. Kultur ist nicht planbar, sondern nur kreativ zu gestalten.

Das gilt analog auch, ja vielleicht sogar besonders für Wirtschaftsprozesse: Wir ziehen Nutzen aus einer Wirtschaftskultur, die ihren Gewinn nicht mit der Reproduktion des Bestehenden, sondern aus der Expansion des Innovativen erzielt. Expansion und Wachstum meinen ja nicht nur die quantitative Zunahme und die Binnendifferenzierung des Bestehenden. Wachstum meint in unserer Gesellschaft Innovation. Wachstum meint nicht das Befriedigen von Not, sondern das Entdecken von Bedürfnissen. Entdeckungen kann man nicht ansteuern, so das dritte Argument, sondern nur auslösen.

So unterscheidet sich die Pädagogik der Neuzeit von der Pädagogik in geschlossenen Kulturen: Individualität, Offenheit und Innovation lassen ein mechanistisches Verständnis von Theorie und Praxis nicht zu. Theorie und Praxis stehen nicht wie Ursache und Wirkung zueinander. *Unterrichtsprozesse haben in der Moderne das Ziel, unvorhersehbare Mannigfaltigkeit auszulösen.* Damit aber ist Praxis nicht mehr der Theorie nachgeordnet. Sie ist ihr so merkwürdig gleichgestellt, dass eine genauere Betrachtung nötig ist.

3.2 Takt; pädagogische Urteilskraft

Bei der Umsetzung von Theorie in Praxis bedarf es einer eigenen Urteilsform, die man aber weder theoretisch lehren noch durch Aneignung von Theorie lernen kann: Es ist die Urteilskraft (Kant) oder der pädagogische Takt (Herbart). Takt oder Urteilskraft entscheiden darüber, in welcher Situation man welches theoretische Prinzip anwenden soll. Die (1) *bestimmende Urteilskraft* subsumiert Praxis einer vorhandenen Theorie. Die (2) *reflektierende Urteilskraft* sucht anlässlich von Praxis erst noch eine Theorie. Pädagogische Praxis verlangt vom Lehrenden diese reflektierende Urteilskraft. Er muss die Normen seiner Handlungen erst noch bestimmen – freilich bezogen auf die Prinzipien der Pädagogik. Pädagogische Praxis erfordert pädagogisch reflektierende Urteilskraft.

Die Herausforderung der pädagogischen Urteilskraft besteht *erstens* darin, eine Situation *pädagogisch* gestalten zu wollen. Dazu muss der Lehrende wissen, was *prinzipiell* pädagogisch ist und was pädagogisch *richtig* ist. Aber aus dem Wissen um Prinzipien leiten sich keine Handlungsnormen ab. Denn die Situation bleibt, selbst als vorbereitete, diffus. Der Lehrende muss sie erkennen.

Pädagogische Urteilskraft beinhaltet daher *zweitens* die Fähigkeit, das Vorgefundene unvoreingenommen wahrzunehmen. Jeder Mensch ist ein Unikat. Jeder ist anders. Jeder will anderes. Der Lehrende darf den einzelnen Menschen nicht einfach als zu Belehrenden sehen oder so, wie er ihn (oder andere) immer gesehen hat. Er muss sich jedes Mal fragen, ob er alles gesehen hat und alles Gesehene richtig bewertet.

Pädagogische Urteilskraft besteht *drittens* darin, Neues, Unentdecktes zu sehen. Man geht eben nicht zweimal in die gleiche Klasse, um den berühmten Satz des Heraklit zu variieren.

Spezifisch pädagogische Urteilskraft besteht *viertens* darin, das Noch-Nicht zu sehen, die *Möglichkeit* im Tatsächlichen, den Vorschein. Damit sind nicht nur notwendige *Prognose* und ebenso notwendige *Ermutigung* gemeint, sondern auch ganz andere Überlegungen. Verlangt ist die Fähigkeit (die *Kunst* könnte man sagen), im gegenwärtigen *Handeln* (und darum geht es) ... im *gegenwärtigen* Handeln eines Schülers *künftige* Möglichkeiten zu entdecken und zu fördern. Also nicht nur Lernen auszulösen, sondern eine je gemäße *Perspektive* für das Lernen auszulösen. Nicht nur die tatsächliche Leistung zu betrachten, sondern die *mögliche* Allokation des Lernenden mit einzubeziehen. Ein Pädagoge muss den Lernenden prozessual betrachten, als sich entwickelndes Ich – obwohl er die Richtung der Entwicklung nicht kennt. Es ist die spezifisch pädagogische Urteilskraft, in einem *unfertigen Handeln* – nämlich dem Lernen – bereits dasjenige zu erkennen, was sich der Lernende am Ende seines Bildungsprozesses für seinen Beginn gewünscht haben würde. Dafür gibt es keine Regeln, weil das, was das Handeln bestimmen soll, erst anlässlich des erfolgten Handelns und sogar durch das Handeln hervorgebracht werden kann. Das ist die Dignität des Tätigen, *weil erst das Tätigwerden das hervorbringt, durch das es zuvor geregelt werden sollte*. Dies kann nur im Tätigwerden des Schülers und des Lehrers erkannt werden. Hier sehen wir nicht nur Dignität von Praxis, sondern ein Primat der Praxis.

3.3 Die Vieldeutigkeit der Praxis

Die Rede von Theorie und Praxis täuscht Eindeutigkeit nur vor: Was Theorie ist, lässt sich vielleicht noch bestimmen. Aber was ist Praxis? Eine Handlung? Eine Summe von Handlungen? Ein Wechselspiel von Handlungen? Eine Interaktion? Wann beginnt eine Handlung – und wann endet sie? Gehört die Intention zur Handlung? Ist also „gut gemeint" ebenso gut wie „gut gemacht"? Oder bemisst man Handlungen besser an den Folgen (heute spricht man vom „out-put" oder vom „out-come")? Muss man zwischen unbewusster Motivation und rationalem Zweck unterscheiden – und können sich beide in einer Handlung nicht widersprechen? Sind Zweck und Sinn einer Handlung zu unterscheiden – und was regelt dann die Handlung? Gehören Reaktionen, Interpretationen, Rezeptionen mit zur Handlung - so, wie ein Roman in seiner Interpretation neu entsteht? Gehören die Folgen und Nebenwirkungen, die Kollateralschäden, die billigend in Kauf genommenen Konsequenzen ebenso wie die unbeabsichtigten Nebenwirkungen noch zu einer einzigen Handlung? Muss man Handlungen nicht vom Hantieren, die Tat von der Tätigkeit unterscheiden? Dann meint die *Tätigkeit* die zweckmäßige Bearbeitung von Natur und Kultur, die eine definierte Ausgangslage und ein operationalisierbares Ergebnis beinhaltet. Die Tat (*Handlung*) meint ein Weltverhältnis, das einem Subjekt zugeschrieben wird, von ihm zu begründen und daher zu verantworten und in seinen Wirkungen auf und in seinen Folgen für die Würde anderer Menschen zu bedenken ist. Aber wo liegt die Grenze zwischen Tat und Tätigkeit? Und schließlich: Ist die Denkbewegung nicht auch eine Handlung? Zumindest findet das Denken unter handlungsrelevanten Bedingtheiten statt. Diese Bedingtheiten können so stark sein, dass das Denken bei veränderten Bedingtheiten anders denkt. Wir denken unter Zwang und Handlungsnötigung, bei Angst und Bedrohung anders, als wenn wir entspannt sind. Wie aber entscheiden wir, welches Denken das richtige ist? Die Sprechakttheorie schließlich sieht das Sprechen als Handlung an – was aber wäre dann das Denken in Sprache?

Das, was wir Praxis nennen, ist ein Geflecht von Hantierungen, Tätigkeiten, Taten und Handlungen, das erst unter theoretischer Perspektive geordnet werden kann. Es gibt also keine Handlung schlechthin, sondern immer nur eine Wahrnehmung von Aspekten dessen, was geschieht. Praxis wird erst unter theoretischer Maßgabe und Vorgabe überhaupt begreifbar. Das heißt aber im Umkehrschluss: Das, was wir theoretisch begreifen, *ist nicht und ist nie* die ganze Praxis oder die Praxis als Ganzes.

Da Praxis sich immerwährend ereignet, leben wir in einer Mannigfaltigkeit, die sich uns nie total, sondern immer nur perspektivisch erschließt. Sie ist unserem Denken immer ein Stück voraus. Sie läuft unserem Denken zeitlich voraus. Praxis ist vorläufig. Wir sind in ihr, handeln in ihr, bestimmen sie durch unser Denken und Handeln, und können sie *letztlich* doch nur vorläufig erkennen: „Aus der Perspektive eines Beobachters können wir eine Handlung identifizieren, aber nicht mit Sicherheit als die Ausführung eines spezifischen Handlungsplans beschreiben."[5] Soweit Jürgen Habermas.

Praxis ist ein Vorgang eigener Würde, den wir immer nur so weit erkennen können, wie wir erkenntnisleitende Fragen stellen. Nie aber werden wir der Praxis insgesamt habhaft, obwohl wir in ihrer Gesamtheit total gefangen sind und uns bewegen. In einer Schulstunde ereignet sich mehr, als alle Theorie beschreiben kann. Das heißt nun nicht, dass Theorie unsinnig ist. Gerade nicht. Sondern es bedeutet genau das Gegenteil: Wenn wir eine Schulstunde verstehen wollen, dann brauchen wir Theorien, um sie wenigstens in Teilen zu verstehen. Aber alles Verstehen umfasst nie die ganze Stunde. Und doch haben wir sie als Gesamtheit erlebt.

Es ist wie mit der Kultur. Sicher kann man es unternehmen, unsere Kultur zu erklären. Aber alle Erklärungen machen nicht unsere Kultur aus. Dies ist eine Erfahrung, die man jedes Mal macht, wenn man aus einem Auslandsaufenthalt zurückkehrt und sich fragt, was an deutscher Realität eigentlich so deutsch ist. Keine Einzelheit ist zu nennen. Denn alles, was man nennen würde, gibt es in anderen Ländern auch – und doch weiß man: Jetzt bin ich wieder im deutschen Geltungsbereich. Ausland – Deutschland: Das sind zwei Milieus, die sich auch durch den Austausch von Details nicht angleichen lassen. Sie bleiben different.

Dieser Umstand ist erziehungstheoretisch von großer Bedeutung: Wenn wir Schulen als Kulturen begreifen – wir sprechen ja auch von einer

---

[5] Habermas, Jürgen: Handlungen, Sprechakte, sprachlich vermittelte Interaktionen und Lebenswelt. In: Habermas, Jürgen: Nachmetaphysisches Denken. Philosophische Aufsätze. Frankfurt/M. 1988. S. 63-104. Hier S. 64.

Schulkultur – sollte man sie auch so verstehen und verändern, wie man Kulturen versteht und verändert: Aus einem Gesamtverständnis heraus. Kulturen kann man nicht logisch erklären. Sie sind – wie übrigens das Schulsystem – nicht systematisch geordnet. Kulturen sind historisch entstanden. Man kann sie nicht durch isolierte Eingriffe intentional steuern. Das gilt auch für die Schulkultur.

Wenn wir ein Bildungssystem verändern wollen, so gelingt dies besser *mit* diesem System – als durch Einwirkung *auf* das System. Der Versuch, Gesamtschulen einzurichten, kann da als Lehrstück dienen. Gegen den Willen und die Erfahrung der Praxis kann kein noch so rationales Argument etwas ausrichten. Die bestehende Kultur eines Schulsystems ist also ein systematisches Argument. Vollzüge erheben einen Geltungsanspruch. Es ist die Normativität des Vollzugs.

Die Bildungsplanung muss die Einzelschule als Kultur begreifen, als Gesamtheit, als Wirkungsgefüge und Handlungsgeflecht, als Milieu. Dann hat sie die Chance, etwas zu verbessern und so zu verändern. Durch ein gemeinsames, wechselseitig überzeugendes Gespräch, das die Befürchtungen und Interessen, aber eben auch das reichhaltige Praxiswissen der Betroffenen wirklich ernst nimmt.

Hier ist die Montessori-Pädagogik ein Modell, an dem man lernen kann. Die Montessori-Pädagogik bewirkt Veränderungen nicht nur durch Ideen, sondern auch durch Handlungen. Verfahren werden übernommen. Praxen werden nachgestaltet. Das Milieu erscheint überzeugend. Der Umgang mit Materialien. Die Umgangsweisen der Menschen. Man sieht sich ein bestehendes Kinderhaus an und versucht es genau so zu machen. Es ist die alte Logik von Vorbild und Nachahmung, *die nicht erst den Begriff konstruiert*, der zwischen beidem vermittelt, sondern das Vorbild unmittelbar aber analog adaptiert.

Praxis hat zudem einen Aufforderungscharakter: Wenn es so ruhig zugeht, wie in einem Montessori-Kinderhaus, dann muss etwas dran sein an der Methode: Versuch es doch auch mal.

Und schließlich erweist Praxis die Tunlichkeit eines Modells. Das typische Argument „Das kann gar nicht funktionieren" ist ausgehebelt durch die Beobachtung, dass es funktioniert.

„Modelle haben eine erkenntnissteigernde und innovative Funktion", schreibt Harald Ludwig[6]. Die Logik von *Vorbild und Nachahmung*, der *Aufforderungscharakter von Praxis* und das *Prinzip der Tunlichkeit* sind gewichtige Gründe zur Erklärung des Erfolgs der Montessori-Pädagogik. Sie hat natürlich eine Theorie – aber sie wirkt nicht nur über diese. Sie wirkt über das, was man eben als Dignität von Praxis bezeichnet.

Nach der Darstellung dieser drei Verhältnisse zwischen Theorie und Praxis möchte ich nunmehr eine Grundlegung des Gedankens der Dignität von Praxis versuchen und anschließend normativ ausformulieren.

4. Anthropologische und epistemische Begründung

Mit der Bemerkung, dass „als bekannt vorauszusetzen" sei, „was man im allgemeinen unter Erziehung versteht"[7], hat Schleiermacher die Pädagogik als unverzichtbar grundgelegt. Pädagogik kann man nicht erfinden. Denn der, der sie erfinden will, ist ja schon Ergebnis ihres Wirkens – also muss es sie vorher gegeben haben, bevor er es weiß. Pädagogik ist mit dem Menschsein gegeben. (Daher ist alles Bemühen um Antipädagogik müßig.)

„Der Mensch ist das einzige Geschöpf, das erzogen werden muss."[8] Mit diesem Satz beginnt und begründet Kant seine Pädagogik. Das Erwerben*müssen* durch ein zu Erwerben*aufgeben* liegt vor aller Theorie, weil das zu Erwerbende nicht angeboren ist. Lernen kann man nicht *lehren*

---

[6] Ludwig, Harald: Montessori-Pädagogik als Modell. In: Montessori. Zeitschrift für Montessori-Pädagogik 32 (1994). H. 3/4. S. 87ff. Hier S. 92.
[7] Schleiermacher: Vorlesung, S. 7.
[8] Kant, Immanuel: Über Pädagogik. Hg. v. Friedrich Theodor Rink [1803]. In: Kant, Immanuel: Werke in zehn Bänden. Hg. v. Wilhelm Weischedel. Bd. X. Darmstadt 1983. S. 693-761. Hier S. 697.

– weil der Lehrende voraussetzen muss, dass der Lerner bereits lernen kann. Lernen kann man nicht einmal *lernen* – eben weil man schon lernen können muss, um dann auch das Lernen zu lernen. Die Praxis des Lehrens und Lernens geht ihrer Theorie voraus. Sicherlich kann man das Lehren und Lernen kultivieren und in die richtige Richtung lenken. Aber Lehren und Lernen fanden als Praxis statt, bevor sie entdeckt wurden und gestaltet werden konnten. Der Vollzug des Lehrens und Lernens bringt jene Kategorien hervor, die man nach dem Vollzug reflektieren kann – wobei die Reflexionsfähigkeit selbst Ergebnis eines pädagogischen Vollzugs ist, der sich nicht erst begründen und dann vollziehen kann. Pädagogik ist mit dem Begriff des Menschen als bildsamem und denkendem Wesen immer schon gegeben. Daher ist sie zeitlos.

Wenn aber pädagogische Praxis schon vor dem Begriff vorauszusetzen ist und wenn Praxis durch keine noch so raffinierte Begriffsbildung je vollständig fassbar ist, dann kommt dieser Praxis noch in anderer Sicht besondere Bedeutung zu.

Praxis, also Geschehenes, Geschichte, ist nämlich all unserem Denken *vorläufig*. Praxis gilt nur bedingungsweise, denn wir können uns von Gewohnheiten lösen. Man kann also alles anders machen. Aber, und das ist die Pointe, nicht ohne Tradition. Maria Montessori hat im Rückgriff auf das vorlaufend Vorläufige der pädagogischen Überlieferung ihre pädagogische Praxis gestaltet. Wir wissen, dass sie die Erziehungspraxis bis hin zu den Materialien bei Itard und Seguin, bei Pestalozzi und Fröbel gestaltet vorfand. Sie hat das Neue in der Sprache des Alten eingeführt. Aber sie hat das Alte zugleich neu formuliert. Sie hat die Praxis zu verstehen gesucht und dann, mit dem der Praxis eigenen Vokabular, verändert: „Ich *kam* zu nachstehenden Schlußfolgerungen: Nicht nur beobachten, sondern auch verwandeln."[9] Verwandeln lautet das Zauberwort. Das Historische wird –

---

[9] Montessori, Maria: Die Entdeckung des Kindes [1909]. In: Montessori, Maria: Gesammelte Werke. Hg. v. Harald Ludwig [u.a.]. Bd. I. Freiburg-Basel-Wien 2010. S. 1-384. Hier S. 40. Hervorheb. v. mir, V.L.

Kapitel 8: Praxis

natürlich - unter dem Begriff wahrgenommen, aber der Begriff seinerseits ist wieder historisch usw. Begriff und Geschichte sind untrennbar.

Montessori schreibt dann: „Das Milieu, in dem die ersten ‚Kinderhäuser' entstanden, muß für die Erziehung ganz besonders günstig gewesen sein."[10] Und sie folgert: „Deshalb lohnt es sich, die einzelnen Elemente dieses Experiments zu analysieren."[11] Und hier haben wir wieder ein Beispiel für die Dignität von Praxis: In jeder Praxis steckt mehr als nur ihre Intention. Man muss Praxis also immer wieder neu interpretieren. Sie ist nicht mit ihrem Vollzug erledigt, sondern bleibt als Herausforderung, als Aufforderung bestehen. Die Praxis hält Lösungen bereit, zu denen wir die Probleme noch nicht einmal formuliert haben. Die Geschichte hat für die Vernunft grundlegende Bedeutung.

Die Geschichte ist der Vernunft aber noch in einem anderen Sinne *vor-läufig*. Geschichte *beansprucht* Geltung, bevor wir sie mit der Vernunft bearbeiten können. Sie *hat* faktisch Geltung, bevor wir sie mit der Vernunft bearbeiten können. Sie ist nämlich immer schon da. Sie stellt das Tätigkeitsfeld dar. Als es keine Flugzeuge gab, dauerte die Reise in die USA länger als im Zeitalter der Flugzeuge. Das Fehlen der Flugzeuge war eine unhintergehbare Norm, auch dann, wenn man sie ablehnte. Wir können die Geschichte nie ganz erkennen und sind doch Teil von ihr.

Und wir bedienen uns ihrer, wenn wir sie begreifen und verändern. Wenn die ältere mit der nachfolgenden Generation über *künftige* Regeln sittlichen Urteilens spricht, dann erfolgt dieses Sprechen unter Regeln von tradierter oder vorgegebener Sittlichkeit. Theorie wird unter den normativen Bedingtheiten von Praxis entworfen. Sie gelten faktisch. *Für das Kind geht also die Faktizität des Reguliertseins ihrer Begründung voraus.* Immer. Jeder Ethikunterricht wendet bereits eine Sittlichkeit an, wenn in ihm nach der richtigen Sittlichkeit gesucht wird. Ja, jedes pädagogische Bemühen ist Ausdruck von Sittlichkeit, weil es das *Sich-nicht-um-Kinder-Kümmern* als unsittlich ansieht. Diese Sittlichkeit muss aber in einem

---

[10] Montessori: Die Entdeckung des Kindes. Bd. I. S. 47.
[11] Montessori: Die Entdeckung des Kindes. Bd. I. S. 47.

pädagogischen Prozess erworben worden sein. Dass Philosophen unterschiedliche Formen der Ethik vorstellen und frei (und ohne Gefahr für Leib und Seele) öffentlich diskutieren können und dürfen, setzt die praktizierte Sittlichkeit einer offenen Gesellschaft und einer unzensierten Öffentlichkeit normativ voraus. Erst eine *zuvor* praktizierte (und zwar *richtig* praktizierte) Moralität macht es möglich, öffentlich und lehrend über die richtige Moral nachzudenken.

5. Grundsätzliche Aspekte

5.1 Die Macht der Tradition

Formulieren wir es paradox: Am Anfang *war* die Tradition. Die Begriffsfindung ereignet sich in normativer (vorgängiger) Praxis. Das Lernen von Prinzipien findet für den Lernenden in einer allen seinen Begründungen vorausgehenden Praxis statt. Wenn wir all unser Handeln zudem rational rechtfertigen sollten, stießen wir auf ein praktisches und auf ein theoretisches Problem.

Das praktische Problem bestünde darin, dass wir gar nicht mehr handeln könnten. Denn wir müssten fortwährend unser Handeln begründen. Aber die Begründung müssen wir wieder begründen und so weiter – bis in alle Unendlichkeit. Denn jede Begründung hat Implikationen, die wir offenlegen und rechtfertigen müssten. Der Diskurs ist zeitlich betrachtet unendlich – er ist mit der Geschichte identisch. So lange es Geschichte gibt, so lange wird man sich streiten und nach Begründungen suchen. Man käme, würde man völlig begründet handeln wollen, nicht zum Handeln. Unser Leben findet jedoch im Jetzt statt. Unsere Lebenszeit ist endlich: Wir müssen heute, hier und jetzt entscheiden, ob wir Mathematik mit Ziffern oder mit Perlen einführen. Für die Unendlichkeit der Argumentation bleibt da keine Zeit. Also greifen wir auf das Unentschiedene zurück, auf Gewohnheiten, Üblichkeiten – auf Traditionen. Wir lassen die Praxis entscheiden.

Das theoretische Problem besteht darin, dass wir das Begründen selbst nicht wieder begründen können. Denn dies wäre ein Regress ins theoretisch Unendliche. So können wir z.b. nicht einmal alle Worte, mit denen wir eine künftige Handlung begründen, begründen, d.h. definieren. Denn die definierenden Begriffe müssten wieder definiert werden und diese wieder – und so weiter. Die Sprache würde sich auflösen in ein fortgesetztes Definieren, das zu keinem theoretischen Ende führen würde. Auch beim Sprechen und Schreiben verfallen wir auf die Tradition, die die theoretische Unendlichkeit auf den Boden der Geschichte zurückholt: Wir verlassen uns darauf, als bekannt vorauszusetzen, was man im Allgemeinen mit den benutzten Worten versteht. Nur das Fragliche wird explizit. Es wird mit dem Unfraglichen erklärt – *dieses Unfragliche aber nennen wir Tradition oder Praxis*. Oder Geschichte. Wir bestimmen also das Neue mit dem Alten, das Fragwürdige mit dem fraglos Anerkannten, die Theorie mit der Praxis.

Jeder Dissens setzt zu seiner Konstitution einen faktischen Konsens voraus. Der steht nicht zur Diskussion und gilt faktisch vor aller Diskussion. Wir erkennen den Konsens (die Geschichte) bereits an, wenn wir etwas prüfen wollen. Wenn wir bei unserem Sprechen nicht zu einem großen Teil über dieses fraglos Anerkannte verfügen könnten, könnten wir nicht mehr sprechen. Wer sagt, dass er das „N-Wort" nicht aussprechen will, setzt zugleich voraus, dass der andere es kennt. Er muss benutzen, was er normativ ablehnen will. (Besser wäre es, das Wort einfach (praktisch) nicht zu benutzen; das explizite Verbot bestätigt also das Wort in seiner Existenz. Die Praxis des Nichtnutzens wäre erfolgreicher als das theoretische Verbot.)

Wir müssen also praktisch und theoretisch voraussetzen, dass es Fragloses gibt, Überliefertes, das unbefragt gilt. Dieses voraussetzungslos Vorausgesetzte ist Bedingung von Erkenntnis und Diskurs, Bedingung von Veränderung, die nicht Willkür ist.

Dieses voraussetzungslos Vorausgesetzte bewahren wir in unserer Praxis auf, in unseren Handlungen und Traditionen. *Diese Handlungen und*

Traditionen haben also eine Geltung vor aller Vernunft und für alle Vernunft. Dies ist ihre Dignität. Nur weil wir ein Milieu als Ganzes *absolut* voraussetzen, können wir an ihm etwas ändern. Wir brauchen vorgängig normative Praxis, weil uns andernfalls die Worte fehlen, um sie in Frage zu stellen.

5.2 Vernunftverdacht und Mehrwertverdacht

Praxis steht immer unter Vernunftverdacht. Ich will es zugespitzt formulieren: Die Geschichte hat immer vorläufig Recht. Die Geschichte hat vorläufig Recht, eben *weil sie geschehen ist.*

Das ist keine Reformation des Hegelianismus, nach dem alles, was ist, vernünftig ist, weil es ist. Gegen eine solche Auffassung steht unsere Geschichtserfahrung. Theodor W. Adorno hat diese Auffassung zu einem negativen Hegelianismus umgedreht, nach dem *alles*, was ist, unvernünftig ist, weil es aus einem sich selbst nicht legitimieren könnenden Zweckrationalismus geboren wurde.[12]

Beide Theorien sind aporetisch: Ein intendiertes Verbrechen wird nicht dadurch gut, dass man es ausgeübt hat. Und eine wahre Einsicht wird nicht dadurch unwahr, dass man sie lebt. (Es gibt im Falschen das Gute, nämlich z.B. die Fähigkeit, das Falsche als Falsches erkannt zu haben.) In Hinsicht auf Vernunft kann Geschichte also *nur* verlieren: Unter dem Aspekt von Vernunft gilt etwas nur, weil es sich explizit rechtfertigen kann. Es ist müßig, die Vernunft der Geschichte zu beweisen oder zu bestreiten. Die Geschichte ist für jede Dummheit offen. Aber nicht alles, was gemacht wurde, war dumm. Wo die Geschichte unvernünftig ist, muss man künftig etwas ändern. Es gibt weder eine positive noch eine negative Kausalbeziehung zwischen Vernunft und Geschichte.

Allerdings hat unter dem Aspekt von Geschichte auch die Vernunft Unrecht: Etwas ist doch historisch nicht nur dann wahr, wenn es vernünftig

---

[12] Adorno, Theodor: Negative Dialektik. Frankfurt/M. 1966.

ist! Vieles Gegenwärtige kann man gar nicht vernünftig, sondern nur historisch erklären. Zum Beispiel einen Stadtplan. Zum Beispiel das deutsche Schulsystem. Zwischen Geschichte und Vernunft herrscht – wenn man sie gegeneinander ausspielt – ein Patt.

Dennoch gilt: Die Geschichte hat immer vorläufig recht. Wer etwas tut, wird sich etwas dabei gedacht haben. Wer bei einer Sache mitmacht, wird seine guten Gründe gehabt haben. Auch dies meint die Dignität von Praxis.

Und: Etwas wird bewahrt, weil es sich allgemein bewährt hat. Niemand wird gegen das Buch sein, nur weil es ein tradiertes Medium ist. Niemand wird das Rad abschaffen, nur weil es Praxis in einem Verhängniszusammenhang ist.

Die *Reformerin* Montessori geht noch einen Schritt weiter, und greift zur Reform auf die Geschichte zurück: „Das Wahre hat die älteste Geschichte. Dies beweisen die ruhmreichen Entdeckungen der positiven Wissenschaft – Entdeckungen, die man in sehr weit zurückreichenden Vorformen auffinden kann."[13] Das bewahrte Bewährte könnte demnach sogar das Zeitlose enthalten.

Dieser *Vernunftverdacht* allem Geschehen gegenüber gilt sogar dann, wenn wir die Gründe für die Praxis nicht kennen oder nicht verstehen. Denn die transzendentale Differenz zwischen Ding an sich und Erkenntnis des Dings gilt ja auch in Hinsicht auf die Erkenntnis von Handlungen. Wir kennen nicht alle Gründe, aus denen heraus jemand handelt, und müssen deshalb vorläufig seine Handlung anerkennen. So lange, bis wir sie prüfen und verwerfen. Sie gilt vorläufig.

Ich vermute, hier liegt ein Geheimnis des Erfolges der Montessori-Pädagogik: Eltern übernehmen diese Pädagogik, auch wenn sie sie nicht bis ins Letzte erkunden können. Sie unterstellen ihr eine Vernunft, die im

---

[13] Montessori, Maria: Die Theorie Lombrosos und die Moralerziehung [1903]. In: Montessori, Maria: Gesammelte Werke. Hg. v. Harald Ludwig [u.a.]. Bd. III. Freiburg-Basel-Wien 2011. S. 210-218. Hier S. 216.

Detail niemand vollständig kennt. Das Milieu an sich überzeugt im Analogieschluss.

Das Gelingen von Praxis ist nicht allein von der Begründung abhängig. Praxis kann gelungen sein, auch wenn man nicht weiß, warum. Ein großer, allseits akzeptierter Bereich der Gesellschaft lebt von diesem Grundsatz. Ich meine die bildende Kunst, die Musik oder die Literatur. Ein Künstler, der sein Kunstwerk erklärt, hat schon verloren. Und ein Künstler wartet nicht erst, bis die philosophische Ästhetik oder die Kunstsoziologie erklärt haben, warum und welche Kunst es geben darf. Wenn Künstler je so verfahren wären, dann würde es noch nicht einmal die Venus von Willendorf geben. Das als Kunst intendierte Werk ist vorläufig – es entsteht und steht vor uns, und dann, nachträglich, können wir es ablehnen oder ein besseres vorschlagen oder schaffen. Und ein Kunstwerk enthält nicht nur seine Intention. Es enthält mehr als nur das vom Künstler Intendierte. Ja, die gesamte Moderne Kunst besteht aus dem Versuch, der Vernunft zu entkommen, um etwas zu produzieren, was noch nicht verstanden, was *nicht* begriffsreguliert ist. Kunst ist begriffslos, was so weit geht, dass die Frage, ob etwas ein Kunstwerk sei, sich mit diesem immer erst und immer neu stellt. Ein Kunstwerk sucht seinen Begriff. Es geht ihm voraus.

Um die Erziehungskunst steht es nicht anders. Wir finden immer schon eine pädagogische Praxis vor. Diese mag intentional gestaltet sein. Aber sie enthält mehr als nur die Intention.

Harald Ludwig hat darauf hingewiesen, dass in der „Praxis der Montessori-Pädagogik manche der Einseitigkeiten" nicht zu finden sind, die theoretisch durchaus festzustellen sind.[14] Das ist eine bemerkenswerte Beobachtung. Denn sie sagt ja, dass die Praxis, gerade weil sie Praxis ist, Vereinseitigungen der Theorie nicht zulässt. Die Praxis sperrt sich gegen falsche Theorie: Die Praxis muss demnach mehr enthalten als die Theorie. Sie bewahrt z.B. die Tunlichkeit. Dieses Mehr der Praxis gilt es auch zu dokumentieren, zu beschreiben, zu bewahren, zu erforschen und zu

---

[14] Ludwig, Harald: Montessori-Pädagogik als Modell. S. 103.

bewerten. Die Erziehungswissenschaft ist erst eine solche, wenn sie diese Aufgaben alle sorgfältig erfüllt.

Aber wie ist es um Kritik und Systematik bestellt? Rechtfertigt diese Theorie der Dignität von Praxis auch eine Prügelpraxis, gar die Pädagogik im Ungeist des Nationalsozialismus? Ist ein tradiertes bildungsfernes Milieu eher gerechtfertigt als der gut geplante Unterricht? Aber nein! Dort, wo man Irrtümer oder Fehlformen erkennt, wird man diese Praxis nicht fördern, sondern deutlich kritisieren, abschaffen und untersagen. Falsche Praxis hat keine Dignität. Aber nicht die Praxis, sondern die Kritiker haben die Beweislast. Nicht wer etwas erhalten will, muss dies begründen, sondern wer etwas ändern will, muss seine Gründe vortragen. Und er darf seine Gründe nicht kraft institutioneller Macht durchsetzen, sondern nur mittels Überzeugung. Er muss das Gespräch suchen und die faktische Akzeptanz. Denn Praxis steht vor aller Theorie und intentionalen Veränderung unter Vernunftverdacht. Und Praxis steht unter Mehrwertverdacht.

5.3 Unbegriffliche Praxis

Praxis birgt mehr als Theorie beschreiben kann. In der Praxis ist immer mehr enthalten als nur ihre Intention. Wir können Geschichte nie ganz erkennen. Montessori hat diesen Grundsatz formuliert: „Das Milieu, in dem die ersten ‚Kinderhäuser' entstanden, *muß* für die Erziehung ganz besonders günstig gewesen sein."[15] Die mit dem Hilfsverb unterstützte Mehrwertsvermutung ist die eigentliche Pointe des Zitats. In der Praxis liegt ein Wissen verborgen, dass wir erst noch heben müssen. Wir wissen vorab nicht, welches Wissen in einer Praxis bereitliegt. Wir müssen sie erkennen. Weil aber Praxis systematisch nie endgültig ausdeutbar ist, müssen wir sie dokumentieren, um sie auch weiterhin zum Nutzen für die Systematik ausdeuten zu können. Man kann es auch so formulieren: Praxis gibt Antworten, zu denen wir die Fragen erst noch suchen müssen: „Angenommen, die Theorie Lombrosos enthält einen wahren Kern, wie müssen wir Pädagogen

---

[15] Montessori: Die Entdeckung des Kindes. Bd. I. S. 47.

uns dann zur Frage der Moralerziehung verhalten?"[16] Man sieht, wie Montessori die Frage aus der Anregung durch eine Antwort entstehen lässt. Die Erziehungswissenschaft bedarf der Rekonstruktion und Erinnerung von Praxis, um nicht Antworten zu verlieren, zu vergessen, kurz: zu verschwenden, die uns auf die Spur bringen.

5.4 Der Geltungsverdacht

Wir setzen immer schon die Geltung von Praxis voraus, wenn wir sie neu denken. Wenn die Tradition quasi-transzendentale Voraussetzung jeglichen Sprechens und damit Erkennens ist, dann ist jede Erneuerung nur unter Nutzung und damit Anerkennung des Tradierten möglich. Jede noch so radikale Abwendung von der Vergangenheit formuliert ihr Revolutionsprogramm in den überlieferten Vokabeln, deren Verstehen – also Gültigkeit – mit aller Schärfe vorausgesetzt ist. *Eine stillschweigend aber sicher vorausgesetzte vorgängige Praxis ermöglicht erst Veränderung.*

Auch wenn man Pädagogik als Prinzipienwissenschaft versteht (und ich habe eingangs aufgezeigt, dass auf ein solches Verständnis nicht zu verzichten ist), muss man darum wissen, dass auch zeitlose Prinzipien immer nur zeithaft formuliert werden können. Prinzipien sind Ideen, und als solche sind sie praktisch nicht darstellbar. Die zeitlose Idee des Pädagogischen realisiert sich immer nur in zeithaften Praxen. Oder umgekehrt: Die einzelnen pädagogischen Praxen verweisen immer auf das allgemeine und gemeinte Prinzip, das selbst aber keine Praxis sein kann. Wenn wir die Erziehungswissenschaft also um zeitversenkte Beispiele verkürzen, dann beschneiden wir die Darstellung ihrer Idee selbst.

Der Gang von Praxis zu Praxis – ohne vermittelndes Allgemeines: Das ist das Modell für eine historisch bewusste Gesellschaft. Ich möchte dies an den Begriffen Religion und Kultur erklären. Es gibt keine Religion, die Religion heißt. Es gibt nur Konfessionen, die aber eben nicht bruchlos

---

[16] Montessori: Die Theorie Lombrosos und die Moralerziehung. Bd. III. S. 217.

in dem aufgehen, was die Philosophen, die Soziologen oder Religionswissenschaftler *Religion* nennen. Es gibt auch keine Kultur, die Kultur heißt. Es gibt nur Italiener, Türken, Deutsche und alle anderen Kulturen der Welt, die aber eben nicht bruchlos in dem aufgehen, was die Philosophen, die Soziologen, Anthropogeographen oder Kulturwissenschaftler *Kultur* nennen. Kein Allgemeines vermittelt die kulturellen Praxen. Kein Begriff regelt das Verhältnis der Kulturen. Vielmehr gilt: Praxis muss sich zu Praxis ins Verhältnis setzen. In einer multireligiösen Gesellschaft regelt keine Superreligion (und sei es die Religion der Vernunft) das Verhältnis der Konfessionen zueinander. Die Konfessionen können aber miteinander auskommen, wenn sie ihre Praxen in ein analoges Verhältnis setzen. Begriffe stören da nur. Ebendies gilt auch bei den Kulturen: Kulturen kommen dann miteinander aus, wenn sie ihre Praxen unmittelbar zueinander ins Verhältnis setzen – nicht aber über transkulturell intendierte Begriffe regeln. Denn die Besetzung der regelnden Begriffe ist bereits die Beherrschung des angeblich erst noch zu Regelnden. Das aber lässt kein friedvolles Miteinander der Kulturen zu. Eine homogene Weltgesellschaft oder eine Gesellschaft von ineinander nicht verstehenden Kulturen... wäre das erstrebenswert?

6. Schluss

Der Streit zwischen historischer und systematischer Pädagogik, zwischen dem Eigensinn der von Praxis und dem Geltungsanspruch von Theorie scheint mir einer Schlichtung zuführbar zu sein. Wir formulieren Theorie immer in geltender Praxis; aber wir können Praxis nur begreifen, wenn wir vorab Begriffe haben. In dieser Doppelherrschaft ereignet sich Pädagogik.

Die Rede von der Dignität der Praxis meint nicht die kritiklose Anerkennung all dessen, was ist, nur weil es ist. Sondern sie meint die Beachtung des Eigensinns von Praxis als wertvolle Erkenntnisquelle, die theoretisch nicht eingeholt werden kann, obwohl sie geprüft und beurteilt werden muss. Dies beleidigt natürlich das aufgeklärte, sich selbst ermächtigende

Bewusstsein. Aber mit dieser Beleidigung durch die Geschichte werden wir wohl leben müssen.

Und vielleicht ist es ja auch weniger eine Beleidigung als vielmehr eine Heimat, die uns die Praxis der Tradition gewährt. Die unbegründete Gewissheit eines gemeinsamen Fundaments. Die argumentationsfreie Sicherheit, dass es auch dort weiter geht, wohin unser Verstand nicht reicht. *Bei allem Terrorismus der Meinungen, selbst beim Kampf der Kulturen gäbe es dann doch etwas voraussetzungslos Vorausgesetztes, auf das man sich gemeinsam vernünftig berufen kann, weil man sich immer schon darauf beruft, wenn man sich zu streiten beginnt.*

Hinweise auf frühere Fassungen einiger Kapitel

Ich danke allen Herausgebern und Verlagen für die Erlaubnis, bei ihnen bereits gedruckte Texte für dieses Buch verwenden zu dürfen. Alle Texte wurden überarbeitet, z.T. erheblich. *Alle hier nicht aufgeführten Kapitel sind eigens für dieses Buch geschrieben worden.*

Kapitel 3: Freiarbeit: Lernen durch Arbeit in Freiheit. Den Grundgedanken habe ich in einer früheren Fassung entworfen, die aber für die vorliegende Buchfassung stark verändert und (systematisch) erheblich erweitert wurde: Frühere, revisionsbedürftige Fassung: Wie frei ist die Freiarbeit? In: 5 bis 10 Schulmagazin 7 (1992) H. 11 (November). S. 4-7.

Kapitel 4: Es gibt eine frühere Fassung mit dem Titel: Gewalt als pädagogisches Problem. In: Fischer, Reinhard; Heitkämper, Peter (Hg.): Montessori Pädagogik. Aktuelle und internationale Entwicklungen. Fs. Harald Ludwig. Münster 2005. S. 47-59. Auf Grund neuerer Literatur erheblich erweitert.

Kapitel 6: Der Umgang mit Geschichte: Frühere Version: „Den Nachfahren überlasse ich das schwierige Urteil!" Zur Bedeutung der Geschichte in Montessoris Denken. In: Klein-Landeck, Michael (Hg.): Fragen an Maria Montessori. Immer noch ihrer Zeit voraus? Freiburg/Br. 2015. S. 201-209.

Kapitel 7: Der Text geht zurück auf einen 2019 entstandenen Beitrag zu einer Festgabe für Harald Ludwig. Der gesamte Beitrag wurde dann veröffentlicht als: Sprache als Erbe der Kinder. Beiträge Maria Montessoris zur Theorie pädagogischen Sprechens. In: Montessori. Zeitschrift für Montessori-Pädagogik 60 (2022) H. 1. S. 118-140. Für die vorliegende Buchfassung stark gekürzt und (auch in der Systematik) erheblich überarbeitet.

Kapitel 8: Ursprünglich ein Vortrag entstand 2006 eine erste Schriftfassung, die als Gerichtsverhandlung gestaltet war: „Das Milieu muss besonders günstig gewesen sein." Über die Dignität von Praxis und die Vorläufigkeit von Geschichte. In: Montessori. Zeitschrift für Montessori-Pädagogik. 44 (2006) H. 1/2. S. 69-84.